U0089963

中國学術思想 研究輯刊

六 編

林 慶 彰 主編

第5冊

荀子內聖外王思想研究

李 瑩 瑜 著

花木蘭文化出版社

國家圖書館出版品預行編目資料

荀子內聖外王思想研究／李瑩瑜 著 — 初版 — 台北縣永和市：
花木蘭文化出版社，2009〔民98〕
目 6+230 面；19×26 公分
（中國學術思想研究輯刊 六編；第 5 冊）
ISBN：978-986-254-056-5（精裝）
1.（周）荀況 2. 荀子 3. 傳記 4. 學術思想 5. 研究考訂
121.27 98015173

ISBN - 978-986-2540-56-5

9 789862 540565

中國學術思想研究輯刊
六 編 第 五 冊　　　　　　　ISBN：978-986-254-056-5

荀子內聖外王思想研究

作　　　者　李瑩瑜
主　　　編　林慶彰
總 編 輯　杜潔祥
出　　　版　花木蘭文化出版社
發 行 所　花木蘭文化出版社
發 行 人　高小娟
聯 絡 地 址　台北縣永和市中正路五九五號七樓之三
　　　　　　電話：02-2923-1455／傳真：02-2923-1452
網　　　址　http://www.huamulan.tw 信箱 sut81518@ms59.hinet.net
印　　　刷　普羅文化出版廣告事業
封面設計　劉開工作室
初　　　版　2009 年 9 月
定　　　價　六編 30 冊（精裝）新台幣 50,000 元

荀子內聖外王思想研究

李瑩瑜　著

作者簡介

李瑩瑜，台灣省台中縣人，民國五十一年生。國立中興大學中國文學碩士。學術專長在於文學、小學、先秦諸子及佛教思想等方面。曾任教於高中，現於補教業及大學兼任講師。著作有與張靜雯合著之《中國文學史重點整理》（鼎茂出版社）、審訂《重現中國歷史》（漫拓文化出版社）等。

提　　要

　　荀子於先秦諸子學說，傳遞至漢代經學之過程中，有其不可磨滅之功績，而其學說之影響，於秦、漢二代，可謂既深且遠。荀子之學術思想，乃集儒、法二者於一身者。其上繼孔子之業，下開秦、漢政治及學術思想之風，實為先秦諸子學說之總結者。孔子之所以周遊列國，乃欲以禮樂之道加之於政治之上，進而恢復西周之盛世。孔子未成之志業，可分為二大方向：一為仁，二為禮。此二者為孟子、荀子所承接者，於仁之部份，孟子先之；至於禮之部份，由荀子繼之，故荀子以禮為治國之終極原則。荀子與韓非思想之共通點，其中較為明顯者，是其二人皆以為君主必為有心治國之人，若有不然者，實為受學者邪說之影響。學者為求爵祿，以其學說左右君主之想法，使君主蔽於其說，而不信任有心治國之學者。故荀子以為，治國之先，必去游說者，此輩游說之人，為禮樂之道不能化者；而去游說者之標準，即為先王所制定之名分。是以外王之始必先正名，以先王之定名正諸子之邪說，是以非十二子，為外王統一思想之對象。荀子之性惡說，在於證明人之欲為善者，必待外學，而禮樂之道者，正為聖人之所制而導民之善者。故性惡必待師法然後正，化性必待起偽，因人之性好逸惡勞，故起偽之工夫，是人人必得為聖人之重要起點。荀子以為粹純用儒道者可王，雜用者可霸，二者一無者則亡。故或王霸或衰亡，端在於儒道之行否。而霸者為「信立」，王者為「義立」，王者之政乃在於霸者之基礎上，施用先王之禮樂教化，故荀子積極尋找當時之霸者，勸其用儒，行儒道，則王者可立而待也。

目

次

第一章 緒 論

第一節 研究之動機與目的

一、研究之動機

　　荀子爲戰國末年之大儒，曾於齊稷下學宮三爲祭酒，是孔子以後集儒家之大成者，自先秦諸子思想過渡至漢代經學之發展上，荀子扮演著極爲重要之角色。

　　然自漢代以後，對於荀子之瞭解，大都局限於其「性惡」論之命題上。尤自韓愈於〈讀荀〉中言其爲「考其辭，時若不粹」，〔註1〕「大醇而小疵」〔註2〕、「擇焉而不精，語焉而不詳」〔註3〕等，爾後，至宋人言「心性」之學，尊孟子一路，以爲荀子言性之非，如〈濂溪學案下〉云：「荀子言『養心莫善於誠』，先生曰：『荀子元不識誠』，明道曰：『既誠矣，心焉用養邪！』」〔註4〕又〈伊川學案上〉云：「孟子言人性善也，雖荀、揚亦不知性也。」〔註5〕此說之所及，後世學者皆以「性惡」爲荀子之疵，而甚不重其學說之大體。又學者多以爲孟子言內聖，荀子言外王，依荀子於天之論述，爲一自然觀者，然其止息名家之辯說，爲阻礙科學之思辯者云云。

〔註1〕 民國・馬其昶：《韓昌黎文集校注》，頁37。
〔註2〕 同上。
〔註3〕 同上，頁18。
〔註4〕 明・黃宗羲：《宋元學案》卷12，頁304。
〔註5〕 同上，頁355。

　　筆者有鑑於此，故欲以荀子之所論，證成其學說之主體不僅爲「性惡」、「化性起僞」，以至於禮樂制度之內容而已，然其更有一遞進且完整之層面，並有博大精深之結構。如荀子言學者有三等：士、君子、聖人，其說昭然可見是荀子以內聖爲本，成就外王之事功；無內聖之本，即無外王之事功。相對於韓非，其以爲中主即可於抱法處勢中完成霸王之業，而荀子則以爲非聖人莫可成王業，此即爲其學說之深層意義。

二、研究之目的

　　就筆者之所認識，觀《荀子》書中所顯示之荀子思想，若依比重分配之，約可分爲五個等分：其中五分之二者，爲荀子思想與《三傳》、《三禮》之關係，當中可尋繹出荀子禮治思想之來源、架構及其欲達至之理想境地；又五分之二者，爲荀子思想與稷下學者之關係，可見出當時稷下學者之辯論命題，及荀子評批諸子思想之不合周禮者；餘五分之一者，爲見於《荀子》書各篇中所言之禮樂制度、性惡、化性起僞、天論等思想，此乃荀子本身之主張，欲行之於各諸侯國者。如此，即可見出，荀子之思想是其經學及禮治之完美組合，而此一禮治藍圖，亦爲孔子之所欲實行者，其時代則一在春秋，一在戰國而已。

　　本文研究荀子思想著重在以下之命題：第一，荀子思想爲內聖外王一貫而成之體系；第二，性惡之命題爲顯出人人得成聖人之可能性；第三，正名思想爲歸於王者之治之首步；第四，由霸入王爲荀子禮治之必然過程；第五，荀子禮治思想爲富有實用性，故必待諸侯國之採用，方能使百王之道有所延續，而民得以息於百年之戰亂。

　　然筆者因學識有限，又時未寬裕，故只能就《荀子》書中各篇所言之思想，呈現荀子禮治之兩大領域，即內聖及外王二者，順而帶出其經學及稷下學術關係於皮毛。

第二節　研究之方法與架構

一、研究之方法

　　本文研究目的在探討《荀子》禮治理論及其欲達成之事功。在研究之步驟，可分爲以下幾點：

　　首先，於版本方面，本文採用臺灣世界書局版之清王先謙《荀子集解》
爲底本，並佐以近人李滌生《荀子集釋》、日漢文大系本《荀子集解》、北大
哲學系《荀子新注》、近人梁啓雄《荀子約注》等書，作爲考異、注釋等之參
考。

　　次於資料處理方面，以先秦諸子之學說爲主，輔以史傳記載，務以一手
資料爲先，以忠實呈現各家學說之內容。再次，參酌先賢及近人之著作，以
求於新命題之提出方面，能有所獲益；又於前人之創新處，亦作徵引，以示
不敢掠美。

　　於荀子思想處理方面，本文採兩大主軸：由「內聖」之形成，轉而成就
「外王」之事業。其中多探《荀子》各篇章所呈現之思想脈絡，作一有系統
之安排，以期顯現荀子禮治思想之一貫性及發展性，從而看出荀子於儒、法
二家有著廓清之功。

二、研究之架構

　　本文之架構共計六章，茲述其綱要如下：

　　第一章「緒論」：說明本論文之研究動機、目的、研究方法及架構，指明
本文所採用及參考之《荀子》版本。

　　第二章「荀子之生平事蹟及著述」：簡要說明荀子之生平及《荀子》成書
之背景，藉由此瞭解荀子所處之時間、時代背景，方有助於對荀子思想之認
識。

　　第三章「荀子思想形成之背景」：藉由「周朝體制之破壞」、「各家學說之
影響」二單元，論證荀子「禮治學說提出之動機」，呈現荀子禮治之作用，非
只爲一家之言而已，乃是提供由禮樂制度所構成之國度願景，祈諸侯之採用，
進而結束戰國紛亂之局面。

　　第四章「荀子內聖思想」：此部份爲荀子禮治思想兩大主軸之首。由「內
聖之境界」一單元，由學者有志於學，進而士人、君子，以至於聖人之定義，
作一說明。於「內聖之修養」一單元，說明如何修養聖人之道，並呈現出荀
子所要求之聖人之事功。

　　第五章「荀子外王思想」：此章爲荀子禮治思想之終極部份。由「正名」
一單元，見出荀子建立外王事業之初步，即思想上之統一。於「重法愛民而
霸」一單元，呈現外王事業之第二步，國富民強，以成霸業。於「隆禮尊賢

而王」一單元，顯示荀子禮治思想之完成，即於霸王之基礎下，以禮樂教化臣民，臣民恪守禮樂之道，聖王垂拱而治。

　　第六章「結論」：分析荀子由時代背景之影響，進而形成其禮治思想，至提出禮治學說，由內聖之形成，至外王之事業。此一路之脈絡，有其理路可尋。並提出荀子禮治思想之實行對象，及其自我之定位。

第二章　荀子之生平事蹟及著述

第一節　荀子之生平事蹟

　　荀子（西元前 325？～前 221？）〔註1〕名況，字卿。亦有孫卿、荀卿等稱號，趙人。關於荀子生平事蹟，史傳所載者甚少，故其事蹟不甚可考。若論荀子生平事蹟之記載，則首見於司馬遷《史記・孟子荀卿列傳》之中，其言曰：

> 荀卿，趙人。年五十，始來游學於齊。騶衍之術迂大而閎辯；奭也文具難施；淳于髡久與處，時有得善言。故齊人頌曰：「談天衍，雕龍奭，炙轂過髡。」田駢之屬，皆已死。齊襄王時，而荀卿最為老師。齊尚脩列大夫之缺，而荀卿三為祭酒焉。齊人或讒荀卿，荀卿乃適楚，而春申君以為蘭陵令。春申君死而荀卿廢，因家蘭陵。〔註2〕

此中所載荀子之生平資料雖嫌簡略，然於其中亦可見出幾點重要之信息。另外，漢成帝（西元前 33～前 7）時，劉向（西元前 79～前 8）〔註3〕典校祕府藏書撰為《別錄》，其於〈孫卿新書敘錄〉中亦載有荀子之事蹟，而較《史記》所錄稍詳。其曰：

〔註1〕　據北大哲學系：《荀子新注》所附之〈荀子生平大事簡表〉而定，頁 613～619。

〔註2〕　日・瀧川資言：《史記會注考證》，頁 4002～4004。

〔註3〕　民國・錢穆：〈劉向歆父子年譜〉，《兩漢經學今古文平議》，頁 1～52。

孫卿，趙人，名況。方齊宣王、威王之時，聚天下賢士於稷下，尊
寵之。若鄒衍、田駢、淳于髡之屬甚眾，號曰列大夫，皆世所稱，
咸作書刺世。是時孫卿有秀才，年五十，始來游學。諸子之事，皆
以為非先王之法也。孫卿善為《詩》、《禮》、《易》、《春秋》。至齊襄
王時，孫卿最為老師。齊尚修列大夫之缺，而孫卿三為祭酒焉。齊
人或讒孫卿，乃適楚。楚相春申君以為蘭陵令。〔註4〕

據此二種史傳所載，可將荀子生平事蹟作一大略之鉤勒如下：

一、始遊於齊

　　荀子之游歷過程，首於齊國。《史記・孟子荀卿列傳》言：「年五十，始來
游學於齊」（前引）。《荀子・彊國篇》載有荀卿子說齊相之言論，清汪中〈荀卿
子通論〉以為：「其言正當湣王之世。湣王再攻破燕、魏，留楚太子橫以割下東
國，故荀卿為是言」。〔註5〕其後，齊湣王三十八年（西元前284）伐宋，「齊南
割楚之淮北、西侵三晉，欲以并周室為天子。泗上諸侯、鄒、魯之君皆稱臣。
諸侯恐懼」。〔註6〕此時之齊湣王志得意滿，「矜功不休，百姓不堪，諸儒諫不
從，各分散。慎到、捷子亡去，田駢如薛，而孫卿適楚。」〔註7〕其已無心於
學術之提倡，故稷下學者如田駢及荀子等皆去齊，而稷下之學遂告衰落。

　　而荀子此時適楚，必非投靠春申君，因其必待楚頃襄王三十五年（西元
前264），頃襄王卒，子考烈王嗣位，始封黃歇為春申君，與此時相隔二十年
上下，故可推知。

二、二遊於齊

　　齊襄王五年（西元前279），田單以火牛陣反攻，大破燕軍，盡復七十餘
城，並迎襄王入臨淄。此時襄王於政治上力圖振作，於學術上恢復了稷下學
宮之舊觀。《史記・孟荀列傳》：「田駢之屬皆已死。齊襄王時，而荀卿最為老

〔註4〕　清・嚴可均：《全上古三代秦漢三國六朝文・全漢文》卷三十七，劉向《孫卿
　　　　書錄》，頁332～333。
〔註5〕　清・汪中：《述學》，頁86。按：觀《史記・六國年表》所載，終齊湣王之世，
　　　　僅七年時敗魏、趙於觀澤一事及二十三年與秦、韓、魏、聯軍敗楚將唐昧於
　　　　重一事，汪說似據《戰國策》所載而言，然亦非確論。
〔註6〕　〈田敬仲完世家〉，日・瀧川資言：《史記會注考證》，頁3231。
〔註7〕　〈論儒篇〉，民國・王利器：《鹽鐵論校注》，頁149。

師。齊尙修列大夫之缺，而荀卿三爲祭酒焉。」〔註8〕齊國自齊桓公午時，即設立稷下學，〔註9〕至威、宣之時，特爲大盛，而襄王之時，荀子已「最爲老師」，故能「三爲祭酒」。其中可注意者，爲田駢於湣王時如薛，而至襄王之時已死，此時稷下前輩多已不在人世，荀子此時復遊於齊，爲稷下先生中學識最爲淵博者，故三爲祭酒。

　　然荀子於齊亦非久留，因齊王建即位（西元前265）後，秦國之勢力漸大，已代齊而爲西方之強，故齊王採保守之政策，無意發展國力及學術，《史記・孟子荀卿列傳》云：「齊人或讒荀卿，荀卿乃適楚，而春申君以爲蘭陵令。」〔註10〕如是之故，荀子終不爲齊王所重視，爲人所讒而去齊。

三、由齊入秦

　　關於荀子游秦之事，《史記》不載，而劉向〈孫卿新書敍錄〉則云：「孫卿之應聘於諸侯，見秦昭王。昭王方喜戰伐，而孫卿以三王之法說之，及秦相應侯皆不用也。」〔註11〕荀子說秦昭王之事，見於〈儒效篇〉；而說應侯之事，則見於〈彊國篇〉，前者論儒者有無益於人之國，而後者則論入秦之所見。荀子遊秦之時，約於由齊入楚之年間，而據《史記・范雎蔡澤列傳》載：范雎於秦昭襄王四十一年（西元前226）爲相，至五十二年（西元前255）時去相。故荀子入秦必於此間。

四、由秦入楚

　　關於荀子游楚之記載，《史記・春申君列傳》云：「春申君相楚八年，爲楚北伐、滅魯，以荀卿爲蘭陵令。」〔註12〕荀子於秦時，其言雖受當局所賞，然終不能用，故入楚爲蘭陵令，在春申君爲相八年時，即楚考烈王八年（西元前255）。

〔註8〕　日・瀧川資言考證：《史記會注考證》，頁4003。
〔註9〕　漢・徐幹：《中論・亡國篇》：「昔齊桓公立稷下之官，設大夫之號，招致賢人而尊崇之。自孟軻之徒皆游於齊。」（漢・徐幹：《中論》）頁36。
〔註10〕　同註8，頁4004。
〔註11〕　清・嚴可均：《全上古三代秦漢三國六朝文・全漢文》卷三十七劉向《孫卿書錄》，頁333。
〔註12〕　同註8，頁4089。

五、去楚返趙

關於荀子返趙之事，《戰國策・楚策四》云：「客說春申君曰：『湯以亳，武王以鄗，皆不過百里以有天下。今孫子，天下賢人也，君籍之以百里勢，臣竊以爲不便於君。何如？』春申君曰：『善。』於是使人謝孫子。孫子去之趙，趙以爲上卿。」〔註13〕而劉向〈孫卿新書敘錄〉則言荀子「至趙，與孫臏議兵趙孝成王前。孫臏爲變詐之兵，孫卿以王兵難之，不能對也，卒不能用。」〔註14〕荀子至趙與孝成王論兵之事，則見於〈議兵篇〉，論辯之對象爲臨武君而非孫臏。此中有李斯問爲兵之道之言論，而《史記・李斯列傳》亦載有李斯辭荀子而欲西入秦之事。李斯至秦適逢莊襄王卒，時當西元前二四七年，即趙孝成王十九年之時。《鹽鐵論・毀學篇》載：「方李斯之相秦也，始皇任之，人臣無二，然而荀卿謂之不食，睹其罹不測之禍也。」〔註15〕若《鹽鐵論・毀學篇》所載爲實者，則荀子之年齡則過百多歲，稍不近情理；然近人廖名春以爲李斯雖爲位爲卿，即廷尉之職，然已有主持朝廷之實。故若論其入秦爲卿，即荀子廢居蘭陵之時，則《鹽鐵論・毀學篇》所載荀子爲之不食，亦屬可能。〔註16〕然再論之，「謂之不食」一般解作「爲之不食」，實屬望文生義。「謂」意爲「告訴」；「之」指李斯；「不食」意爲「不能食秦之祿」。此句意爲：荀子予以李斯忠告，謂其不能久食秦之利祿；「睹」字意爲「預睹」之意，故荀子謂李斯不可太盛，而李斯之下場終如荀子之預測。〔註17〕

六、終於楚

荀子晚年則居於楚蘭陵。《戰國策・楚策四》云：「客又說春申君曰：『昔伊尹去夏入殷，殷王而夏亡。管仲去魯入齊，魯弱而齊強。夫賢者之所在，其君未嘗不尊，國未嘗不榮也。今孫子，天下賢人也。君何辭之？』春申君

〔註13〕南宋・姚宏續注本則曰：「荀子未嘗爲上卿。《後語》作『上客』，當是。」（漢・劉向：《戰國策》）頁 565～566。

〔註14〕清・嚴可均：《全上古三代秦漢三國六朝文・全漢文》卷三十七劉向《孫卿書錄》，頁 333。

〔註15〕民國・王利器：《鹽鐵論校注》，頁 229。

〔註16〕民國・廖名春：《荀子新探》，頁 38～39。

〔註17〕《史記・李斯列傳》載：「李斯喟然而歎曰：『吾聞之荀卿曰：「物禁太盛。」』」（日・瀧川資言：《史記會注考證》）頁 4340。

又曰：『善。』於是使人請孫子於趙。」〔註18〕荀子雖作書謝之，然終回楚再次爲蘭陵令。後春申君被刺死，荀子廢，〔註19〕家居蘭陵以終。

　　綜上所述可知，荀子之游歷過程雖不甚詳，又各類古籍所載之事不免有牴牾之處。然自大處著眼，亦可觀荀子周游各國以售其說之苦心及處境。對於瞭解荀子學說之形成及傳播，有相當之助益。近人梁啓雄以爲：

> 荀子去今二千有餘年矣！現存周、漢古籍道及荀子事蹟者，記載本甚簡略，文字又多訛舛，即悉心鈎稽，猶感難窺其概；益以片詞孤證又彼此牴觸矛盾，因此，難以攷其實而指其眞。近人攷荀子年代行歷者，間有奮其肊測以相駁辯，斷斷聚說無終已；引證雖博，文辭雖辯，然治絲益棼，無禆於學，反掛武斷之譏，非實事求是者之嚴正態度也。〔註20〕

梁氏此言甚是，《荀子·非相篇》云：「文久而滅，節族久而絕。」〔註21〕荀子亦以爲禮樂制度久傳則滅，故法上古之事，不易求得其眞。同理，荀子之事蹟亦是「文久而滅」，因此，筆者儘量以「文獻難徵」、「信而好古」之態度，來加以研究，茲不致掛一而漏萬。

第二節　荀子之著述

一、《荀子》書之流傳

（一）荀子著書之動機

　　關於荀子著書之動機，亦首見於《史記·孟子荀卿列傳》，其言曰：

> 荀卿嫉濁世之政，亡國亂君相屬，不遂大道而營於巫祝，信機祥，鄙儒小拘，如莊周等又猾稽亂俗。於是推儒、墨、道德之行事興壞，序列著數萬言而卒。因葬蘭陵。〔註22〕

此處指出荀子深痛於當時政治環境之紊亂，昏君敗壞朝政而致使國家淪亡

〔註18〕漢·劉向：《戰國策》，頁 566。

〔註19〕故《荀子·成相篇》中有「春申道綴基畢輸」之語。（清·王先謙：《荀子集解》）頁 421～422。

〔註20〕民國·梁啓雄：《荀子約注》，頁 411。

〔註21〕同註19，頁 69。

〔註22〕日·瀧川資言：《史記會注考證》，頁 4004。

者，比比皆是。於施政方面，不任用賢人而信於巫祝及各種怪異之談；再者，諸子之說蠡出，「鄙儒小拘如莊周等，又猾稽亂俗。」「而趙亦有公孫龍爲堅白同異之辯，劇子之言；魏有李悝，盡地力之教；楚有尸子、長盧；阿之吁子焉。」〔註23〕然荀子以爲「諸子之事，皆以爲非先王之法也。」〔註24〕於是爲矯正當時不合先王法言之說，故雜揉儒、墨、道各家之學說，存精去蕪，著數萬言以廣其說。

（二）《荀子》書之流傳

至於荀子之流傳版本，據《四庫全書總目·子部·儒家類一》載：

> 《荀子二十卷》（內府藏本）周荀況撰。況，趙人。嘗仕楚爲蘭陵令，亦曰荀卿。漢人或稱曰「孫卿」，則以宣帝諱詢，避嫌名也。《漢志·儒家》載「荀卿三十三篇」，王應麟考證謂當作三十二篇。劉向《校書序錄》稱「孫卿書凡三百二十三篇」，以相校，除重複二百九十篇，定著三十三篇爲十二卷，題曰《新書》，唐楊倞分易舊第，編爲二十卷，復爲之註，更名《荀子》，即今本也。〔註25〕

關於《荀子》本書，《史記》本傳中並未提及其名稱，而劉向〈孫卿新書敘錄〉言：「所校讎中孫卿書凡三百二十二篇。以相校，除重複二百九十篇，定著三十二篇，皆以定殺青，簡書可繕寫。」〔註26〕其中所指明者僅爲〈性惡〉一篇。另《漢書·藝文志》儒家類著錄《孫卿子》則爲三十三篇，多〈孫卿新書敘錄〉一篇，又於賦家中載有孫卿賦十篇。如此一來，《荀子》三十二篇顯與賦各自單行。《荀子》書遲至唐楊倞始爲之作註，「以文字繁多，故分舊十二卷三十二篇爲二十卷。又改《孫卿新書》爲《荀卿子》」，〔註27〕於是此本成爲通俗之定本。然楊倞註本中只收荀子賦五篇，又與《漢書·藝文志》中所載不合，於是引起各家學者之臆說，而疑此書爲雜著，非荀子原作者，乃由楊倞開其端。如其於〈大略〉、〈宥坐〉及〈堯問〉等篇註中，均指出其爲荀子及其弟子所共成者。

〔註23〕 日·瀧川資言：《史記會注考證》，頁 4005～4007。
〔註24〕 清·嚴可均：《全上古三代秦漢三國六朝文·全漢文》卷三十七劉向《孫卿書錄》，頁 332～333。
〔註25〕 清·紀昀：《四庫全書總目》，頁 1804。
〔註26〕 同註24，頁 332。
〔註27〕 清·王先謙：《荀子集解》，頁 2。

二、荀子學說對後世之影響

（一）儒　家

　　《史記‧儒林列傳》載：「於威、宣之際，孟子、荀卿之列，咸遵夫子之業而潤色之，以學顯於當世。」〔註28〕身爲儒家之傳人，荀子承繼孔子之學，而「潤色之」，以此顯名於世。至於荀子所傳之學，漢劉向〈孫卿新書敘錄〉云：「孫卿善爲《詩》、《禮》、《易》、《春秋》。」〔註29〕此中雖不言《書》，然荀書之中不乏引《書》之處，故荀子所傳者，大致爲《六經》之學。清汪中《荀卿通論》以爲「荀卿之學出於孔氏，而有功於諸經。」〔註30〕其更引諸子史傳來證成荀子傳經之功，如其引《經典敘錄‧毛詩》、《漢書‧楚元王交傳》、《劉向敘》、《漢書‧儒林傳》、《鹽鐵論》、《韓詩外傳》及大、小《戴記》等，證明荀子羽翼《六經》之業。〔註31〕胡元儀《郇卿別傳》及《郇卿別傳攷異二十二事》所言大抵相同。〔註32〕汪、胡二氏之所論，雖有待更明確之資料來證成，然若宏觀荀子於齊稷下學宮，享最爲老師及三爲祭酒之榮職而言，則荀子傳經之功，應有一定之可信度。

（二）法　家

　　漢劉向〈孫卿新書敘錄〉云：「李斯嘗爲弟子，已而相秦。及韓非號韓子，又浮丘伯，皆受業爲名儒。」〔註33〕而《史記‧李斯列傳》中亦載：「李斯喟然而歎曰：『吾聞之荀卿曰：「物禁太盛」。』」〔註34〕李斯後入秦爲卿，繼而爲相，於秦始皇之統一中國，有大功焉。

　　至於荀子對韓非之影響，《戰國策‧楚策四》載荀子爲書謝春申君云：

　　　　癘人憐王，此不恭之語也。雖然，不可不審察也。此爲劫弒死亡之
　　　　主言也。夫人主年少而矜材，無法術以知奸，則大臣主斷圖私以禁
　　　　誅於己也，故弒賢長而立幼弱，廢正適而立不義。《春秋》戒之曰：
　　　　『楚王子圍聘於鄭，未出竟，聞王病，反問疾，遂以冠纓絞王，殺

〔註28〕日‧瀧川資言：《史記會注考證》，頁 5282。
〔註29〕清‧嚴可均：《全上古三代秦漢三國六朝文‧全漢文》卷三十七漢‧劉向《孫卿書錄》，頁 332～333。
〔註30〕清‧汪中：《述學》，頁 77。
〔註31〕同上，頁 77～78。
〔註32〕清‧王先謙：《荀子集解》，頁 37～58。
〔註33〕同註29，頁 333。
〔註34〕同註28，頁 4340。

之，因自立也。齊崔杼之妻美，莊公通之。崔杼帥其君黨而攻。莊公請與分國，崔杼不許；欲自刃於廟，崔杼不許。莊公走出，踰於外牆，射中其股，遂殺之，而立其弟景公。』近代所見：李兌用趙，餓主父於沙丘，百日而殺之；淖齒用齊，擢閔王之筋，縣於其廟梁，宿夕而死。夫屬雖癰腫疱疾，上比前世，未至絞纓射股；下比近代，未至擢筋而餓死也。夫劫弒死亡之主也，心之憂勞，形之困苦，必甚於癘矣。由此觀之，癘雖憐王可也。〔註35〕

再觀《韓非子・姦劫弒臣》篇所載韓非之言者，幾與荀子之言相同，即可見出韓非直用其師之言。而韓非之身雖不爲秦始皇任用而下獄死，然其學說卻與秦王朝統一天下之局面形成，有著不可分之關係。荀子雖爲儒者，然法家之士亦與其有相當之師生關係，由此可知荀子學說之法家性質。

總而言之，荀子於此聖學衰微、周道不絕如縷之大環境下，上接孔聖絕學，下開秦、漢政治及學術思想之盛況，其功厥偉，當值後人敬佩及效法。

〔註35〕漢・劉向：《戰國策》，頁567。

第三章　荀子思想形成之背景

第一節　周朝體制之破壞

　　若論及先秦諸子學說之提出，其目的乃針對於時局之弊，欲作一撥亂反正之功業，故言及荀子之學說，則須把握其人所處之歷史背景及政治情勢，方能求得其學說之精髓。荀子之學說以禮治為大體，然此禮治之藍圖，其架構則為周王朝之政治組織，及當時之政治背景交相完成。然後於此背景之中，荀子之禮治說，方能言之有據，而有實行之舞臺空間。故若探討荀子學說，不可不論周王朝之政治體制，當時之政治歷史環境，及在此背景下活動之諸子學說，如此，方能一窺荀子學說體大精深之堂奧。

一、封建制度之變動

　　周王朝自武王（前1134～前1116）滅商，傳十二世至幽王（前781～前771）時，因嬖愛褒姒，並欲廢申后及太子宜臼，而立褒姒為后，及其子伯服為太子。此事件造成後來之平王東遷，時代進入東周。

　　自周平王東遷洛邑，傳十八世，至周威烈王（前425～402）二十三年（前403），初命晉國大夫魏斯、趙籍及韓虔等三人為諸侯，造成三家分晉之局面，是為「春秋」之世。

（一）封建制度之建立

　　周武王克商之後，眾建諸侯，形成封建制度，周王室賴以強盛，「卜世三

十，卜年七百，天所命也。」〔註1〕究其之所以享國八百年之原因，則宗法封建制度爲重要因素之一。「昔武王克殷，成王靖四方，康王息民，並建母弟，以蕃屛周。」〔註2〕周武王克商之後，至成、康二王時，大封諸侯，已形成周室之屛障。「周公屛成王而及武王，……兼制天下，立七十一國，姬姓獨居五十三人」，〔註3〕周公之時分封大致已定。「武王、成、康所封數百，而同姓五十五」，〔註4〕至成、康二世所封之國已有數百，其中姬姓者有五十五國，如此眾多之諸侯，輔衛王室，周朝之國祚於焉鼎盛。

關於周王朝疆域之劃分，《周禮·天官·冢宰》云：「惟王建國，體國經野；設官分職，以爲民極。」〔註5〕其中之「體國經野」即是劃分王畿與諸侯國之區域。周初之邦國劃分，可分「內服」及「外服」兩種。王畿內之百官職事稱「內服」；而王畿之外諸侯國謂之「外服」。如《尚書·酒誥篇》載：「越在外服，侯、甸、男、衛、邦、伯；越在內服，百僚庶尹，惟亞惟服宗工，越百姓里居，罔敢湎于酒。」〔註6〕此處「外服」之名稱次序，每與《周禮》、《左傳》及《國語》之載不同，可知所謂之服等之劃分，疑爲一大體之規定，而非不可逾越之定制。以下將各典籍所載之服等，分列如下：

1. 六 服

唐虞之世，帝堯之時，有所謂之「萬邦」及「四岳」，至帝舜分天下爲十二州，然皆無實際之領土及貢職等記載。故全天下區域之劃分記載，則首見於《尚書·禹貢篇》。禹受舜命，戰戰兢兢，懲其父治水失敗之鑑，改採疏導洪水之法，巡行全國，隨山刊木，披九州、通九澤、決九河，並劃定冀州、兗州、青州、徐州、揚州、荊州、豫州、梁州、雍州等九州，依土壤之磽腴，劃分納貢之等級，以定各州對王室之職責，而有所謂之「六服」。其云：

> 五百里甸服，百里賦納總，二百里納銍，三百里納秸服，四百里粟，
> 五百里米，五百里侯服，百里采，二百里男邦，三百里諸侯，五百
> 里綏服，三百里揆文教，二百里奮武衛，五百里要服，三百里夷，

〔註1〕 宣公三年，唐·孔穎達：《春秋左傳注疏》，頁367。
〔註2〕 昭公二十六年，同上，頁903。
〔註3〕 〈儒效篇〉，清·王先謙：《荀子集解》，頁99。
〔註4〕 日·瀧川資言：《史記會注考證》，頁1222～1223。
〔註5〕 唐·賈公彥：《周禮注疏》，頁10～11。
〔註6〕 唐·孔穎達：《尚書正義》，頁209。

　　二百里蔡，五百里荒服，三百里蠻，二百里流。〔註7〕

此六服定下各諸侯國對王室護衛及納賦之範圍。此中之「六服」是否實爲夏朝之制，雖有待文獻證明之，然其爲上古之封建制度，信其來有自。

2. 五　服

　　周朝之言封建制度者，有所謂之「五服」，其見於《國語・周語上》中，祭公謀父諫周穆王（前1001～前947）征犬戎之言，其云：

　　夫先王之制：邦內甸服，邦外侯服，侯、衛賓服，蠻、夷要服，戎、
　　狄荒服。甸服者祭，侯服者祀，賓服者享，要服者貢，荒服者王。
　　日祭、月祀、時享、歲貢、終王，先王之訓也。有不祭則修意，有
　　不祀則修言，有不享則修文，有不貢則修名，有不王則修德，序成
　　而有不至則修刑。於是乎有刑不祭，伐不祀，征不享，讓不貢，告
　　不王。於是乎有刑罰之辟，有攻伐之兵，有征討之備，有威讓之令，
　　有文告之辭。布令陳辭而又不至，則增修於德而無勤民於遠，是以
　　近無不聽，遠無不服。〔註8〕

引文中祭公謀父諫周穆王所言之「五服」，明言其爲「先王之制」，於此可見出周朝之「五服」制度，爲承繼前朝而來者。其有所不同於《尚書・禹貢》所載者，蓋代有損益，因時制宜者也。

3. 九　服

　　周朝封建制度則見於《周禮・夏官・職方氏》，其中將天下分爲揚州（東南）、荊州（南）、豫州（河南）、青州（東）、兗州（河東）、雍州（西）、幽州（東北）、冀州（河內）、并州（北）等九州。所不同於《禹貢》者爲改徐、梁二州爲幽、并二州。

　　其次，將各諸侯國對周天子之職分，劃分爲所謂之「九服」。《周禮・夏官・職方氏》載：

　　乃辨九服之邦國，方千里曰王畿，其外方五百里曰侯服，又其外方
　　五百里曰甸服，又其外方五百里曰男服，又其外方五百里曰采服，
　　又其外方五百里曰衛服，又其外方五百里曰蠻服，又其外方五百里
　　曰夷服，又其外方五百里曰鎮服，又其外方五百里曰藩服。凡邦國，
　　千里封公，以方五百里則四公，方四百里則六侯，方三百里則七伯，

──────────────

〔註7〕　唐・孔穎達：《尚書正義》，頁91～92。
〔註8〕　《國語》，頁4。

方二百里則二十五子，方百里則百男，以周知天下。〔註9〕

此中明白規定「侯、甸、男、采、衛、蠻、夷」等中國境內之服；另外再加上「鎮、藩」所謂戎狄之境。至於各諸侯國對周天子之職責，《周禮·秋官·大行人》有更詳細之規定：

> 邦畿方千里，其外方五百里，謂之侯服，歲壹見，其貢祀物。又其外方五百里，謂之甸服，二歲壹見，其貢嬪物。又其外方五百里，謂之男服，三歲壹見，其貢器物。又其外方五百里，謂之采服，四歲壹見，其貢服物。又其外方五百里，謂之衛服，五歲壹見，其貢材物，又其外方五百里，謂之要服，六歲壹見，其貢貨物。九州之外謂之蕃國，世壹見，各以其所貴寶為摯。〔註10〕

此處顯示各諸侯國之範圍、貢物及朝見周王之時機。若由《禮記》、《周禮》等處所列之服等觀之，會浮現各種制度有不相符合之處，究其之所以如此，筆者以為所謂之「服」等，本為通制，非為一絕對之制度。周王朝乃處於一超然地位，但予以規範，而不實際加以干預，故各「服」等之範圍及所賦，有所出入。雖是如此，於大體上，仍可見出周王朝封建制度之體制為何。

（二）封建制度之解體

周王朝建立各諸侯國，形成完密之封建制度，其目的何在？《史記·漢興以來諸侯王年表》云：「周封五等，公、侯、伯、子、男。然封伯禽、康叔於魯、衛，地各四百里，親親之義，襃有德也；太公於齊，兼五侯地，尊勤勞也。」〔註11〕由此處所言可知，封建制度真實之精神乃在於「親親」及「尊勤勞」等兩大作用。封建制度中爵位之分封，乃為一橫線之連繫，如封伯禽於魯、康叔於衛，是為周公對於其親之親情連繫；而封異姓之姜太公於齊，是酬謝其為周建立一統局面之功勞。如此一來，血親及功勳都能兼顧，周王朝各諸侯間之互動，則有著牢固之基礎。

封建制度雖有如上之優點，然其雖有聖祖卻無賢孫，如此完備之制度，終於周穆王之時，開始決堤。據《國語·周語上》載：

> 穆王將征犬戎，祭公謀父諫曰：「不可。先王耀德不觀兵。夫兵戢而時動，動則威，觀則玩，玩則無震。是故周文公之〈頌〉曰：『載戢

〔註9〕唐·賈公彥：《周禮注疏》，頁501。
〔註10〕同上，頁564～565。
〔註11〕日·瀧川資言：《史記會注考證》，頁1222。

干戈，載櫜弓矢。我求懿德，肆于時夏，允王保之。』先王之於民
也，懋正其德而厚其性，阜其財求而利其器用，明利害之鄉，以文
修之，使務利而避害，懷德而畏威，故能保世以滋大。〔註12〕

周穆王因承平日久，不思先祖以文示天下，與民休息之意，靜極思動，欲耀
威於犬戎。祭公謀父以周初開國諸王之辛勤及封建制度維繫諸侯之作用，來
規勸周穆王，「王不聽，遂征之，得四白狼、四白鹿以歸。自是荒服者不至。」
〔註13〕周穆王以非禮責讓犬戎，得不償失，致使封建制度之防，由此蟻潰。

再觀《荀子·正論篇》中論周王朝之封建制度云：

封內甸服，封外侯服，侯、衛賓服，蠻、夷要服，戎、狄荒服。甸
服者祭，侯服者祀，賓服者享，要服者貢，荒服者終王。日祭、月
祀、時享、歲貢（依楊倞注言此下當脫「終王」二字）。夫是之謂視
形埶而制械用；稱遠近而等貢獻。是王者之至也。〔註14〕

若以《荀子·正論篇》之言封建制度，幾與《國語·周語上》所言如出一轍，
此中可注意者，為荀子雖言後法王，然此處荀子不取《周禮》中之「九服」
之制，而言「先王之制」中之「五服」之制。如此，則可對荀子之法先王之
制，有著另一角度之認識。

二、宗法制度之動搖

商末周初，周公承武王之業，大封同姓及異姓之諸侯，以輔周祚，《左傳》
僖公二十四年載：

昔周公弔二叔之不咸，故封建親戚以蕃屏周。管、蔡、郕、霍、魯、
衛、毛、聃、郜、雍、曹、滕、畢、原、酆、郇，文之昭也；邗、
晉、應、韓，武之穆也，凡、蔣、邢、茅、胙、祭，周公之胤也。

〔註15〕

周公有鑑於其兄管叔及蔡叔，不能終武王之業，中道叛亂，故大封親戚以作
為周王室之屏障。其中文王之昭及武王之穆，歷歷分明，而周公之胤亦一脈
相傳。於是此宗法制度為直系之血緣連繫，將周王朝強而有力地結合著，形

〔註12〕《國語》，頁1。
〔註13〕同上，頁8。
〔註14〕清·王先謙：《荀子集解》，頁305～306。
〔註15〕唐·孔穎達：《春秋左傳注疏》，頁422～423。

成西周之盛世。

（一）宗法制度之形成

　　所謂之「宗法制度」，即重視宗族血緣關係之政治及社會規範。周王朝之建立及國家盛衰之維繫，全在於宗法制度。由宗法制度之成立，方有封建制度之出現，宗法制度爲經，封建制度爲緯，二者建構出周朝之全體，二者確立，其推行以倫理道德爲基礎，禮樂制度方由此出。此宗法制度撮其要者有三：一曰嫡長子制，二曰宗統，三曰宗廟制。現依次分述如下：

1. 嫡長子制

　　宗法之繼承，於商代以兄終弟及爲主，而以父死子繼爲輔。王國維於〈殷周制度論〉中言：

　　　　特如商之繼統法，以弟及爲主，而以子繼輔之，無弟然後傳子。自成湯至於帝辛三十帝中，以弟繼兄者凡十四帝；其以子繼父者亦非兄之子而多爲弟之子。〔註16〕

其實如據《史記‧殷本紀》及〈三代世表〉所載觀之，其中弟繼兄者與子繼父者之數，幾乎相當。尤其自庚丁之後至帝辛等五王，皆爲「子繼」，而不爲「弟及」，似乎自此五王之時，父死子繼已爲常例。

　　周代繼商之後，宗族傳承之法，大致即繼商末之父死子繼法，如此之後，此法遂爲百代之定制。然其間亦有變例之存在，如觀《史記‧魯周公世家》所載，自周公旦傳其子伯禽至隱公之間，以弟及之方式傳繼者共五公，故同書載：「莊公病，而問嗣於弟叔牙。叔牙曰：『一繼一及，魯之常也。慶父（莊公弟）在，可爲嗣，何憂？』」〔註17〕此事亦見於《公羊傳》莊公三十二年，〔註18〕何休注曰：「父死子繼曰生；兄死弟繼曰及。言隱公生，桓公及；今君生，慶父亦當及，是魯國之常也。」〔註19〕由此可知，魯國之繼承方式有二：一曰父死子繼；二曰兄終弟及。然如無嫡子之死，則立長或立賢；如無法辨賢之時，以卜筮來決定，如《左傳》昭公二十六年載云：「王后無適，則擇立

〔註16〕民國‧王國維：《觀堂集林》卷十《王國維遺書》，頁 468～469。
〔註17〕日‧瀧川資言：《史記會注考證》，頁 2593。
〔註18〕《公羊傳》莊公三十二年載：「莊公病，將死，以病召季子。季子至而授之以國政，曰：『寡人即不起此病，吾將焉致乎魯國？』季子曰：『般也存，君何憂焉？』公曰：『庸得若是乎？牙謂我曰「魯一生一及，君已知之矣，慶父也存。」』」（唐‧徐彥：《春秋公羊傳注疏》）頁 111。
〔註19〕同上。

長。年鈞以德，德鈞以卜。王不立愛，公卿無私，古之制也。」〔註20〕春秋
時代之繼承法可見一斑。

　　此種繼承制度，其旨在於防止傳承之過程中，產生紊亂，導致家敗國衰。
《公羊傳》隱公元年載：「立適以長，不以賢，立子以貴，不以長。」〔註21〕
何休注：

> 適，謂適夫人之子。尊無與敵，故以齒。子，謂左右媵及姪娣之子。
> 位有貴賤，又防其同時而生，故以貴也。禮，嫡夫人無子，立右媵；
> 右媵無子，立左媵；左媵無子，立嫡姪娣；嫡姪娣無子，立右媵姪娣；
> 右媵姪娣無子，立左媵姪娣。質家親親，先立娣；文家尊尊，先立姪。
> 嫡子有孫而死，質家親親先立弟，文家尊尊先立孫。其雙生也，質家
> 據見，立先生，文家據本意，立後生，皆所以防愛爭。〔註22〕

此處不僅說明傳承之法，更明言其防堵之作用。然此中與上引《左傳》有「立
長」及「立貴」二說之不同，據魯隱公及桓公之事觀之，二者之擇，應以「立
貴」為主，即「尊尊」應前於「親親」。此又與諸侯不得與天子同廟之制有關，
下文當言及之。故王國維以為：

> 由傳子之制而嫡庶之制生焉。夫舍弟而傳子者，所以息爭也。兄弟
> 之親本不如父子，而兄之尊，又不如父，故兄弟間常不免有爭位之
> 事。特如傳弟既盡之後，則嗣立者當為兄之子歟？弟之子歟？以理
> 論言之，自當立兄之子；以事實言之，則所立者往往為弟之子。此
> 商人所以有中丁以後九世之亂；而周人傳子之制，正為救此弊而設
> 也。然使於諸子之中，可以任擇一人而立之，而此子又可任立其欲
> 立者，則其爭盛甚；反不如商之兄弟以長幼相及者，猶有次弟矣。
> 故有傳子之法，而嫡庶之法亦與之俱生。〔註23〕

王國維此說，不僅可以與《公羊傳》之說相發明，也正道出傳子之制必定帶出
嫡庶之法，故有所謂之「宗統」形成。而此種制度之利，王國維更加以申說：

> 蓋天下之大利，莫如定；其大害，莫如爭。任天者定；任人者爭。
> 定之以天，爭乃不生。故天子諸侯之傳世也，繼統法之立子與立嫡

〔註20〕唐・孔穎達：《春秋左傳注疏》，頁904～905。
〔註21〕唐・徐彥：《春秋公羊傳注疏》，頁11。
〔註22〕同上。
〔註23〕民國・王國維：《觀堂集林》卷十《王國維遺書》，頁470～471。

也，後世用人之資格也，皆任天而不參以人，所以求定而息爭也。
古人非不知官天下之名，美於家天下；立賢之利，過於立嫡；人才
之用，優於資格，而終不以此易彼者，蓋懼夫名之可藉，而爭之易
生，其敝將不可勝窮，而民將無時或息也。故衡利而取重，絜害取
輕，而定爲立子立嫡之法，以利天下後世。……有周一代禮制大抵
由是出也。是故由嫡庶之制而宗法與服術二者生焉。〔註24〕

立子立嫡之法乃爲止爭，而有宗法及服術之形成，繼而禮制由此生，此爲先王制禮之緣由。所謂之「服術」者，《禮記・大傳篇》云：「服術有六：一曰親親；二曰尊尊；三曰名；四曰出入；五曰長幼；六曰從服。」〔註25〕「服術」即喪服制所依之準則有六：「親親」者，指血統親疏關係，以父母爲首而以妻、子、伯、叔爲次；「尊尊」者，指君臣尊卑關係，以君爲首而以公卿大夫爲次；「名」者，指本無血統之關係，因異姓女子來嫁本族，而有名分關係之生成者，如伯母及叔母等；「出入」者，指女子未嫁時謂「入」，適人謂「出」，及出繼爲人後者屬之；「長幼」者，「長」指成人，「幼」指未成年而死者；「從服」者，指本人與死者無血緣之關係，跟隨與死者有血緣關係者而爲之服喪謂之。此「服術」爲人道之所表現者，故《禮記・大傳篇》云：「上治祖禰，尊尊也；下治子孫，親親也；旁治昆弟，合族以食，序以昭繆，別之以禮義，人道竭矣。」〔註26〕人道雖大，聖人之治人若盡此四者，蓋無餘義矣。此爲禮之極致，不可與民變革者。

2. 宗統

所謂宗統之制，有「大宗」與「小宗」之別。《禮記・喪服小記》：

別子爲祖，繼別爲宗，繼禰者爲小宗。有五世而遷之宗，其繼高祖
者也。是故祖遷於上，宗易於下，尊祖故敬宗，敬宗所以尊祖禰也，
庶子不祭祖者，明其宗也。〔註27〕

依此說可見出，「尊尊」乃重於「親親」。鄭玄注：

諸侯之庶子別爲後世爲始祖也。謂之別子者，公子不能禰先君。

〔註24〕民國・王國維：《觀堂集林》卷十《王國維遺書》，頁471～472。
〔註25〕漢・鄭玄注：「術猶道也。親親，父母爲首；尊尊，君爲首；名，世母、叔母
之屬也；出入，女子子嫁者，及在室者；長幼，成人及殤也；從服，若夫爲
妻之父母，妻爲夫之黨服。」（唐・孔穎達：《禮記注疏》）頁619。
〔註26〕同上，頁617。
〔註27〕同上，頁592。

別子之世長子爲其族人爲宗，所謂『百世不遷之宗』。

別子之庶子之長子，爲其昆弟爲宗也，謂之『小宗』者，以其將遷

也。〔註28〕

鄭玄此注將「大宗」及「小宗」分別明白。又《禮記・大傳篇》云：

庶子不祭，明其宗也，庶子不得爲長子三年，不繼祖也，別子爲祖，

繼別爲宗，繼禰者爲小宗。有百世不遷之宗，有五世則遷之宗。百世

不遷者，別子之後也；宗其繼別子之所自出者，百世不遷者也；宗其

繼高祖者，五世則遷者也。尊祖故敬宗；敬宗，尊祖之義也。〔註29〕

此間《喪服小記》及《大傳》二說止言及卿大夫一級，而不及於天子、諸侯
者，乃在於「諸侯不敢祖天子，大夫不敢祖諸侯，而公廟之設於私家，非禮
也。」〔註30〕諸侯之於天子，大夫之於諸侯，雖皆同一血緣關係，然由於爵
位尊卑不同，諸侯自不得與天子立同祖廟，大夫與諸侯亦同理可推。《禮記・
大傳篇》云：「君有合族之道；族人不得以其戚戚君位也。」〔註31〕鄭玄注：
「君恩可以下施；而族人皆臣也，不得以父兄子弟之親，自戚於君位，謂齒
列也。所以尊君別嫌也。」〔註32〕由鄭玄之注更可說明，爲維護親親、尊尊
之義，二者必須有所先後。故《荀子・禮論篇》云：「故王者天太祖，諸侯不
敢壞。大夫、士有常宗，所以別貴始，貴始，得（楊倞注以爲『得當爲德』）
之本也。」〔註33〕荀子強調，有宗廟及宗統，乃爲貴始也，此爲德之本也。
意下言之，即破壞此種禮制者，是爲無德。

3. 宗廟制

有大宗、小宗之別，於祭祀方面，更須有所貴賤尊卑之防，以昭其度也。
《禮記・王制篇》載：

天子七廟，三昭三穆，與大祖之廟而七。諸侯五廟，二昭二穆，與

大祖之廟而五。大夫三廟，一昭一穆，與大祖之廟而三。士一廟。

庶人祭於寢。〔註34〕

〔註28〕 唐・孔穎達：《禮記注疏》，頁 592。

〔註29〕 同上，頁 629。

〔註30〕 〈郊特牲〉，同上，頁 486。

〔註31〕 同上，頁 620。

〔註32〕 同上。

〔註33〕 清・王先謙：《荀子集解》，頁 324。

〔註34〕 同註28，頁 241。

據鄭玄注：「此周制七者，大祖及文王、武王之祧與親廟四。大祖，后稷。」
〔註35〕又《周禮·春官·守祧》載：「掌守先公先王之廟祧，其遺衣服藏焉。」
〔註36〕鄭注：「廟謂太祖之廟及三昭三穆。遷主所藏曰祧，先公之遷主藏于后
稷之廟；先王之遷主藏于文武之廟。」〔註37〕后稷爲周始祖，故太王、王季
等先公所遷之主藏於此廟；而文王、武王爲開國先王，其後各王之遷主藏於
此。

（二）宗法制度之傾頹

　　周幽王欲廢太子宜臼而立庶子伯服，扭曲了嫡長子制之美意，代表周王朝
之宗法制度就此破壞，也正象徵著周王朝之盛世不再。自此之後，各諸侯國失
其職貢，不禮周王之事，時有所聞。舉其犖犖大者，於宗廟方面，依禮天子有
七廟、諸侯有五廟。諸侯過五廟則須毀廟，遷其主於太廟。而春秋時，諸侯有
過五廟而不毀者，如《春秋》哀公三年經文載：「五月辛卯，桓宮、僖宮災。」
〔註38〕《左傳》載：「孔子在陳，聞火，曰：『其桓、僖乎？』」〔註39〕孔子知
其非禮，故言災於其廟。孔穎達疏：

> 禮，諸侯親廟四焉，高祖之父即當毀其廟。計桓之於哀八世祖也；僖
> 六世祖也。親盡而廟不毀，言其宜爲天所災也。所以不毀者，服虔云：
> 「季氏出桓公，又爲僖公所立，故不毀其廟。」其意或然。〔註40〕

哀公時，桓公爲八世祖，僖公爲六世祖。依禮，五世親盡廟當毀，然猶以其
私而廟存，故孔子以爲宜有天災也。此爲諸侯毀禮之處。

　　當此之時，孔子以爲乃「天下無道」之世，《論語·季氏篇》云：「天下有
道，則禮樂征伐自天子出；天下無道，則禮樂征伐自諸侯出。自諸侯出，蓋十
世希不失矣；自大夫出，五世希不失矣；陪臣執國命，三世希不失矣。天下有
道，則政不在大夫。天下有道，則庶人不議。」〔註41〕禮樂征伐自天子出之世
已不復見，代之而起者爲諸侯僭禮、專擅侵伐之局面，然孔子以爲禮樂征伐之
權旁落大夫之手者，久而必失也，因其名不正而言不順，言不順而事不成之故。

〔註35〕唐·孔穎達：《禮記注疏》，頁241。
〔註36〕唐·賈公彥：《周禮注疏》，頁328。
〔註37〕同上。
〔註38〕唐·孔穎達：《春秋左傳注疏》，頁997。
〔註39〕同上。
〔註40〕同上。
〔註41〕宋·朱熹：《四書集注》，頁174～175。

當孔子之時，「祿之去公室，五世矣；政逮於大夫，四世矣；故夫三桓之子孫，微矣」(《論語・季氏篇》)。〔註42〕自文公薨，公子遂殺子赤而立宣公，自此之後，魯君權勢之失，經宣公、成公、襄公、昭公、定公至哀公時已有五世；而季氏自掌政權之後，已歷文子、武子、平子、桓子等四世。孔子由此陵夷之勢觀之，以爲孟孫、叔孫、季孫等三桓亦必逮代其政而有之者，此爲勢之所不得不然。臨此亂世，荀子以爲若有聖王之制禮，「制度以陳，政令以挾；官人失要則死，公侯失禮則幽，四方之國有侈離之德則必滅」(《荀子・王霸篇》)。〔註43〕是以欲兼此無道之世，必以聖王之禮制治之，捨此無它途。

第二節　各家學說之影響

一、荀子與儒家

　　荀子爲儒家之中堅份子，其學說以禮義爲主，乃直承孔子之禮學而來。孔門關於禮之言論：於禮之用方面，如《論語・學而篇》：「有子曰：『禮之用，和爲貴。先王之道，斯爲美，小大由之。有所不行，知和而和，不以禮節之，亦不可行也。』」〔註44〕先王之道爲美，雖小大之事皆可由之，如不以禮和之，亦有不可行之處也；於愼終追遠方面，〈爲政篇〉云：「孟懿子問孝。子曰：『無違』。樊遲御，子告之曰：『孟孫問孝於我，我對曰：「無違」』。樊遲曰：『何謂也？』子曰：『生，事之以禮；死，葬之以禮，祭之以禮。』」〔註45〕所謂之孝道，即於生死之事，皆以禮待之。又於禮治國之遞嬗方面，〈爲政篇〉云：「子張問：『十世可知也？』子曰：『殷因於夏禮，所損益可知也；周因於殷禮，所損益可知也；其或繼周者，雖百世可知也。』」〔註46〕以禮治國之道，以殷繼夏，以周繼商，所損益者，雖百世之後，仍可預見者也。

　　禮之重要性如此，是以孔子主張以禮治國，《論語・爲政篇》云：「道之以政，齊之以刑，民免而無恥；道之以德，齊之以禮，有恥且格。」〔註47〕

〔註42〕宋・朱熹：《四書集注》，頁175。
〔註43〕清・王先謙：《荀子集解》，頁194～195。
〔註44〕同註42，頁64～65。
〔註45〕同上，頁68。
〔註46〕同上，頁72。
〔註47〕同上，頁68。

治國者導民以法制禁令，若不從者則繼之以刑，如此民必求苟免而不復有羞恥之心，因其心非眞不欲爲惡也；若在上者躬行德義以先之，則民有所感而效之，繼又以禮齊一之，是民皆有免恥之心，而改過向善也，《論語・憲問篇》云：「上好禮，則民易使也。」〔註48〕人主若以禮治國，則若寸尺尋丈之有法度也，人倫之事盡於此矣，「禮者，人主之所以爲羣臣寸尺尋丈檢式也，人倫盡矣」（《荀子・儒效篇》）。〔註49〕是禮之於治國爲首要之具，故荀子遂倡以禮治天下。

二、荀子與法家

　　管子被推爲法家之祖，更爲齊法家之代表，其眾多治國理念，皆與「禮」有多方之連繫，非獨爲「法」也。就「禮」之方面，其與荀子禮治相應者，有所謂之「八經」。《管子・五輔篇》云：

> 所謂八經者何？曰：上下有義，貴賤有分，長幼有等，貧富有度，凡此八者，禮之經也。故上下無義則亂，貴賤無分則爭，長幼無等則倍，貧富無度則失。上下亂，貴賤爭，長幼倍，貧富失，而國不亂者，未之嘗聞也。是故聖王飭此八禮，以導其民；八者各得其義，則爲人君者中正而無私；爲人臣者忠信而不黨；爲人父者慈惠以教；爲人子者孝悌以肅；爲人兄者寬裕以誨；爲人弟者比順以敬；爲人夫者敦懞以固；爲人妻者勸勉以貞。夫然，則下不倍上，臣不殺君，賤不踰貴，少不陵長，遠不閒親，新不閒舊，小不加大，淫不破義，凡此八者，禮之經也。夫人必知禮然後恭敬，恭敬然後尊讓，尊讓然後少長貴賤不相踰越，少長貴賤不相踰越，故亂不生而患不作，故曰禮不可不謹也。〔註50〕

此中指出，「上下有義，貴賤有分，長幼有等，貧富有度」等是爲「八經」，其實即是孔子所謂之「君君、臣臣、父父、子子」等正名思想。此種思想荀子亦正承續著，並加以闡釋，《荀子。君道篇》云：

> 請問爲人君？曰：以禮分施，均徧而不偏。請問爲人臣？曰：以禮事（據郝懿行說改）君，忠順而不懈。請問爲人父？曰：寬惠而有禮。

〔註48〕宋・朱熹：《四書集注》，頁164。
〔註49〕清・王先謙：《荀子集解》，頁126。
〔註50〕民國・鍾肇鵬：《管子簡釋》，頁91。

請問爲人子？曰：敬愛而致文。請問爲人兄？曰：慈愛而見友。請問
爲人弟？曰：敬詘而不苟。請問爲人夫？曰：致功而不流，致臨而有
辨。請問爲人妻？曰：夫有禮則柔從聽侍，夫無禮則恐懼而自竦也。
此道也，偏立而亂，俱立而治，其足以稽矣。請問兼能之奈何？曰：
審之禮也。古者先王審禮以方皇周浹於天下，動無不當也。〔註51〕

「君臣、父子、兄弟、夫妻」等，爲人之大倫，其「俱立而治」，皆一歸於禮
之下。

於治心、體道二者，《管子・心術上》云：

心之在體，君之位也。九竅之有職，官之分也。心處其道，九竅循
理。嗜欲充盈，目不見色，耳不聞聲。故曰：上離其道，下失其事。
毋代馬走，使盡其力，毋代鳥飛，使獘其羽翼。毋先物動，以觀其
則。動則失位，靜乃自得。道不遠而難極也，與人並處而難得也。
虛其欲，神將入舍；掃除不潔，神乃留處。人皆欲知，而莫索其所
以知乎。知乎知乎，投之海外無自奪，求之者不及虛之者，夫聖人
無求之也，故能虛無。〔註52〕

此乃論心之功能及脩養心之方法，進而與道相合。《荀子・解蔽篇》云：

心者，形之君也，而神明之主也，出令而無所受令。自禁也，自
使也，自奪也，自取也，自行也，自止也。故口可劫而使墨云，
形可劫而使詘申，心不可劫而使易意，是之則受，非之則辭。故
曰：心容，其擇也無禁，必自見，其物也雜博，其情之至也不
貳。………故曰：心枝則無知，傾則不精，貳則疑惑。以贊稽之，
萬物可兼知也。身盡其故則美。類不可兩也，故知者擇一而壹焉。

〔註53〕

其中荀子於管子之說有所揀擇乃至於轉化，如此即見出其受管子影響之一斑。

三、荀子與稷下學者

（一）稷下學之概況

「稷下學宮」成立於戰國時期齊桓公午（前377～前359）掌政之時，徐

〔註51〕清・王先謙：《荀子集解》，頁211～212。
〔註52〕民國・鍾肇鵬：《管子簡釋》，頁284～285。
〔註53〕同註51，頁367～368。

幹《中論‧亡國篇》：「昔齊桓公立稷下之官，設大夫之號，招致賢人而尊崇之。自孟軻之徒皆游於齊。」〔註54〕桓公午於其在位十八年間，以齊國養士之傳統，建立稷下學宮，優寵各國前來游學之士人，「設大夫之號」作為士人們之榮職，使其於優渥之待遇下，發展學術。

齊威王（前358～前320）時，因任用鄒忌為相，大筆舉用各國之能士，《說苑‧臣術篇》載：

　　忌舉田居子為西河而秦、梁弱；忌舉田解子為南城而楚人抱羅綺而
　　朝；忌舉黔涿子為冥州而燕人給牲、趙人給盛；忌舉田種首子為即
　　墨而於齊足究；忌舉北郭刁勃子為大士而九族益親，民益富。〔註55〕

齊威王廣納士人，厲行政治及經濟改革，使齊國國勢如日中天，「于是齊最強于諸侯，自稱為王，以令天下」。〔註56〕

齊宣王繼威王之後，更是招來各國能士前來齊國一展所長，「稷下學宮」發展至齊威王手中，達至空前之盛況，《鹽鐵論‧論儒》載：「齊宣王褒儒尊學，孟軻、淳于髡之徒，受上大夫之祿，不任職而論國事。蓋齊稷下先生千有餘人。」〔註57〕此時之齊國學術文風大盛，因而形成所謂之「稷下學派」。

（二）稷下學者及著作

稷下學者皆為當時影響各國朝政之重要人物，其所著之書更為各國各階層所接受。據《漢書‧藝文志》所載稷下學者所著書有：《慎子》四十二篇，《田子》二十五篇，《蜎子》十三篇，《捷子》二篇，《宋子》十八篇，《尹文子》一篇，《鄒子》四十九篇，《鄒子終始》五十六篇，《鄒奭子》十二篇，《黃帝四經》四篇等。此類學說，包含了儒、墨、名、法、陰陽等學派，對當時之學風，甚至各國國君施政之參考，均扮演著重要之角色。如淳于髡者，《史記‧滑稽列傳》載：「威王八年，楚大發兵加齊，威王使淳于髡之趙請救兵。……髡辭而行，至趙，趙王與之精兵十萬，革車千乘。楚聞之，夜引兵而去。」〔註58〕由此可知，不僅稷下學者之學說能影響當世，其本身亦能左右時代之局勢。

由於稷下之學風鼎盛，吸引各國之學者士人前來參與，荀子便是其中之

〔註54〕漢‧徐幹：《中論》，頁36。
〔註55〕漢‧劉向：《說苑》，頁6。
〔註56〕日‧瀧川資言：《史記會注考證》，頁3217。
〔註57〕民國‧王利器：《鹽鐵論校注》，頁149。
〔註58〕同註56，頁5432。

一。雖於齊湣王之時，國勢衰頹，稷下學者大多散去，荀子也去齊適楚。然於齊襄王之時，由於襄王之勵精圖治，稷下學復盛，《史記・孟子荀卿列傳》云：「田駢之屬皆已死齊襄王時，而荀卿最爲老師。齊尚脩列大夫之缺，而荀卿三爲祭酒焉。」〔註 59〕荀子並於此時三爲祭酒，最爲老師。稷下學之最大功能，乃使各家各派之學者，於此著書立說、講學授業及交流其學，荀子必於此與各學者相互學習、論辨，進而吸收及改造其學說。〔註 60〕

第三節　荀子禮治學說提出之動機

一、荀子「內聖外王」學說之前承

（一）「內聖外王」釋名

「內聖外王」一詞，首見於《莊子》，《莊子・天下篇》云：

> 天下之治方術者多矣，皆以其有爲不可加矣。古之所謂道術者，果惡乎在？曰：「無乎不在。」曰：「神何由降？明何由出？」「聖有所生，王有所成，皆原於一。」不離於宗，謂之「天人」；不離於精，謂之「神人」；不離於眞，謂之「至人」。以天爲宗，以德爲本，以道爲門，兆於變化，謂之「聖人」。以仁爲恩，以義爲理，以禮爲行，以樂爲和，薰然慈仁，謂之「君子」。〔註 61〕

其中所謂之「天人」、「神人」及「至人」，乃道家於精神修養層面所欲到達之境界。此處能宗於天，本於德，由道而行，能知變化之幾微，是爲「聖人」；而本於仁、禮、義等道德層面而行者，是爲「君子」。此二者之定義，大致合於儒家之要求。

論及聖人理天下之道，《莊子・天下篇》云：

> 以法爲分，以名爲表，以參爲驗，以稽爲決，其數一二三四是也，百官以此相齒，以事爲常，以衣食爲主，蕃息畜藏，老弱孤寡爲意，皆有以養，民之理也。古之人其備乎！配神明，醇天地，育萬物，和天下，澤及百姓，明於本數，係於末度，六通四辟，小大精粗，

〔註 59〕日・瀧川資言：《史記會注考證》，頁 4003～4004。
〔註 60〕《史記・孟子荀卿列傳》云：「於是推儒、墨、道德之行事興壞，序列著數萬言而卒。」同上，頁 4004。
〔註 61〕清・郭慶藩：《莊子集釋》，頁 1065～1066。

其運無乎不在。〔註62〕

此中「以法為分」、「以名為表」、「以參為驗」及「以稽為決」等，乃同於法家治國之術。以此術治天下，能達「配神明、醇天地、育萬物、和天下、澤及百姓」等之境界者，乃聖人方可為之。

此聖人配神明、醇天地、和天下、澤及百姓之道，當何所見？《莊子・天下篇》云：

> 其明而在數度者，舊法、世傳之史尚多有之：其在於《詩》、《書》、《禮》、《樂》者，鄒魯之士、搢紳先生多能明之。《詩》以道志，《書》以道事，《禮》以道行，《樂》以道和，《易》以道陰陽，《春秋》以道名分。
> 其數散於天下而設於中國者，百家之學時或稱而道之。〔註63〕

聖人理天下之道，見於舊法及史傳之中尚有之，其在「六經」者，孔學傳人及在位者亦多能明之。然諸子百家之學，其散於天下而設於各國者，亦皆為聖人之道。

然春秋戰國之時，《莊子・天下篇》云：

> 天下大亂，賢聖不明，道德不一。天下多得一察焉以自好。譬如耳目鼻口，皆有所明，不能相通。猶百家眾技也，皆有所長，時有所用。雖然，不該不遍，一曲之士也。判天地之美，析萬物之理，察古人之全，寡能備於天地之美，稱神明之容。是故內聖外王之道，闇而不明，鬱而不發，天下之人各為其所欲焉以自為方。悲夫！百家往而不反，必不合矣！後世之學者，不幸不見天地之純，古人之大體。道術將為天下裂。〔註64〕

能見「天地之純，古人之大體」者，方為聖人，然「天下之人各為其所欲焉以自為方」，且「多得一察焉以自好」，有一術在焉，即沾沾自喜，欲行於天下，求合於諸侯，於是「內聖外王之道」不復見於世，乃見各家極騁其說，此乃賢者所感歎之「道術將為天下裂」者。

諸子百家之說，皆為治國而用，但執一端而用之。試觀《莊子・天道篇》所云：「君先而臣從，父先而子從，兄先而弟從，長先而少從，男先而女從，夫先而婦從。夫尊卑先後，天地之行也，故聖人取象焉。天尊地卑，神明之

〔註62〕清・郭慶藩：《莊子集釋》，頁 1066～1067。
〔註63〕同上，頁 1067。
〔註64〕同上，頁 1069。

位也；春夏先，秋冬後，四時之序也。萬物化作，萌區有狀，盛衰之殺，變化之流也。夫天地至神，而有尊卑先後之序，而況人道乎！宗廟尚親，朝廷尚尊，鄉黨尚齒，行事尚賢，大道之序也。語道而非其序者，非其道也；語道而非其道者，安取道！」〔註65〕其中所云之道序，雖儒者亦不能非也；所不同者，道家所言者偏重於體道，而儒家較重於人事耳。

「內聖外王」一詞雖為莊子所提出，然法家亦有此種主張。《史記・商君列傳》載公孫鞅之說秦孝公事云：

> 孝公既見衛鞅，語事良久，孝公（時）時睡弗聽。罷而孝公怒景監曰：「子之客妄人耳，安足用邪！」景監以讓衛鞅。衛鞅曰：「吾說公以帝道，其志不開悟矣。」後五日，復求見鞅。鞅復見孝公，益愈，然而未中旨。罷而孝公復讓景監，景監亦讓鞅。鞅曰：「吾說公以王道而未入也。請復見鞅。」鞅復見孝公，孝公善之而未用也。罷而去。孝公謂景監曰：「汝客善，可與語矣。」鞅曰：「吾說公以霸道，其意欲用之矣，誠復見我，我知之矣。」衛鞅復見孝公。公與語，不自知膝之前於席也。語數日不厭。景監曰：「子何以中吾君？吾君之驩甚也。」鞅曰：「吾說君以帝王之道比三代，而君曰：『久遠，吾不能待！且賢君者，各及其身顯名天下，安能邑邑待數十百年以成帝王乎？』故吾以彊國之術說君，君大說之耳。然亦難以比德於殷周矣。」〔註66〕

公孫鞅為一純法家之改革者，當其說秦孝公時，首先則用「帝道」，孝公雖弗用，然亦知其有能；其次，說孝公以「王道」，孝公則以為「久遠，吾不能待！」當公孫鞅說以「霸道」之時，孝公竟與公孫鞅「語數日不厭」，以其可及身立就也。由此可知，法家者非不欲成「帝王之道」，為其世亂急用，故取「霸道」之可速達也。

（二）儒家之說

荀子之禮治學說，其主體乃為儒家一貫「內聖外王」之道，外王事業為儒家歷來所欲達成者，而外王事業有待於內聖之學而完成。雖說「內聖外王」一詞為道家所首出，然究其實際，儒家自有一貫之傳承說法，近人牟宗三云：「『內聖』者，內而在于個人自己，則自覺地作聖賢工夫（作道德實踐）以發展完成其德性人格之謂也。『內聖外王』一語雖出于《莊子・天下篇》，然以表象儒家

〔註65〕 清・郭慶藩：《莊子集釋》，頁 469。
〔註66〕 日・瀧川資言：《史記會注考證》，頁 3795～3797。

之心願實最為恰當。『外王』者，外而達于天下，則行王者之道也。」〔註67〕是故儒者雖不出「內聖外王」一詞，然於其實際上，不啻為行為之最高宗旨。

　　觀儒家關於「內聖外王」之思想者，其有見於上古者，《尚書‧堯典篇》云：「曰若稽古帝堯，曰放勳。欽明文思安安，允恭克讓，光被四表，格于上下。克明俊德，以親九族，九族既睦。平章百姓，百姓昭明。協和萬邦，黎民于變時雍。」〔註68〕其中「欽明文思安安，允恭克讓，光被四表，格于上下」，為「內聖」之修養；而「克明俊德，以親九族」為能任用賢人以親睦九族，至於能「平章百姓，百姓昭明。協和萬邦，黎民於變時雍」者，乃是「外王」之事業，由此可推論，「內聖外王」一詞，即為中國各代最高之政治理想。

　　春秋之時有所謂之「死而不朽」者。《左傳》襄公二十四年載魯襄公使穆叔如晉，范宣子問何謂「死而不朽」者，穆叔答云：「豹聞之：『大上有立德，其次有立功，其次有立言。』雖久不廢，此之謂不朽。」〔註69〕此「立德、立功、立言」即是「內聖外王」之事業。其見於孔子之言者，《論語‧憲問篇》云：「子路問君子。子曰：『脩己以敬。』曰：『如斯而已乎？』曰：『脩己以安人。』曰：『如斯而已乎？』曰：『脩己以安百姓。脩己以安百姓，堯、舜其猶病諸！』」〔註70〕其中「脩己」即是「內聖」之工夫，而「安人」即為「外王」之事業，而此外王事業，之於堯、舜亦猶以為難矣。

　　至於將「內聖外王」實質於條理上者，則見於《大學》、《中庸》。有言其工夫者，《中庸》云：「唯天下至誠，為能盡其性；能盡其性，則能盡人之性；能盡人之性，則能盡物之性；能盡物之性，則可以贊天地之化育；可以贊天地之化育，則可以與天地參矣。」〔註71〕此誠者實為達致「內聖」境界之樞要。《中庸》又云：「誠者非自成己而已也，所以成物也。成己，仁也；成物，知也。性之德也，合外內之道也，故時措之宜也。」〔註72〕既誠而致聖矣，亦必推己之道而成物也，是「成己成物」即為「內聖外王」之道。若言其條目者，《大學》云：

〔註67〕民國‧牟宗三：《心體與性體（一）》，頁 4。

〔註68〕唐‧孔穎達：《尚書正義》，頁 19～20。

〔註69〕唐‧孔穎達疏云：「立德謂創制垂法，博施濟眾；聖德立於上代，惠澤被於無窮。……立功謂拯厄除難，功濟於時。……立言謂言得其要理，足可傳記。」（唐‧孔穎達：《春秋左傳注疏》）頁 609。

〔註70〕宋‧朱熹：《四書集注》，頁 164。

〔註71〕同上，頁 44。

〔註72〕同上，頁 46。

古之欲明明德於天下者，先治其國；欲治其國者，先齊其家；欲齊
其家者，先脩其身；欲脩其身者，先正其心；欲正其心者，先誠其
意；欲誠其意者，先致其知；致知在格物。物格而后知至，知至而
后意誠，意誠而后心正，心正而后身脩，身脩而后家齊，家齊而后
國治，國治而后天下平。〔註73〕

此八條目有逆、順之推法：一是目的論，一是方法論，其皆爲達致「內聖外
王」事業之儒家不二法門。

　　荀子之「內聖外王」思想具體之實現方法，則在於以「禮」治天下。此
種治天下之理想要求，乃前承孔子而來，亦爲孔子作《春秋》所欲達成之願
景。《史記・儒林列傳》云：

夫周室衰而〈關雎〉作，幽厲微而禮、樂壞，諸侯恣行，政由彊國。
故孔子閔王路廢而邪道興，於是論次《詩》、《書》，修起禮、樂。適
齊聞〈韶〉，三月不知肉味。自衛返魯，然後樂正，〈雅〉、〈頌〉各得
其所。世以混濁莫能用，是以仲尼干七十餘君無所遇，曰：「苟有用
我者，期月而已矣」。西狩獲麟，曰：「吾道窮矣」。故因《史記》作
《春秋》，以當王法，其辭微而指博，後世學者多錄焉。自孔子卒後，
七十子之徒散游諸侯，大者爲師傅卿相，小者友教士大夫，或隱而不
見。故子路居衛，子張居陳，澹臺子羽居楚，子夏居西河，子貢終於
齊。如田子方、段干木、吳起、禽滑釐之屬，皆受業於子夏之倫，爲
王者師。是時獨魏文侯好學。後陵遲以至于始皇，天下並爭於戰國，
儒術既絀焉，然齊魯之間，學者獨不廢也。於威、宣之際，孟子、荀
卿之列，咸遵夫子之業而潤色之，以學顯於當世。〔註74〕

《史記》此段之言論，正可說明荀子之禮治學說，是前承孔子《春秋》之「內
聖外王」理想而來。《春秋》者，爲孔子禮治天下之藍圖，《史記・十二諸侯
年表序》云：「是以孔子明王道，干七十餘君，莫能用。故西觀周室，論史記
舊聞，興於魯而次《春秋》，上記隱，下至哀之獲麟，約其辭文，去其煩重，
以制義法，王道備，人事浹。」〔註75〕孔子以《春秋》制義法，使王道齊備，
而人事周治，期使周王朝以禮治天下之盛景再現。然《春秋》之作，當由史

〔註73〕宋・朱熹：《四書集注》，頁5～6。
〔註74〕日・瀧川資言：《史記會注考證》，頁5282。
〔註75〕同上，頁896。

官；《春秋》之事，乃爲天子之職，而孔子目覩禮崩樂壞，而天王非其人，是以越其分而成《春秋》，故《孟子・滕文公下》云：「世衰道微，邪說暴行有作，臣弑其君者有之，子弑其父者有之。孔子懼，作《春秋》。《春秋》，天子之事也，是故孔子曰：『知我者，其惟《春秋》乎；罪我者，其惟《春秋》乎！』」〔註76〕孔子之罪在於《春秋》，而成王道之志，亦見於《春秋》，是荀子之有志於此者。

至於《春秋》之精神何在？《史記・太史公自序》云：「夫《春秋》，上明三王之道，下辨人事之紀，別嫌疑，明是非，定猶豫，善善惡惡，賢賢賤不肖，存亡國，繼絕世，補敝起廢，王道之大者也。」〔註77〕上明王道，下辨人紀，定名分，別是非，乃王道之事。關於《春秋》之作用，《史記・太史公自序》云「《春秋》以道義。撥亂世反之正，莫近於《春秋》。《春秋》文成數萬，其指數千，萬物之散聚皆在《春秋》。《春秋》之中，弑君三十六，亡國五十二，諸侯奔走不得保其社稷者不可勝數。察其所以，皆失其本已。」〔註78〕東周之世，各諸侯國之會盟侵伐，其行之義與否，盡在《春秋》褒貶之中，〔註79〕而觀春秋之世，弑君、亡國之事相屬者，究其根柢，則在於失其仁義之道故。《史記・太史公自序》云：「夫不通禮義之旨，至於君不君，臣不臣，父不父，子不子。夫君不君則犯，臣不臣則誅，父不父則無道，子不子則不孝，此四行者，天下之大過也。以天下之大過予之，則受而弗敢辭，故春秋者，禮義之大宗也。」〔註80〕各國諸侯國君，甚至天王者亦不通禮義之旨，以是名分不正，君君、臣臣、父父、子子之道衰，孔子故以《春秋》道名分，是乃禮義之大宗，以爲天下所應守之禮則。〔註81〕

周王朝之治天下，於其縱者，以大宗、小宗爲繼承之準則，於其橫者，以公、侯、伯、子、男等爵位，以勞有功，以安其親。以此遂成一家天下之局面，於血緣上，各諸侯國皆是伯叔甥舅之關係；於爵位上，其位皆有等次，

〔註76〕宋・朱熹：《四書集注》，頁294。

〔註77〕日・瀧川資言：《史記會注考證》，頁5600。

〔註78〕同上，頁5601～5602。

〔註79〕晉范寧《穀梁傳序》云：「一字之褒，寵踰華袞之贈；片言之貶，辱過市朝之撻。德之所助，雖賤必申；義之所抑，雖貴必屈。故附勢匪非者，無所逃其罪；潛德獨運者，無所隱其名。信不易之宏軌，百王之通典也。」（唐・楊士勛：《春秋穀梁傳疏》）頁5。

〔註80〕同註77，頁5603。

〔註81〕《孟子・滕文公下》云：「孔子成春秋，而亂臣賊子懼。」同註76，頁295。

以此序齒尊爵。當中維係各種關係之樞要者，乃在於禮義之道。凡朝聘盟會，端視合禮與否，故《左傳》成公十二年云：「世之治也，諸侯間於天子之事，則相朝也，於是乎有享宴之禮。享以訓共儉，宴以示慈惠；共儉以行禮，而慈惠以布政。政以禮成，民是以息。」〔註82〕此爲諸侯相宴之禮，享禮用以教導恭敬節儉，宴禮用以表示慈愛恩惠，一爲推行禮儀，一爲展布政事，而政以禮成，民以是而得休息。《左傳》莊公二十三年云：「夫禮，所以整民也。故會以訓上下之則，制財用之節；朝以正班爵之義，帥長幼之序；征伐以討其不然。」〔註83〕「會」乃以諸侯事天子，天子於「會」制訂財賦之標準，並號令各諸侯國出貢賦，以供王室之用；「朝」則用以糾正諸侯相見之序；若不朝不會則征伐之。此皆宗室互動之禮，所以整理天下之民者。禮爲人人所必備之具，故《左傳》成公十三年云：「禮，身之幹也；敬，身之基也。」〔註84〕禮爲身之軀幹，而敬爲身之基礎，外在之禮，必由內在之敬表現而出。《左傳》隱公十一年云：「禮，經國家、定社稷、序民人、利後嗣者也。」〔註85〕是禮者爲經國理民之大本。

二、建立禮治架構之作用

春秋之時，王室雖微，然猶爲天下共主。春秋五霸之迭興，皆以「尊王攘夷」爲準，維繫周王朝命脈之宗法及封建制度，皆有賴於禮樂制度，作爲其行爲之準則。換言之，如無禮樂制度，宗法及封建制度即無可實行之則，周王朝之朝綱，即無所延續。《周禮·秋官·大行人》云：

> 王之所以撫邦國諸侯者，歲，徧存，三歲，徧覜，五歲，徧省，七
> 歲，屬象胥，諭言語，協辭命，九歲，屬瞽史，諭書名，聽聲音，
> 十有一歲，達瑞節，同度量，成牢禮，同數器，脩法則，十有二歲，
> 王巡守殷國，凡諸侯之王事，辨其位，正其等，協其禮，賓而見之，
> 若有大喪，則相諸侯之禮，若有四方之大事，則受其幣，聽其辭。
> 凡諸侯之邦交，歲相問也，殷相聘也，世相朝也。〔註86〕

依此則知，周天王與諸侯間之來往互動，皆一以禮爲據，亦正是此禮樂制度，

〔註82〕唐·孔穎達：《春秋左傳注疏》，頁458～459。
〔註83〕同上，頁171。
〔註84〕同上，頁460。
〔註85〕同上，頁81。
〔註86〕唐·賈公彥：《周禮注疏》，頁565～566。

造成周王朝之一統局面。

　　然世局陵夷至戰國，周王室之尊嚴已蕩然無存，周王朝所賴以維繫之禮樂制度，早已無人重視，甚至無人知曉。清顧炎武《日知錄》卷十七「周末風俗」條載：

　　　如春秋時猶尊禮重信，而七國則絕不言禮與信矣。春秋時猶宗周王，
　　　而七國則絕不言王矣。春秋時猶嚴祭祀重聘享，而七國則無其事矣。
　　　春秋時猶論宗姓氏族，而七國則無一言及之矣。春秋時猶宴會賦詩，
　　　而七國則不聞矣。春秋時猶有赴告策書，而七國則無有矣。邦無定
　　　交，士無定主，此皆變於一百三十三年之間。〔註87〕

此一百三十三年之間，春秋時代所僅存之禮樂制度，至此消失殆盡。各國之間，習以兵戎相見，周王室分爲東、西二周國，早已無異於諸侯，共主之名實無存。爲解決此一紛亂之世局，則首先須建立禮樂制度，恢復周禮，使諸侯間之相對待，有所禮制標準。如此一來，方可言天下一統，即一統於禮樂制度之中，天下糜爛之局面，將可不復見，此即爲荀子大倡「禮治」之目的。

三、恢復周禮之目的

（一）禮為民之表

　　禮樂制度，爲人民行爲之表幟，《荀子・大略篇》云：「水行者表深，使人無陷；治民者表亂，使人無失。禮者，其表也，先王以禮表天下之亂。今廢禮者，是去表也。故民迷惑而陷禍患，此刑罰之所以繁也。」〔註88〕人民無禮樂之表幟，則無所措其手足，無所措其手足則易於犯錯，此刑罰之所以繁之故也。

　　周威烈王二十三年（前 403），初命晉大夫魏斯、趙籍、韓虔爲諸侯。此爲戰國時代之正式來臨，亦即代表周天子失其爲周天子應有之禮，而坐使諸侯目無天子。《荀子・非相篇》云：「辨莫大於分，分莫大於禮，禮莫大於聖王。」〔註89〕荀子以爲人之所以爲人者，即人之所以可異於禽獸，而成爲一社會共同體者，即有所「辨」。此「辨」即有所彼此之分，而分之標準，則在於禮，而禮以聖王爲極則，循此一路而上，故周天子之聖王地位，昭然可見。

〔註87〕清・顧炎武：《日知錄》，頁 375。
〔註88〕清・王先謙：《荀子集解》，頁 445～446。
〔註89〕同上，頁 69。

此種精神內涵，可以藉司馬光評三家分晉之言，爲進一步之說明：「臣聞天子之職莫大於禮，禮莫大於分，分莫大於名。何謂禮？紀綱是也；何謂分？君臣是也；何謂名？公、侯、卿、大夫是也。」〔註90〕紀綱爲天子之莫大職事，而紀綱莫大於分別君臣上下，而分別君臣上下，則莫大於公侯等名位。此皆爲建立一完整之朝政所需者。

司馬光復深入分析其意義云：

> 夫以四海之廣，兆民之衆，受制於一人，雖有絕倫之力，高世之智，莫（敢）不奔走而服役者，豈非以禮爲之綱紀哉！是故天子統三公，三公率諸侯，諸侯制卿大夫，卿大夫治士庶人。貴以臨賤，賤以承貴。上之使下猶心腹之運手足，根本之制支葉；下之事上，猶手足之衛心腹，支葉之庇本根。然後能上下相保而國家治安。故曰：天子之職莫大於禮也。〔註91〕

天子以一人之力，之所以宰制天下，使天下之人伏首聽命於己者，乃在於朝政能層層節制。如能以天下人之眼爲己眼，以天下人之耳爲己耳，使上下一心，如使一體，則事無不成之思。故曰天子之職事首在於紀綱。其又云：

> 文王序《易》，以〈乾〉、〈坤〉爲首。孔子繫之曰：「天尊地卑，乾坤定矣，卑高以陳，貴賤位矣。」言君臣之位猶天地之不可易也。
>
> 《春秋》抑諸侯，尊王（王當作周）室，王人雖微，序於諸侯之上，以是見聖人於君臣之際未嘗不惓惓也。非有桀、紂之暴，湯、武之仁，人歸之，天命之，君臣之分當守節伏死而已矣。是故以微子而代紂則成湯配天矣；以季札而君吳則太伯血食矣。然二子寧亡國而不爲者，誠以禮之大節不可亂也。故曰：禮莫大於分也。〔註92〕

此中所強調者，則在於宗法制度及封建之等級，其作用在於維繫王朝之命脈於不斷。其用親親、尊尊之義，親情及名份雙管齊下，各個政治體系，交織成一牢不可破之網。又云：

> 夫禮，辨貴賤，序親疏，裁群物，制庶事。非名不著，非器不形。名以命之，器以別之，然後上下粲然有倫，此禮之大經也。名器既亡，則禮安得獨在哉？昔仲叔于奚有功於衛，辭邑而請繁纓，孔子

〔註90〕宋・司馬光：《資治通鑑・周紀一》，頁2。
〔註91〕同上，頁2～3。
〔註92〕同上，頁3～4。

以為不如多與之邑。惟名與器，不可以假人，君之所司也。政亡則
國家從之。衛君待孔子而為政，孔子欲先正名，以為名不正則民無
所措手足。夫繁纓，小物也，而孔子惜之；正名，細務也，而孔子
先之。誠以名器既亂則上下無以相保故也。夫事未有不生於微而成
於著。聖人之慮遠，故能謹其微而治之；眾人之識近，故必待其著
而後救之；治其微，則用力寡而功多；救其著，則竭力而不能及也。
《易》曰：「履霜，堅冰至」，《書》曰：「一日二日萬幾」，謂此類也。
故曰：分莫大於名也。〔註93〕

此處言禮制之作用，其中包括正名之行為，故《荀子》中有〈正名篇〉，立三
標，破三惑，皆是排除其他學說之破壞名教，並維護禮制於不墜之地。

（二）春秋之史事見證

司馬光言禮之重要性之後，先舉春秋時期，周王室之所以仍為天下共主
之因，其云：

嗚呼！幽、厲失德，周道日衰，綱紀散壞，下陵上替，諸侯專征，
大夫擅政。禮之大體，什喪七八矣。然文、武之祀猶綿綿相屬者，
蓋以周之子孫尚能守其名分故也。何以言之？昔晉文公有大功於王
室，請隧於襄王，襄王不許，曰：「王章也。未有代德而有二王，亦
叔父之所惡也。不然，叔父有地而隧，又何請焉！」文公於是懼而
不敢違。是故以周之地則不大於曹、滕，以周之民則不眾於邾、莒，
然歷數百年，宗主天下，雖以晉、楚、齊、秦之強，不敢加者，何
哉？徒以名分尚存故也。至於季氏之於魯，田常之於齊，白公之於
楚，智伯之於晉，其勢皆足以逐君而自為，然而卒不敢者，豈其力
不足而心不忍哉？乃畏奸名犯分而天下共誅之也。〔註94〕

《左傳》僖公二十五年載，晉侯與秦繆公將兵入周襄王於王城，勤王有功，
請如王者之禮而隧葬，王以非禮而辭之，晉侯不獲命，亦不敢違王命而僭禮，
〔註95〕其故即如「徒以名分尚存故也」。其實春秋時代，諸侯僭禮之情形比比
皆是，如《禮記·曾子問》載：

曾子問曰：「喪有二孤，廟有二主，禮與？」孔子曰：「天無二日，土

〔註93〕宋·司馬光：《資治通鑑·周紀一》，頁4。
〔註94〕同上，頁5～6。
〔註95〕唐·孔穎達：《春秋左傳注疏》，頁263。

無二王，嘗禘郊社，尊無二上，未知其爲禮也。昔者齊桓公亟舉兵，
作僞主以行，及反，藏諸祖廟，廟有二主，自桓公始也。」〔註96〕
此爲廟宗僭禮之行爲。又《禮記‧郊特牲》載：

> 諸侯之宮縣，而祭以白牡，擊玉磬，朱干設錫，冕而舞大武，乘大
> 路，諸侯之僭禮也。臺門而旅樹，反坫，繡黼丹朱中衣，大夫之僭
> 禮也。故天子微，諸侯僭，大夫強，諸侯脅，於此相貴以等，相覿
> 以貨，相賂以利，而天下之禮亂矣，諸侯不敢祖天子，大夫不敢祖
> 諸侯，而公廟之設於私家，非禮也，由三桓始也。〔註97〕

不僅諸侯僭禮，大夫亦然，故天子微，諸侯即僭禮；諸侯弱，大夫亦僭禮，
故禮不可失也。此外，司馬遷《史記‧六國年表序》載：

> 太史公讀《秦記》至犬戎敗幽王，周東徙洛邑。秦襄公始封爲諸侯，
> 作西畤，用事上帝，僭端見矣。禮曰：「天子祭天地，諸侯祭其域內
> 名山大川。」今秦雜戎翟之俗，先暴戾仁義，位在藩臣，而臚於郊
> 祀，君子懼焉。〔註98〕

此爲戎狄藩臣僭禮郊天祀地之始。

非獨諸侯僭禮，天子自身亦有失禮之時，《禮記‧郊特牲》載：

> 大夫而饗君，非禮也。大夫強而君殺之，義也，由三桓始也。天子
> 無客禮，莫敢爲主焉，君適其臣，升自阼階，不敢有其室也。覲禮，
> 天子不下堂而見諸侯，下堂而見諸侯，天子之失禮也，由夷王以下。
>
> 〔註99〕

此爲天子失禮之處。

春秋之時，雖如上述，天子與諸侯之間，時有非禮之行爲發生。然此時
之宗法及封建制度猶有其實，家天下之力量仍強，違禮之罪名難當，此非力
不足而心不忍也，乃在於違此家國之禮，天下將共擊之。故五霸之尊王攘夷，
即如家族之兄長，維護家族之宗法一般，各國當共推之而無不服。

（三）戰國之禮制不存

於春秋之時，宗法及封建之禮尚存，故周王室爲一宗主地位，無人敢去

〔註96〕唐‧孔穎達：《禮記注疏》，頁367。
〔註97〕同上，頁487。
〔註98〕日‧瀧川資言：《史記會注考證》，頁1052～1053。
〔註99〕同註96，頁486。

挑戰。至戰國時期，周王室二分爲東、西二周，早無異於諸侯國，此時與春秋時代相比，已如前引《日知錄》所言，故司馬光批評云：

> 今晉大夫暴蔑其君，剖分晉國，天子既不能討，又寵秩之，使列於諸侯，是區區之名分復不能守而並棄之也。先王之禮於斯盡矣。或者以爲當是之時，周室微弱，三晉強盛，雖欲勿許，其可得乎？是大不然。夫三晉雖強，苟不顧天下之誅而犯義侵禮，則不請於天子而自立矣。不請於天子而自立，則爲悖逆之臣。天下苟有桓、文之君，必奉禮義而征之。今請於天子而天子許之，是受天子之命而爲諸侯也，誰得而討！故三晉之列於諸侯，非三晉之壞禮，乃天子自壞之也。〔註100〕

三家分晉，爲一時代之大變，其非獨三家卿所必負責，其實周天子亦難辭其咎，故司馬光感慨而言：「嗚呼！君臣之禮既壞矣，則天下以智力相雄長，遂使聖賢之後爲諸侯者，社稷無不泯絕，生民之害糜滅幾盡，豈不哀哉！」〔註101〕因此，爲統一此一亂世之局，勢必有大國出，恢復周禮，方能使分裂數百年之大勢，歸於一統，此即荀子之所以提倡禮治之最大目的。《荀子・賦篇》云：

> 天下不治，請陳佹詩：天地易位，四時易鄉。列星殞墜，旦暮晦盲。幽闇登昭，日月下藏。公正無私，見謂從橫（據王念孫說改）。志愛公利，重樓疏堂。無私罪人，憼革貳兵。道德純備，讒口將將。仁人絀約，敖暴擅彊。天下幽險，恐失世英。螭龍爲蝘蜓，鴟梟爲鳳皇。比干見刳，孔子拘匡。昭昭乎其知之明也，拂乎其遇時之不祥也，郁郁乎其欲禮義之大行也（二句據王先謙說改），闇乎天下之晦盲也。皓天不復，憂無疆也。千歲必反，古之常也。弟子勉學，天不忘也。聖人共手，時幾將矣。〔註102〕

觀此「千歲必反，古之常也，弟子勉學，天不忘也。聖人共手，時幾將矣」一語，即可洞知荀子之深志矣。

四、理想中能行禮治之諸侯國

（一）天子唯其人

〔註100〕宋・司馬光：《資治通鑑・周紀一》，頁6。
〔註101〕同上。
〔註102〕清・王先謙：《荀子集解》，頁439～440。

天子非萬世不易之宗，《荀子‧正論篇》云：

> 古者天子千官，諸侯百官。以是千官也，令行於諸夏之國，謂之王；
> 以是百官也，令行於境內，國雖不安，不至於廢易遂亡，謂之君。
> 聖王之子也，有天下之後也，埶籍之所在也，天下之宗室也，然而
> 不材不中，內則百姓疾之，外則諸侯叛之，近者境內不一，遠者諸
> 侯不聽，令不行於境內，甚者諸侯侵削之，攻伐之。若是，則雖未
> 亡，吾謂之無天下矣。〔註103〕

古者王者之制，天子有千官，諸侯有百官。以此千官，而使政令行於中原諸夏
之國者，謂之「王」；以此百官，使政令行於國境之內，國雖未必安治，然不至
於廢易君主，墜亡國命者，謂之「君」。聖王之子孫，爲有天下者之後裔，爲勢
位之所在，是天下之宗主，然若其不材，內則百姓疾惡，外則諸侯叛離，而數
侵逼之，則雖未亡國，可謂已無天下者。此爲荀子「天子非常有天下」之說。

湯、武不爲弒，《荀子‧正論篇》云：

> 聖王沒，有埶籍者罷不足以縣天下，天下無君，諸侯有能德明威積，
> 海內之民莫不願得以爲君師；然而暴國獨侈，安能誅之，必不傷害
> 無罪之民，誅暴國之君若誅獨夫。若是，則可謂能用天下矣。能用
> 天下之謂王。湯、武非取天下也，脩其道，行其義，興天下之同利，
> 除天下之同害，而天下歸之也。桀、紂非去天下也，反禹、湯之德，
> 亂禮義之分，禽獸之行，積其凶，全其惡，而天下去之也。天下歸
> 之之謂王，天下去之之謂亡。故桀、紂無天下，而湯、武不弒君，
> 由此效之也。湯、武者，民之父母也；桀、紂者，民之怨賊也。今
> 世俗之爲說者，以桀、紂爲君，而以湯、武爲弒，然則是誅民之父
> 母，而師民之怨賊也，不祥莫大焉。以天下之合爲君，則天下未嘗
> 合於桀、紂也。然則以湯、武爲弒，則（天下）未嘗有說也，直墮
> 之耳。〔註104〕

今聖王已沒，其子孫之德不足以守天下，此時天下已無君主，諸侯有能德明
威積，爲天下之民除去暴國，則天下之民歸之，即可謂「王」。因此湯、武不
爲弒。今天下已亂，如諸侯有能德明威積，替天下之人除害，安天下之民者，
是謂之「王」。《荀子‧正論篇》云：

〔註103〕清‧王先謙：《荀子集解》，頁299。
〔註104〕同上，頁299～300。

故天子唯其人。天下者，至重也，非至彊莫之能任；至大也，非至
辨莫之能分；至眾也，非至明莫之能和。此三至者，非聖人莫之能
盡。故非聖人莫之能王。聖人備道全美者也，是縣天下之權稱也。
〔註105〕

天下者，至重之任，非至強者莫之能任；其域至大，非至辨者莫之能分異；
其人至眾，非至明察者，莫之能調和。而此三者，非聖人莫之能盡備，非聖
人莫之能王，故天子唯人是取，非必爲周朝嫡系，方能稱王。

（二）王者必興

今諸侯異政，百家異說起，聖王之道不存。《荀子‧解蔽篇》云：

今諸侯異政，百家異說，則必或是或非，或治或亂。亂國之君，亂
家之人，此其誠心，莫不求正而以自爲也。妒繆於道，而人誘其所
迨也。私其所積，唯恐聞其惡也。倚其所私，以觀異術，唯恐聞其
美也。是以與治離（依楊注改）走，而是己不輟也。豈不蔽於一曲，
而失正求也哉！心不使焉，則白黑在前而目不見，雷鼓在側而耳不
聞，況於蔽（據俞樾說改）者乎！德道之人，亂國之君非之上，亂
家之人非之下，豈不哀哉！〔註106〕

天下之勢紊亂，各國異政，不歸於周制，百家異說蠡起，故有是有非，有治
有亂。亂家國之君主大夫，其心非不欲求治道而理其國；然人就其所好而以
邪說誘之，君主日習其說，故喜己所好而惡聞他道，故有道之士，竟爲人君
之所惡，豈不哀哉！

王者必出於世，《孟子‧公孫丑下》云：「五百年必有王者興，其間必有
名世者。由周而來，七百有餘歲矣。以其數則過矣，以其時考之則可矣。夫
天未欲平治天下也；如欲平治天下，當今之世，舍我其誰也？」〔註107〕周朝
天下宗主之位，至戰國之時，已是強弩之末，是爲眾所公認，故孟子方有「五
百年必有王者興」之語，周已七百有餘歲，其意乃以爲當時必有王者出，而
王者必待有術之士輔之，以成王道，故孟子爲其人選，必曰：「舍我其誰也？」
今荀子亦是「捨我其誰」者，《荀子‧堯問篇》云：

爲說者曰：「孫卿不及孔子。」」是不然。孫卿迫於亂世，鰌於嚴刑，

〔註105〕清‧王先謙：《荀子集解》，頁300～301。
〔註106〕同上，頁357～358。
〔註107〕宋‧朱熹：《四書集注》，頁267。

上無賢主，下遇暴秦，禮義不行，教化不成，仁者絀約，天下冥冥，行全刺之，諸侯大傾。當是時也，知者不得慮，能者不得治，賢者不得使，故君上蔽而無睹，賢人距而不受。然則孫卿懷將聖之心，蒙佯狂之色，視天下以愚。《詩》曰：「既明且哲，以保其身。」此之謂也。是其所以名聲不白，徒與不眾，光輝不博也。今之學者，得孫卿之遺言餘教，足以為天下法式表儀，所存者神，所過者化，觀其善行，孔子弗過。世不詳察，云非聖人，奈何！天下不治，孫卿不遇時也。德若堯、禹，世少知之；方術不用，為人所疑；其知至明，循道正行，足以為紀綱。嗚呼！賢哉！宜為帝王。天地不知，善桀、紂，殺賢良。比干剖心，孔子拘匡，接輿避世，箕子佯狂，田常為亂，闔閭擅強。為惡得福，善者有殃。今為說者，又不察其實，乃信其名。時世不同，譽何由生？不得為政，功安能成？志修德厚，孰謂不賢乎！〔註108〕

荀子自比孔子之賢聖，「然則孫卿懷將聖之心，蒙佯狂之色，視天下以愚。」心欲輔有德之君，一躋王者之境，「今之學者，得孫卿之遺言餘教，足以為天下法式表儀，所存者神，所過者化，觀其善行，孔子弗過。」先王之道在後王，故欲觀先王之道，後王是也，而後王非必有先王之道，先王之道孰在？自是在於孔子之身。「於威、宣之際，孟子、荀卿之列，咸遵夫子之業而潤色之，以學顯於當世」（《史記‧儒林列傳》）。〔註109〕而孟子僅略法先王，並往造舊說，故不為荀子所接受。「孫卿不遇時也。德若堯、禹，世少知之；方術不用，為人所疑；其知至明，循道正行，足以為紀綱。嗚呼！賢哉！宜為帝王。」故先王之道在後王之身，後王之道在孔子之身，而荀子繼孔子之業，故先王之道今者盡在荀子之身，故「夫召我者，而豈徒哉？如有用我者，吾其為東周乎？」（《論語‧陽貨篇》）〔註110〕孔子之為東周，而不為西周，亦是荀子法後王之意。

（三）各諸侯之國勢

戰國各諸侯國之間，以攻伐為賢，若欲稱霸於天下，則兵勢為首要者。荀子分析各國兵勢，以見出諸侯國彼此之勢力強弱。

〔註108〕清‧王先謙：《荀子集解》，頁502～503。
〔註109〕日‧瀧川資言：《史記會注考證》，頁5282。
〔註110〕宋‧朱熹：《四書集注》，頁180。

首言齊國之兵，《荀子・議兵篇》云：

> 齊人隆技擊，其技也，得一首者則賜贖錙金，無本賞矣。是事小敵毳，則偷可用也，事大敵堅，則渙焉離耳。若飛鳥然，傾側反覆無日，是亡國之兵也，兵莫弱是矣。是其去賃市傭而戰之，幾矣。〔註111〕

齊人盛技擊，以斬首爲功賞，而不論戰事之勝敗，此與顧庸常市人而驅之戰同，僅可敵弱小之兵，若遇勁敵則渙散無所憑依，故稱其爲「亡國之兵」。若觀齊國之政，《荀子・彊國篇》云：

> 荀卿子說齊相曰：「處勝人之埶，行勝人之道，天下莫忿，湯、武是也。處勝人之埶，不以勝人之道，厚於有天下之埶，索爲匹夫不可得也，桀、紂是也。然則得勝人之埶者，其不如勝人之道遠矣！夫主相者，勝人以埶也，是爲是，非爲非，能爲能，不能爲不能，併己之私欲必以道，夫公道通義之可以相兼容者，是勝人之道也。今相國上則得專主，下則得專國，相國之於勝人之埶，亶有之矣。然則胡不敺此勝人之埶，赴勝人之道，求仁厚明通之君子而託王焉，與之參國政、正是非？如是，則國孰敢不爲義矣！君臣上下，貴賤長少，至於庶人，莫不爲義，則天下孰不欲合義矣！賢士願相國之朝，能士願相國之官，好利之民莫不願以齊爲歸，是一天下也。相國舍是而不爲，案直爲是世俗之所以爲，則女主亂之宮，詐臣亂之朝，貪吏亂之官，眾庶百姓皆以貪利爭奪爲俗，曷若是而可以持國乎？今巨楚縣吾前，大燕鰌吾後，勁魏鉤吾右，西壤之不絕若繩，楚人則乃有襄賁、開陽以臨吾左，是一國作謀，則三國必起而乘我。如是，則齊必斷而爲四三，國若假城然耳，必爲天下大笑。曷若兩者孰足爲也？」〔註112〕

孟嘗君田文，時任齊閔王之相，荀子以爲其有勝人之形勢，而不赴勝人之道，使其王爲義，以正其上下。齊國之政爲「女主亂之宮，詐臣亂之朝，貪吏亂之官，眾庶百姓皆以貪利爭奪爲俗」，全國上下交相求利，亂莫大焉！而楚、燕、魏、秦、楚、魯有共謀伐齊之虞，齊之宗廟將爲之不血食。後燕昭王爲雪敗於齊之恥，「於是使樂毅約趙惠文王，別使連楚、魏，令趙嚪說秦以伐齊之利。諸侯害齊湣王之驕暴，皆爭合從與燕伐齊。樂毅還報，燕昭王悉起兵，

〔註111〕清・王先謙：《荀子集解》，頁250～251。
〔註112〕同上，頁273～274。

使樂毅爲上將軍，趙惠文王以相國印授樂毅。樂毅於是并護趙、楚、韓、魏、燕之兵以伐齊，破之濟西。諸侯兵罷歸，而燕軍樂毅獨追至于臨菑。齊湣王之敗濟西，亡走保於莒」（《史記・樂毅列傳》）。〔註113〕此即荀子之所先見於微者。

次言魏國之兵，《荀子・議兵篇》云：

> 魏氏之武卒，以度取之，衣三屬之甲，操十二石之弩，負服矢五十
> 个，置戈其上，冠胄帶劍，嬴三日之糧，日中而趨百里，中試則復
> 其戶，利其田宅，是數年而衰，而未可奪也，改造則不易周也，是
> 故地雖大，其稅必寡，是危國之兵也。〔註114〕

魏國之兵堪稱強勁，然其待遇優厚，故養之也費，其國地大，而稅收必少，故稱其爲「危國之兵」。

三言秦兵，《荀子・議兵篇》云：

> 秦人其生民陿阸，其使民也酷烈，劫之以埶，隱之以阸，忕之以慶
> 賞，鰌之以刑罰，使天下之民，所以要利於上者，非鬥無由也。阸
> 而用之，得而後功之，功賞相長也。五甲首而隸五家，是最爲眾彊
> 長久，多地以正，故四世有勝，非幸也，數也。〔註115〕

秦之生養民也窮阸，然其使民也嚴酷，使習於得賞賜，而迫之以刑罰；在下之民欲求利於上，必戰而無它路。其尙斬首之功，若獲敵五兵士之首，則可役本鄉五戶人家。故其兵員充足，戰力強，徵稅之地亦多，其四世甚強，乃必然者。《商君書・愼法篇》云：「地少粟多，民少兵彊。能行二者於境內，則霸王之道畢矣。」〔註116〕此即秦國所奉行之術。

再比較三國之兵勢，《荀子・議兵篇》云：

> 故齊之技擊，不可以遇魏氏之武卒；魏氏之武卒，不可以遇秦之銳
> 士；秦之銳士，不可以當桓文之節制；桓文之節制，不可以敵湯武
> 之仁義；有遇之者，若以焦熬投石焉。〔註117〕

齊國尙技擊之兵，不可遇魏國之武卒；而魏國之武卒，不可遇秦之銳兵；然秦之銳兵，卻不可以當五霸，如齊桓、晉文二公之有紀律之軍，而桓、文二

〔註113〕日・瀧川資言：《史記會注考證》，頁4150。
〔註114〕清・王先謙：《荀子集解》，頁251～252。
〔註115〕同上，頁252。
〔註116〕周公孫鞅：《商君書》卷五，頁14。
〔註117〕同註114，頁252～253。

公之軍，卻不可敵湯、武二王仁義之兵。

若楚國者，《荀子・議兵篇》云：

> 楚人鮫革犀兕以爲甲，鞈如金石；宛鉅鐵釶，慘如蜂蠆，輕利僄遫，
> 卒如飄風；然而兵殆於垂沙，唐蔑死。莊蹻起，楚分而爲三四，是
> 豈無堅甲利兵也哉！其所以統之者非其道故也。汝潁以爲險，江漢
> 以爲池，限之以鄧林，緣之以方城；然而秦師至而鄢郢舉，若振槁
> 然，是豈無固塞隘阻也哉！其所以統之者非其道故也。〔註118〕

楚國空有堅甲利兵，而兵殆將死，大盜莊蹻起而亂楚爲四分五裂；其空有山
河之固，而秦兵一至，國破都遷，此乃統其民者非以其道之故也。

各諸侯國之兵力及國政，皆有所失，《荀子・議兵篇》云：

> 兼是數國者，皆干賞蹈利之兵也，傭徒鬻賣之道也，未有貴上安制
> 縶節之理也。諸侯有能微妙之以節，則作而兼殆之耳。故招延（據
> 楊注改）募選，隆埶詐，尚功利，是漸之也；禮義教化，是齊之也。
> 故以詐遇詐，猶有巧拙焉；以詐遇齊，辟之猶以錐刀墮太山也，非
> 天下之愚人莫敢試。故王者之兵不試。湯武之誅桀紂也，拱挹指麾，
> 而彊暴之國莫不趨使，誅桀紂若誅獨夫。故《泰誓》曰：「獨夫紂。」
> 此之謂也。故兵大齊則制天下，小齊則治鄰敵。若夫招延募選，隆
> 埶詐，尚功利之兵，則勝不勝無常，代翕代張，代存代亡，相爲雌
> 雄耳矣。夫是之謂盜兵，君子不由也。〔註119〕

此數國者，皆爲求賞之兵，無愛其上而安於法制貴節義之道者。若諸侯有此
道者，必可起而兼之。《荀子・議兵篇》云：

> 故齊之田單，楚之莊蹻，秦之衛鞅，燕之繆蟣，是皆世俗所謂善用
> 兵者也，是其巧拙強弱，則未有以相君也。若其道一也，未及和齊
> 也；掎契司詐，權謀傾覆，未免盜兵也。齊桓、晉文、楚莊、吳闔
> 閭、越句踐是皆和齊之兵也，可謂入其域矣，然而未有本統也，故
> 可以霸而不可以王；是強弱之效也。〔註120〕

其有所謂之盜兵，而五霸則爲和齊之兵，已稍入王兵之域，然無禮義之統，
故可霸而不可王。

〔註118〕清・王先謙：《荀子集解》，頁 260～261。
〔註119〕同上，頁 253～254。
〔註120〕同上，頁 254～255。

　　於荀子之世，齊爲東方大國，然田文父子爲齊相，未能致齊於霸，而燕昭王敗之；若楚爲南方大國，而秦武安君一出，郢都他遷。《韓非子・存韓篇》云：「韓事秦三十餘年，出則爲扞蔽，入則爲蓆薦，秦特出銳師取韓地，而隨之怨懸於天下，功歸於強秦。且夫韓入貢職，與郡縣無異也。」〔註121〕韓向爲秦之口中肉，其於秦「與郡縣無異也。」《韓非子・初見秦篇》云：

> 臣敢言之，往者齊南破荊，東破宋，西服秦，北破燕，中使韓、魏，土地廣而兵強，戰剋攻取，詔令天下。齊之清濟濁河，足以爲限；長城巨防，足以爲塞。齊五戰之國也，一戰不剋而無齊。由此觀之，夫戰者，萬乘之存亡也。且聞之曰：「削跡無遺根，無與禍鄰，禍乃不存。」秦與荊人戰，大破荊，襲郢，取洞庭、五湖、江南，荊王君臣亡走，東服於陳。當此時也，隨荊以兵則荊可舉，荊可舉，則民足貪也，地足利也。東以弱齊、燕，中以凌二晉。然則是一舉而霸王之名可成也，四鄰諸侯可朝也。……天下又比周而軍華下，大王以詔破之，兵至梁郭下，圍梁數旬則梁可拔，拔梁則魏可舉，舉魏則荊、趙之意絕，荊、趙之意絕則趙危，趙危而荊狐疑，東以弱齊、燕，中以凌三晉。然則是一舉而霸王之名可成也，四鄰諸侯可朝也。〔註122〕

雖齊爲五戰皆勝之強國，然終亡於一不剋；趙爲北方大國，長平之戰，坑卒四十萬，亡無餘日。又云：

> 趙氏，中央之國也，雜民所居也。其民輕而難用也。號令不治，賞罰不信，地形不便，下不能盡其民力。彼固亡國之形也，而不憂民萌。悉其士民，軍於長平之下，以爭韓上黨。大王以詔破之，拔武安。當是時也，趙氏上下不相親也，貴賤不相信也。然則邯鄲不守。拔邯鄲，筦山東河間，引軍而去，西攻脩武，踰華，絳上黨。代四十六縣，上黨七十縣，不用一領甲，不苦一士民，此皆秦有也。以代、上黨不戰而畢爲秦矣，東陽、河外不戰而畢反爲齊矣，中山、呼沱以北不戰而畢爲燕矣。然則是趙舉，趙舉則韓亡，韓亡則荊、魏不能獨立，荊、魏不能獨立則是一舉而壞韓、蠹魏、拔荊，東以弱齊、燕，決白馬之口以沃魏氏，是一舉而三晉亡，從者敗也。大

〔註121〕民國・陳奇猷：《韓非子新校注》，頁29。
〔註122〕同上，頁8～9。

王垂拱以須之，天下編隨而服矣，霸王之名可成。〔註123〕

趙舉則韓亡，楚、魏不能獨立，齊、燕以弱，「一舉而三晉亡」，合從之策散，由是觀之，六國之遇秦，如羊入虎口，故六國之不足爲秦患，乃必然之勢。

故荀子懷其儒者治國之禮義之道，必遇大國方足以施其術，由上之分析，足當此大任者，爲秦國爲能。

（四）論秦國之勢

首言秦國之政，《荀子・彊國篇》云：

> 應侯問孫卿子曰：「入秦何見？」孫卿子曰：「其固塞險，形埶便，山林川谷美，天材之利多，是形勝也。入境，觀其風俗，其百姓樸，其聲樂不流汙，其服不挑，甚畏有司而順，古之民也；及都邑官府，其百吏肅然，莫不恭儉敦敬，忠信而不楛，古之吏也；入其國，觀其士大夫，出於其門，入於公門；出於公門，歸於其家，無有私事也；不比周，不朋黨，倜然莫不明通而公也，古之士大夫也；觀其朝廷，其朝閒（據《荀子新注》改），聽決百事不留，恬然如無治者，古之朝也。故四世有勝，非幸也，數也。是所見也。故曰：佚而治，約而詳，不煩而功，治之至也，秦類之矣。雖然，則有其諰矣。兼是數具者而盡有之，然而縣之以王者之功名，則倜倜然其不及遠矣！是何也？則其殆無儒邪！故曰：『粹而王，駮而霸，無一焉而亡。』此亦秦之所短也。」〔註124〕

秦國之山河險固，形勢利便，可攻可守，天生之材利優厚，是爲「形勝」；入其境觀其風俗，百姓純樸，聲樂不流淫污漫，其服不姚冶，甚畏官吏而順服，有古民之遺風。見其都邑官署，官吏皆謹肅忠信，有古盛世官吏之風。其大夫，爲公不爲私，不比周朋黨，明通而大公，爲古大夫之形。其朝廷，聽決百事無積留，若無事然，爲古盛世之朝廷。雖安佚而能治，雖守約而能詳，雖不煩多而能有功，爲治道之極也。其爲霸主有餘地矣。然其兵強，其民純，其塞險，其官肅，奈何不至於王，荀子以爲：其缺在於「無大儒」也。純用儒道者可以王，雜用儒道者可以霸，如齊桓公之用管仲之政，若秦者，純用及雜用皆無，可亡也。後秦國之統一天下，正如荀子所見秦國有古王者之風，其強足以一天下，而其缺在於無大儒，故其亡也速，秦一天下，十五年而亡，

〔註123〕民國・陳奇猷：《韓非子新校注》，頁 16。
〔註124〕清・王先謙：《荀子集解》，頁 280～281。

正荀子所預言者。

　　荀子以爲，若秦能用儒道，加以秦國之兵之政，王者指日可待也。《荀子·彊國篇》云：

　　　　力術止，義術行，曷謂也？曰：秦之謂也。威彊乎湯、武，廣大乎
　　　　舜、禹，然而憂患不可勝校也。諰諰然常恐天下之一合而軋己也，
　　　　此所謂力術止也。曷謂乎威彊乎湯、武？湯、武也者，乃能使說己
　　　　者使耳。今楚父死焉，國舉焉，負三王之廟而辟於陳、蔡之間，視
　　　　可，司間，案欲剸其脛而以蹈秦之腹。然而秦使左案左，使右案右，
　　　　是乃使讎人役也，此所謂威彊乎湯、武也。曷謂廣大乎舜、禹也？
　　　　曰：古者百王之一天下，臣諸侯也，未有過封內千里者也。今秦南
　　　　乃有沙羨與俱，是乃江南也。北與胡貉爲鄰，西有巴戎，東在楚者，
　　　　乃界於齊，在韓者，踰常山乃有臨慮，在魏者乃據圉津，即去大梁
　　　　百有二十里耳。其在趙者剡然有苓而據松柏之塞，負西海而固常山，
　　　　是地遍天下也。威動海內，彊殆中國，然而憂患不可勝校也，諰諰
　　　　然常恐天下之一合而軋己也，此所謂廣大乎舜、禹也。〔註125〕

楚爲大國，春秋以來常爲中國之患，而秦兵一出，楚爲之遷都，楚王奉其宗
廟之主，竄於陳、蔡之間，則秦之威彊，過乎湯、武；秦領土之域，居六國
之冠，其領土之廣，過乎舜、禹。舜、禹、湯、武四者能爲聖王，秦既過之，
然諰諰然恐天下合一而傾軋己，是以知威強亦有終窮之時。

　　然秦有王者之勢，自爲荀子儒道施行之有利之國，若爲秦計，王者在望。
「然則奈何？曰：節威反文，案用夫端誠信全之君子治天下焉，因與之參國
政，正是非，治曲直，聽咸陽，順者錯之，不順者而後誅之。若是，則兵不
復出於塞外，而令行於天下矣。若是，則雖爲之築明堂（於塞外）而朝諸侯，
殆可矣。」〔註126〕秦若能節減其威強之勢，不以力服人，以力服人者，不得
人心，其國必窮。當復用文理，選用端誠愨信之君子以治其國，同參其政，
正其是非，理治曲直，聽國都之政。然後效王者之兵，順者不伐，不順者始
伐之。如此則兵不二出塞外，而政令行於天下，可建先王聽政之明堂而朝會
諸侯，如此，則聖王之功可復見於今日。然荀子「不得爲政，功安能成？」
其必待漢家王朝，方能濟其業。

〔註125〕清·王先謙：《荀子集解》，頁277～278。
〔註126〕同上，頁279。

第四章　荀子之內聖思想

第一節　內聖之境界

　　戰國之世，周王室失其宗主之位勢，形成諸侯異政而百家爭鳴之現況，故《荀子·解蔽篇》云：

> 今諸侯異政，百家異說，則必或是或非，或治或亂。亂國之君，亂家之人，此其誠心，莫不求正而以自爲也。妒繆於道，而人誘其所迨也。私其所積，唯恐聞其惡也。倚其所私，以觀異術，唯恐聞其美也。是以與治雖走，而是己不輟也。豈不蔽於一曲，而失正求也哉！心不使焉，則白黑在前而目不見，雷鼓在側而耳不聞，況於蔽（據俞樾說改）者乎？德道之人，亂國之君非之上，亂家之人非之下，豈不哀哉！〔註1〕

聖人之道失，而異端起，內聖外王之道闇而不彰者，此爲荀子深所嫉痛者，故其起而論百家之道，建立禮義之統，欲一明聖人之道。其所暢論者，是爲學至聖人，《荀子·勸學篇》云：「學惡乎始？惡乎終？曰：其數則始乎誦經，終乎讀禮；其義則始乎爲士，終乎爲聖人。」〔註2〕有志於道者，應爲學始乎爲士，終乎爲聖人，王先謙注云：「荀書以士、君子、聖人爲三等，〈脩身〉、〈非相〉、〈儒效〉、〈哀公〉篇可證，故云始士終聖人。」〔註3〕故知荀子以爲，

〔註1〕　清·王先謙：《荀子集解》，頁357～358。
〔註2〕　同上，頁9。
〔註3〕　同上。

學者本學為聖人，其階為士、君子、聖人三等；其法則始乎誦經，終乎禮義之道在身，行動舉止無不中乎禮。

一、士　人

　　荀子以為士人乃成聖人之首階，《荀子・哀公篇》中載孔子對哀公問士云：

> 所謂士者，雖不能盡道術，必有率也；雖不能遍美善，必有處也。
> 是故知不務多，務審其所知；言不務多，務審其所謂；行不務多，
> 務審其所由。故知既已知之矣，言既已謂之矣，行既已由之矣，則
> 若性命肌膚之不可易也。故富貴不足以益也，卑賤不足以損也。如
> 此，則可謂士矣。〔註4〕

士人者知不務多，然務審其所知；言不務多，務審其所謂；行不務多，務審其所由。此為士人之所以為士者，若性命之不可易也。

　　士人亦有等級，《荀子・不苟篇》云：

> 有通士者，有公士者，有直士者，有愨士者，有小人者。上則能尊
> 君，下則能愛民，物至而應，事起而辨，若是則可謂通士矣。不下
> 比以闇上，不上同以疾下，分爭於中，不以私害之，若是則可謂公
> 士矣。身之所長，上雖不知，不以悖君；身之所短，上雖不知，不
> 以取賞；長短不飾，以情自竭，若是則可謂直士矣。庸言必信之，
> 庸行必慎之，畏法流俗，而不敢以其所獨甚，若是則可謂愨士矣。
> 言無常信，行無常貞，唯利所在，無所不傾，若是則可謂小人矣。
>
> 〔註5〕

通士者，上能尊君，下能愛民；公士者，不下比不上同，不以私害公；公士者，長短不飾，以情自竭；愨士者，言必信，行必慎；若小人者，言行無常，唯利之所在，以私害公者也。

　　然時至戰國末年，當今之士人者，與古不同，《荀子・非十二子篇》云：「古之所謂仕士者，厚敦者也，合群者也，樂富貴者也，樂分施者也，遠罪過者也，務事理者也，羞獨富者也。今之所謂仕士者，汙漫者也，賊亂者也，恣睢者也，貪利者也，觸抵者也，無禮義而唯權埶之嗜者也。」〔註6〕古之所

〔註4〕　清・王先謙：《荀子集解》，頁490。
〔註5〕　同上，頁41～43。
〔註6〕　同上，頁87。

謂士者，乃具有厚敦合群、樂富貴分施者也。今之所謂仕士者，乃汙漫賊亂、恣睢貪利者也。

　　故荀子對於士之要求頗高，《荀子·儒效篇》云：「行法至堅，不以私欲亂所聞，如是，則可謂勁士矣。」〔註7〕又《荀子·勸學篇》云：「故隆禮，雖未明，法士也。」〔註8〕又《荀子·非相篇》云：「法先王，順禮義，黨學者，然而不好言，不樂言，則必非誠士也。」〔註9〕以為士者，需行法至堅，不以私欲亂所聞，法先王，順禮義，好學樂言者也，故《荀子·禮論篇》云：「法禮，足禮，謂之有方之士。」〔註10〕士之有方無方，端在於法禮與足禮否。《論語·顏淵篇》云：

　　　子張問：「士何如斯可謂之達矣？」子曰：「何哉，爾所謂達者？」
　　　子張對曰：「在邦必聞，在家必聞。」子曰：「是聞也，非達也。夫
　　　達也者，質直而好義，察言而觀色，慮以下人。在邦必達，在家必
　　　達。夫聞也者，色取仁而行違，居之不疑。在邦必聞，在家必聞。」
　　〔註11〕
孔子所謂士之達者，乃士人本身質直而好義，察言而觀色，又能慮以下人，全任於道德層面之修養，而不在於在邦必聞，在家必聞，因此等人皆因色取而行違，又居之不疑，故能求得邦家之美譽。由此可見出荀子對於士之要求，純為儒家一貫之高道德標準。

　　士人正身而行，王公大人不敢輕也，《荀子·堯問篇》云：「伯禽將歸於魯，周公謂伯禽之傅曰：『……夫仰祿之士猶可驕也，正身之士不可驕也。彼正身之士，舍貴而為賤，舍富而為貧，舍佚而為勞，顏色黎黑而不失其所，是以天下之紀不息，文章不廢也。』」〔註12〕天下之紀之所以不息，天下之文章之所以不廢，其繫於士人之身，此皆士人不慕富貴，而勞身為世之結果，《論語·述而篇》云：「子曰：『飯疏食、飲水，曲肱而枕之，樂亦在其中矣！不義而富且貴，於我如浮雲。』」〔註13〕又《論語·里仁篇》云：「子曰：『士志

〔註7〕　清·王先謙：《荀子集解》，頁112。
〔註8〕　同上，頁13。
〔註9〕　同上，頁72。
〔註10〕　同上，頁329。
〔註11〕　宋·朱熹：《四書集注》，頁143～144。
〔註12〕　同註7，頁498～501。
〔註13〕　同上，頁104。

於道，而恥惡衣惡食者，未足與議也。』」〔註14〕潔身自好，死守善道，不辭惡衣惡食者，只因樂道在其中矣，此為士人之所持者。《論語·衛靈公篇》云：「子曰：『君子謀道不謀食。耕也，餒在其中矣；學也，祿在其中矣。君子憂道不憂貧。』」〔註15〕君子所憂，乃在道術之不存，即便「朝聞道，夕死可矣」（《論語·里仁篇》），〔註16〕故君子謀道不謀食。

然士人亦不只要求徒具有知識，《荀子·哀公篇》云：「故弓調而後求勁焉，馬服而後求良焉，士信愨而後求知能焉。士不信愨而有多知能，譬之其豺狼也，不可以身尒也。」〔註17〕士人如不信實而多知能，則如豺狼之不可近也。由此可知，荀子對於士人之要求，並不專在於知識之追求，亦重在道德層面之修養。

二、君　子

荀子以為君子為與小人相對者，《荀子·不苟篇》：

> 君子小人之反也。君子大心則敬（據盧文弨說增）天而道，小心則畏義而節；知則明通而類，愚則端愨而法；見由則恭而止，見閉則敬而齊；喜則和而理，憂則靜而理；通則文而明，窮則約而詳。小人則不然：大心則慢而暴，小心則淫而傾；知則攫盜而漸，愚則毒賊而亂；見由則兌而倨，見閉則怨而險；喜則輕而翾，憂則挫而懾；通則驕而偏，窮則棄而儑。《傳》曰：「君子兩進，小人兩廢。」此之謂也。〔註18〕

君子志向遠大者，上合乎天道，謹慎而行；心志若小者，則敬畏禮義而節制自我。或得或失、或進或退，皆寬心以待，不失所據。小人則不然，心志高大者，傲慢而暴；胸無大志者，心險而好傾軋。得失進退皆險惡暴亂，患得患失，故君子「大心」或「小心」皆有所得；小人則二者皆廢。

君子、小人二者，非生而有異也，《荀子·榮辱篇》云：

> 材性知能，君子、小人一也。好榮惡辱，好利惡害，是君子小人之所同也，若其所以求之之道則異矣。小人也者，疾為誕而欲人之信

〔註14〕宋·朱熹：《四書集注》，頁82。
〔註15〕同上，頁171。
〔註16〕同註14。
〔註17〕清·王先謙：《荀子集解》，頁495。
〔註18〕同上，頁36～37。

己也，疾爲詐而欲人之親己也，禽獸之行而欲人之善己也。慮之難知也，行之難安也，持之難立也，成則必不得其所好，必遇其所惡焉。〔註19〕

於材性知能、好利惡辱方面，君子、小人一也；然求其異處，則在所以求之之道。小人爲非而欲人之好己信己，故慮則難知，行則難安，持則難立，《荀子‧榮辱篇》云

故君子者，信矣，而亦欲人之信己也；忠矣，而亦欲人之親己也；修正治辨矣，而亦欲人之善己也。慮之易知也，行之易安也，持之易立也，成則必得其所好，必不遇其所惡焉；是故窮則不隱，通則大明，身死而名彌白。小人莫不延頸舉踵而願曰：「知慮材性，固有以賢人矣。」夫不知其與己無以異也，則君子注錯之當，而小人注錯之過也。故孰察小人之知能，足以知其有餘，可以爲君子之所爲也。譬之越人安越，楚人安楚，君子安雅，是非知能材性然也，是注錯習俗之節異也。〔註20〕

君子反是，慮則易知，行則易安，持則易立，窮通皆不失其所，身死而聲名愈顯。察其實，小人之知能，亦足以爲君子矣，其不能爲君子者，乃在於注錯習俗之故。由此可知，荀子主張人性本惡，或爲君子，或爲小人，端在後天環境及學習之影響。

欲爲君子者，首重在積習，《荀子‧儒效篇》云：「故人知謹注錯，慎習俗，大積靡，則爲君子矣；縱性情而不足問學，則爲小人矣。爲君子則常安榮矣，爲小人則常危辱矣。凡人莫不欲安榮而惡危辱，故唯君子爲能得其所好，小人則日徼其所惡。」〔註21〕君子與小人之分在於道德操持上，知謹守舉止，慎於學習，重視長期磨練者，是爲君子；反之，縱其性情而不注重學問者，則爲小人也。

君子、小人於修養之上，亦有所不同，《荀子‧不苟篇》：云

君子能亦好，不能亦好；小人能亦醜，不能亦醜。君子能則寬容易直以開道人，不能則恭敬縛紲以畏事人；小人能則倨傲僻違以驕溢人，不能則妒嫉怨誹以傾覆人。故曰：君子能則人榮學焉，不能則

〔註19〕清‧王先謙：《荀子集解》，頁52。
〔註20〕同上，頁53。
〔註21〕同上，頁125。

人樂告之；小人能則人賤學焉，不能則人羞告之。是君子小人之分
也。〔註22〕

君子能與不能皆好，而小人能與不能皆醜。君子之能，則心胸寬大，開導他
人；不能則態度恭敬，虛以下人。小人則反之，能則態度高傲以驕人；不能
則心懷妒意以陷害人。又《荀子·臣道篇》云：「恭敬，禮也；調和，樂也；
謹慎，利也；鬥怒，害也。故君子安禮樂利，謹慎而無鬥怒，是以百舉不過
也。小人反是。」〔註23〕君子安於禮，樂於利，謹慎其行而無鬥怒，是故能
遠害，而百舉不過。《論語·雍也篇》云：「子曰：『君子博學於文，約之以禮，
亦可以弗畔矣夫。』」〔註24〕此為君子與小人之大較者。

關於士君子之行為舉止，《荀子·非十二子篇》云：「士君子之容：其冠
進，其衣逢，其容良；儼然，壯然，祺然，蕼然，恢恢然，廣廣然，昭昭然，
蕩蕩然——是父兄之容也。其冠進，其衣逢，其容愨；儉然，侮然，輔然，
端然，訾然，洞然，綴綴然，瞀瞀然—是子弟之容也。」〔註25〕士人之容有
二：其為父兄之容者，莊重嚴肅、坦率開朗；其為子弟之容者，謙虛溫和、
端莊恭敬、服順拘謹。

君子立身處世，必貢獻己力，建立功業，《論語·衛靈公篇》云：「子曰：
『君子疾沒世而名不稱焉。』」〔註26〕然君子必慎所立，《荀子·勸學篇》：「故
言有召禍也，行有招辱也，君子慎其所立乎！」〔註27〕君子被褐懷玉，力行
不已，《荀子·天論篇》云：「天不為人之惡寒也輟冬，地不為人之惡遼遠也
輟廣，君子不為小人之（據王先謙說增）匈匈也輟行。天有常道矣，地有常
數矣，君子有常體矣。君子道其常，而小人計其功。」〔註28〕君子死守善道，
不為世俗而改其心志。

三、聖　人

聖人乃為學者之至高境界，《荀子·儒效篇》云：「脩百王之法，若辨白

〔註22〕清·王先謙：《荀子集解》，頁33～34。
〔註23〕同上，頁235～236。
〔註24〕宋·朱熹：《四書集注》，頁99。
〔註25〕同註22，頁89。
〔註26〕同註24，頁169。
〔註27〕同註22，頁6。
〔註28〕同上，頁288。

黑；應當時之變，若數一二；行禮要節而安之，若生四枝；要時立功之巧，若詔四時；平正和民之善，億萬之眾，而搏（據王念說改）若一人，如是，則可謂聖人矣。」〔註29〕修百王之治法，明之若分白黑；順應時世之變化，簡若讀一二之數；遵循禮法而安其道，自然若運四肢；應時立功之能，曉若四季；平正齊和其民之能，聚億萬人如一人，此則為聖人之功也。聖人與天地相參，《荀子·天論篇》云：「列星隨旋，日月遞炤，四時代御，陰陽大化，風雨博施，萬物各得其和以生，各得其養以成，不見其事，而見其功，夫是之謂神。皆知其所以成，莫知其無形，夫是之謂天功（據楊注增）。唯聖人為不求知天。」〔註30〕天地生焉，四時行焉，不見其事而見其功，此為天功，唯聖人為不求知天，何故？因聖人上體天心，下察民意，順天應人，萬物得其澤而自化。聖人行天地之道，與天地參，故不求知天。

聖人之道為何？《荀子·儒效篇》云：「先王之道，人之隆也，比中而行之。曷謂中？曰：禮義是也。道者，非天之道，非地之道，人之所以道也，君子之所道也。」〔註31〕禮義為聖人之所道，即人之所道，亦君子之所道也，《荀子·彊國篇》云：「故凡得勝者，必與人也；凡得人者，必與道也。道者何也？曰：禮讓忠信是也。」〔註32〕而聖人者，即通乎此大道者也，《荀子·哀公篇》云：

> 所謂大聖者，知通乎大道，應變而不窮，辨乎萬物之情性者也。大道者，所以變化遂成萬物也；情性者，所以理然不取舍也。是故其事大辨乎天地，明察乎日月，總要萬物於風雨，繆繆肶肶，其事不可循，若天之嗣，其事不可識，百姓淺然不識其鄰。若此，則可謂大聖矣。〔註33〕

荀子借孔子對哀公問大聖之事，表出聖人之智，通乎一切事物變化及形成之理；應乎無盡之變化而不窮，辨乎萬物然否取舍之依據。故聖人之德，若天地之廣，日月之明，若風雨之滋潤萬物，百姓日沐其輝而不自知，如此可謂聖人矣。《周易·繫辭上》云：「法象莫大乎天地；變通莫大乎四時；縣象著明莫大乎日月；崇高莫大乎富貴；備物致用，立成器以為天下利，莫大乎聖

〔註29〕清·王先謙：《荀子集解》，頁113。
〔註30〕同上，頁285～286。
〔註31〕同上，頁105。
〔註32〕同上，頁275～276。
〔註33〕同上，頁491～492。

人。」〔註34〕聖人建立功業，大利天下之民，則若天地、四時、日月之覆載潤澤萬物之崇高。

若論聖人之行容舉止，《荀子・儒效篇》云：

> 井井兮其有理也，嚴嚴兮其能敬己也，分分兮其有終始也，猒猒兮其能長久也，樂樂兮其執道不殆也，炤炤兮其用知之明也，脩脩兮其用統類之行也，綏綏兮其有文章也，熙熙兮其樂人之臧也，隱隱兮其恐人之不當也，如是，則可謂聖人矣，此其道出乎一。曷謂一？曰：執神而固。曷謂神？曰：盡善挾治之謂神，萬物莫足以傾之之謂固。神固之謂聖人。〔註35〕

聖人凡事井井有理，嚴以律己，有始有終，擇善固執而不殆。行為端正，言而有文，視民若傷。其所以如此，乃握一之道，《老子》三十九章云：「昔之得一者：天得一以清，地得一以寧；神得一以靈；谷得一以盈；萬物得一以生；侯王得一以為天下貞。」〔註36〕此一之道乃萬物賴之以存者，荀子以為即「執神而固」，能執此盡善而完備之治國之法，萬物均不能使其改變者，即為聖人。《老子》二十二章云：「曲則全，枉則直；窪則盈，敝則新；少則得，多則惑。是以聖人抱一為天下式。」〔註37〕抱此一之道以為治天下之規範，乃聖人所操持者。

聖人也者，兼具眾德而天下莫能與之爭，《荀子・君子篇》云：「論法聖王，則知所貴矣；以義制事，則知所利矣。論知所貴，則知所養矣；事知所利，則動知所出矣。二者是非之本，得失之原也。」〔註38〕論議國家政事，效法聖王之道，則知所遵循者；以義理裁制事物，則知所利於國家者。論議知所貴者，則知所取法；裁事知所利者，則知所為者。論法聖王，以義制事，二者為治國是非得失之本原。《荀子・君子篇》云：

> 故尊聖者王，貴賢者霸，敬賢者存，慢賢者亡，古今一也。故尚賢，使能，等貴賤，分親疏，序長幼，此先王之道也。故尚賢使能，則主尊下安；貴賤有等，則令行而不流；親疏有分，則施行而不悖；長幼有序，則事業捷成而有所休。故仁者，仁此者也；義者，分此

〔註34〕清・李道平：《周易集解纂疏》，頁 788～789。
〔註35〕清・王先謙：《荀子集解》，頁 113～115。
〔註36〕魏王弼：《老子道德經注》，頁 24～25。
〔註37〕同上，頁 12。
〔註38〕同註35，頁 416。

者也；節者，死生此者也；忠者，惇愼此者也；兼此而能之備矣；
備而不矜，一自善也，謂之聖。不矜矣，夫故天下不與爭能，而致
善用其功。有而不有也，夫故爲天下貴矣。〔註39〕

爲國者欲爲王、霸、存、亡者，端在於其所尊貴之人。故尊崇賢人，任使才
能，等差貴賤，分別親疏，次序長幼，此五者爲先王治國之道也。能悅此五
者爲仁，能使各得其宜爲義，生死不出於此爲節，能敦厚誠信於此爲忠，兼
此數德而能者，爲道德純備也。有此四者於身不驕矜而用以自善者，是爲聖
人。《周易・乾文言》云：「元者善之長也；亨者嘉之會也；利者義之和也；
貞者事之幹也。君子體仁，足以長人；嘉會足以合禮；利物足以和義；貞固
足以幹事。君子行此四德者，故曰乾元亨利貞。」〔註40〕仁義在身，美利天
下，爲而不以爲己利，即是聖人之形象。

　　經書爲聖人體會天地之表現，百王之道亦歸於是，《荀子・儒效篇》云：

聖人也者，道之管也。天下之道管是矣，百王之道一是矣。故《詩》、
《書》、《禮》、《樂》之道歸是矣。《詩》言是其志也，《書》言是其
事也，《禮》言是其行也，《樂》言是其和也，《春秋》言是其微也。
故〈風〉之所以爲不逐者，取是以節之也；〈小雅〉之所以爲〈小雅〉
者，取是而文之也；〈大雅〉之所以爲〈大雅〉者，取是而光之也；
〈頌〉之所以爲至者，取是而通之也。天下之道畢是矣。鄉是者臧，
倍是者亡。〔註41〕

天下之至道總匯於聖人之處，故《五經》乃爲聖人至道之表現。《詩》言其志，
《書》言其事，《禮》言其行，《樂》言其和諧，《春秋》言其微言大義。荀子
以爲治國之道，全在於《五經》之中，順是則昌，逆是則亡。

　　然聖人者，亦可學而至，《荀子・儒效篇》云：

故積土而爲山，積水而爲海，旦暮積謂之歲，至高謂之天，至下謂
之地，宇中六指謂之極，涂之人百姓，積善而全盡，謂之聖人。彼
求之而後得，爲之而後成，積之而後高，盡之而後聖，故聖人也者，
人之所積也。〔註42〕

〔註39〕清・王先謙：《荀子集解》，頁417～418。
〔註40〕清・李道平：《周易集解纂疏》，頁19～24。
〔註41〕同註39，頁115。
〔註42〕同上，頁124～125。

山為土之所積，海為水之所積，歲為旦暮之所積，庶人為學，積善全盡而後為聖人，故聖人非為天生，是塗之人積之得而成者也。

第二節　內聖之修養

如何可謂內聖修養之道，向來為儒家學者終身致力者，《大學》云：

> 古之欲明明德於天下者，先治其國；欲治其國者，先齊其家；欲齊其家者，先脩其身；欲脩其身者，先正其心；欲正其心者，先誠其意；欲誠其意者，先致其知；致知在格物。物格而后知至，知至而后意誠，意誠而后心正，心正而后身脩，身脩而后家齊，家齊而后國治，國治而后天下平。自天子以至於庶人，壹是皆以脩身為本。其本亂而末治者否矣，其所厚者薄，而其所薄者厚，未之有也！〔註43〕

由內聖而至外王之道，其心法在於《大學》中之八條目：一是逆推，即自「欲明明德於天下」至「致知在格物」一路，由標出最終之目的，進而反推至其最始之功夫；二為順推，即自「物格而后知至」至「國治而后天下平」一路，此為內聖外王之終極心法，由內至外，一貫至底，故云：「自天子以至於庶人，壹是皆以脩身為本」，本末終始，道在其中矣。

一、勤學修身

（一）勤　學

士、君子、聖人三者之分已如上述，然庶人欲修養至聖人，何由可得？其莫如學！《荀子·勸學篇》云：

> 百發失一，不足謂善射；千里蹞步不至，不足謂善御；倫類不通，仁義不一，不足謂善學。學也者，固學一之也。一出焉，一入焉，涂巷之人也；其善者少，不善者多，桀、紂、盜跖也；全之盡之，然後學者也。〔註44〕

多學而雜，不若一而專，時進時退，則為塗之人；善少惡多，則為桀、紂。必全其學，盡其巧，方為學者。《荀子·儒效篇》云：「我欲賤而貴，愚而智，貧而富，可乎？曰：其唯學乎！彼學者，行之，曰士也；敦慕焉，君子也；

〔註43〕宋·朱熹：《四書集注》，頁5～6。
〔註44〕清·王先謙：《荀子集解》，頁14～15。

知之，聖人也。上爲聖人，下爲士君子，孰禁我哉！」〔註45〕聖人與庶人之分，乃在於知；求取學問者，即爲士；敦慕學問者，即爲君子；而知人所不知，即爲聖人。學之者，下爲士君子，上爲聖人，皆人人可爲，操之在己，孰禁我哉！《論語・學而篇》云：「子曰：『君子食無求飽，居無求安，敏於事而愼於言，就有道而正焉，可謂好學也已。』」〔註46〕君子不爲身形之安樂，敏事愼言，就有道之士而正己焉，此爲好學之本。

　　士君子修養至聖人境界，其術如何？荀子以爲其術首在於學。然士君子之學，其數如何？《荀子・勸學篇》云：「學惡乎始？惡乎終？曰：其數則始乎誦經，終乎讀禮。」〔註47〕士君子之學爲聖，其術乃始乎誦經，由經義之中得乎禮制之眞實意義，此爲成聖之起階。又云：「眞積力久則入，學至乎沒而後止也。故學數有終，若其義則不可須臾舍也。爲之，人也；舍之，禽獸也。」〔註48〕爲學之方法有所終盡，然學問之道則極深，未可須臾捨也。取舍之間，即人禽之分。經書者，學問之極致，《荀子・勸學篇》云：「故《書》者，政事之紀也；《詩》者，中聲之所止也；《禮》者，法之大分、類之綱紀也。故學至乎禮而止矣，夫是之謂道德之極。《禮》之敬文也，《樂》之中和也，《詩》、《書》之博也，《春秋》之微也，在天地之閒者畢矣。」〔註49〕《尚書》所載者，爲政之綱紀也；《詩經》樂章所顯者，爲節制音樂，使其中和，不致流淫；《禮經》所表者，爲法之根本，律條之綱紀。禮爲一切治國之根本，是爲道德之極致，此中之深義，畢顯天地之道，盡在於經書之中。

　　荀子以爲治學之道有二，一爲君子之學；一爲小人之學，學者不可不愼，《荀子・勸學篇》云：「君子之學也，入乎耳，箸乎心，布乎四體，形乎動靜；端而言，蝡而動，一可以爲法則。」〔註50〕君子之學爲己，故入乎耳，箸乎心，布乎四體，言行動靜，無不可爲法則。又云：「小人之學也，入乎耳，出乎口；口耳之間，則四寸耳，曷足以美七尺之軀哉！」〔註51〕小人則不然，小人之學爲媚求人，故入乎耳，即出乎口，不足以美其身。又云：「古之學者爲己，今之學

〔註45〕清・王先謙：《荀子集解》，頁 108～109。
〔註46〕宋・朱熹：《四書集注》，頁 65。
〔註47〕同註 45，頁 9。
〔註48〕同上。
〔註49〕同上，頁 9～10。
〔註50〕同上，頁 10。
〔註51〕同上。

者為人。君子之學也，以美其身；小人之學也，以為禽犢。」〔註52〕君子之學所以美其身者；小人之學乃為其求利之具。此君子、小人之學之大分。

君子非有異於常人，乃善假於物也，《荀子‧勸學篇》：「登高而招，臂非加長也，而見者遠；順風而呼，聲非加疾也，而聞者彰。假輿馬者，非利足也，而致千里；假舟楫者，非能水也，而絕江河。君子生非異也，善假於物也。」〔註53〕君子、小人非天生之性有別，君子善假他物以礪己，《荀子‧大略篇》云：「人之於文學也，猶玉之於琢磨也。《詩》曰：『如切如磋，如琢如磨。』謂學問也。和之璧，井里之厥也，玉人琢之，為天子寶。子贛、季路，故鄙人也，被文學，服禮義，為天下列士。」〔註54〕天下之至寶，非切瑳琢磨無以見其光；天下之列士，非文學禮義，無以顯其質，人貴問學，可知矣。

問學之道，不可須臾捨也，《荀子‧勸學篇》云：

> 君子曰：學不可以已。青，取之於藍，而青於藍；冰，水為之，而寒於水。木直中繩，輮以為輪，其曲中規，雖有槁暴，不復挺者，輮使之然也。故木受繩則直，金就礪則利，君子博學而日參省乎己，則知明而行無過矣。故不登高山，不知天之高也；不臨深谿，不知地之厚也；不聞先王之遺言，不知學問之大也。干、越、夷、貉之子，生而同聲，長而異俗，教使之然也。〔註55〕

庶人欲為君子，其要則在於學，而學重在有恆。君子廣博學習，亦日自省以正己，《論語‧學而篇》云：「曾子曰：『吾日三省吾身：為人謀而不忠乎？與朋友交而不信乎？傳不習乎？』」〔註56〕君子日三省乎己，則行無過而智明矣。

君子之學，其要為何？《荀子‧勸學篇》云：「蘭槐之根是為芷，其漸之滫，君子不近，庶人不服；其質非不美也，所漸者然也。故君子居必擇鄉，遊必就士，所以防邪僻而近中正也。」〔註57〕君子為防邪僻而近中正，故學莫便乎近其人，《荀子‧勸學篇》云：

> 學莫便乎近其人。《禮》、《樂》法而不說，《詩》、《書》故而不切，《春秋》約而不速。方其人之習君子之說，則尊以遍矣，周於世矣。故

〔註52〕清‧王先謙：《荀子集解》，頁 10。
〔註53〕同上，頁 3。
〔註54〕同上，頁 461。
〔註55〕同上，頁 1～2。
〔註56〕宋‧朱熹：《四書集注》，頁 62。
〔註57〕同註52，頁 5。

　　曰：學莫便乎近其人。學之經，莫速乎好其人，隆禮次之。上不能
　　好其人，下不能隆禮，安特將學雜（識）志、順《詩》、《書》而已
　　耳。則末世窮年，不免為陋儒而已。將原先王，本仁義，則禮正其
　　經緯蹊徑也。若挈裘領，詘五指而頓之，順者不可勝數也。不道禮
　　憲，以《詩》、《書》為之，譬之猶以指測河也，以戈春黍也，以錐
　　飱食壺也，不可以得之矣。〔註58〕

君子之學，必重師法，因《禮經》、《樂經》雖有法度，然亦過於疏略；《詩經》、
《尚書》雖古老卻不合近世之用；《春秋》因為聖人之微言，故簡約而不嚴謹。
然學如何而可？曰：則莫便乎近其人。百王之道在於聖人，故學者應近於其人，
則不至死守故道而不知變通。荀子此一主張，可見出法家不法故舊之影子。

　　君子之學，在去其欲，《荀子・勸學篇》又云：

　　君子知夫不全不粹之不足以為美也，故誦數以貫之，思索以通之，
　　為其人以處之，除其害者以持養之。使目非是無欲見也，使耳非是
　　無欲聞也，使口非是無欲言也，使心非是無欲慮也。及至其致好之
　　也，目好之五色，耳好之五聲，口好之五味，心利之有天下。是故
　　權利不能傾也，群眾不能移也，天下不能蕩也。生乎由是，死乎由
　　是，夫是之謂德操。德操然後能定，能定然後能應。能定能應，夫
　　是之謂成人。天見其明，地見其光，君子貴其全也。〔註59〕

庶人不能為成德君子，其故在於學之不全不粹。君子有見於此，故誦習數術、
苦心思索以貫通之，體古人之道，去其害者以持養之。君子隨心所欲，非是
純粹之學不欲視、不欲言、不欲慮，樂道至極，如貪有口腹之慾、天下之利。
持其道，生死由乎是，是謂君子之德道操持。《大學》云：「知止而后有定，
定而后能靜，靜而后能安，安而后能慮，慮而后能得。物有本末，事有終始，
知所先後，則近道矣。」〔註60〕如此，則進於道矣。

　　君子為學，其方在於重積學、專一，《荀子・勸學篇》云：「積土成山，
風雨興焉；積水成淵，蛟龍生焉；積善成德，而神明自得，聖心備焉。……
是故無冥冥之志者，無昭昭之明；無惛惛之事者，無赫赫之功。」〔註61〕君

〔註58〕清・王先謙：《荀子集解》，頁 11～13。
〔註59〕同上，頁 15～16。
〔註60〕宋・朱熹：《四書集注》，頁 5。
〔註61〕同註58，頁 6～7。

子積善而後成德，成德而後神明自得，神明自得而後聖心備焉，其故在於重積學；用心躁，則天下無可成之事，故無冥冥之志，無惛惛之事者，則無昭昭之明，無赫赫之功。

君子之學，在學爲聖人，《荀子・禮論篇》云：

> 禮者人道之極也。然而不法禮，不足禮，謂之無方之民；法禮，足禮，謂之有方之士。禮之中焉能思索，謂之能慮；禮之中焉能勿易，謂之能固。能慮、能固，加好者焉，斯聖人矣。故天者高之極也，地者下之極也，無窮者廣之極也，聖人者道之極也。故學者，固學爲聖人也，非特學爲無方之民也。〔註62〕

或爲無方之民，或爲有方之士，端在於法禮、足禮與否。有方之士能思索於禮，固守不移，則可謂聖人矣。故君子之學，故學爲聖人也。

然學之止境爲何？《荀子・大略篇》云：

> 子貢問於孔子曰：「賜倦於學矣，願息事君。」孔子曰：「《詩》云：『溫恭朝夕，執事有恪。』事君難，事君焉可息哉！」「然則賜願息事親。」孔子曰：「《詩》云：『孝子不匱，永錫爾類。』事親難，事親焉可息哉！」「然則賜願息於妻子。」孔子曰：「《詩》云：『刑于寡妻，至于兄弟，以御于家邦。』妻子難，妻子焉可息哉！」「然則賜願息於朋友。」孔子曰：「《詩》云：『朋友攸攝，攝以威儀。』朋友難，朋友焉可息哉！」「然則賜願息耕。」孔子曰：「《詩》云：『晝爾于茅，宵爾索綯，亟其乘屋，其始播百穀。』耕難，耕焉可息哉！」「然則賜無息者乎？」孔子曰：「望其壙，皋如也，顛如也，鬲如也，此則知所息矣。」子貢曰：「大哉死乎！君子息焉，小人休焉。」〔註63〕

君子淑世之志，任重道遠，學爲聖人之道，不可須臾息也！《荀子・大略篇》云：「善學者盡其理，善行者究其難。」〔註64〕善於踐行者，必究其難者，故君子爲學，至於君臣、父子、夫妻、兄弟、朋友之義，豈可辭其難者乎？《論語・泰伯篇》云：「曾子曰：『士不可以不弘毅，任重而道遠。仁以爲己任，不亦重乎？死而後已，不亦遠乎？』」〔註65〕其此之謂乎？

〔註62〕清・王先謙：《荀子集解》，頁329～330。
〔註63〕同上，頁462～463。
〔註64〕同上，頁459。
〔註65〕宋・朱熹：《四書集注》，頁111。

（二）修　身

君子修身，必自省焉，《荀子・脩身篇》云：

> 見善，脩然必以自存也；見不善，愀然必以自省也。善在身，介然
> 必以自好也；不善在身，菑然必以自惡也。故非我而當者，吾師也；
> 是我而當者，吾友也；諂諛我者，吾賊也。故君子隆師而親友，以
> 致惡其賊。好善無厭，受諫而能誡，雖欲無進，得乎哉！〔註66〕

君子見善與不善，必嚴整其身，如善在身，則當自守；見不善在身，必不使其
汙濁自身。《論語・里仁篇》云：「子曰：『見賢思齊焉，見不賢而內自省也。』」
〔註67〕自省為君子修身之首步。《論語・述而篇》云：「子曰：『三人行，必有我
師焉。擇其善者而從之，其不善者而改之。』」〔註68〕良友良師，視其非我是我
而當否？若諂諛我者，則為吾賊矣。君子欲去其不善而著其善，故須隆師而親
友。君子如此，小人則反是，《荀子・脩身篇》云：「致亂而惡人之非己也；致
不肖而欲人之賢己也；心如虎狼，行如禽獸，而又惡人之賊己也。諂諛者親，
諫爭者疏，修正為笑，至忠為賊，雖欲無滅亡，得乎哉！」〔註69〕小人為非而
恐人之非己，欲人之賢己。諫己忠己者，以為仇敵，故滅亡無日矣。

君子日憂其學之不足，德之不修，《論語・憲問篇》云：「子曰：『君子道者
三，我無能焉：仁者不憂，知者不惑，勇者不懼。』」〔註70〕仁、智、勇者，不
憂、不惑、不懼，此為君子戰戰兢兢者。《荀子・勸學篇》：「故君子不傲、不隱、
不瞽，謹順其身。」〔註71〕君子修身謹慎以待時，《論語・述而篇》云：「子曰：
『德之不脩，學之不講，聞義不能徙，不善不能改，是吾憂也。』」〔註72〕君子
時時勤勉致力於道德之修養，絲毫不忘。

君子進德修業，重在力行，《周易・乾文言》云：「君子進德脩業，欲及
時也」，〔註73〕故荀子以為力行為修身之重要項目，《荀子・儒效篇》云：

> 不聞不若聞之，聞之不若見之，見之不若知之，知之不若行之。學
> 至於行之而止矣。行之，明也，明之為聖人。聖人也者，本仁義，

〔註66〕清・王先謙：《荀子集解》，頁17。
〔註67〕宋・朱熹：《四書集注》，頁83。
〔註68〕同上，頁105。
〔註69〕同註66，頁17。
〔註70〕同註67，頁161。
〔註71〕同註66，頁14。
〔註72〕同註67，頁101。
〔註73〕清・李道平：《周易集解纂疏》，頁33。

當是非，齊言行，不失豪釐，無它道焉，已乎行之矣。故聞之而不
見，雖博必謬；見之而不知，雖識必妄；知之而不行，雖敦必困。

不聞不見，則雖當，非仁也，其道百舉而百陷也。〔註74〕

聞見之博，不如行之之至，聖人者，本仁義道德而言行舉止從容中道，其故安
在？行之而已。《荀子‧大略篇》云：「君子之學如蛻，幡然遷之。故其行效，
其立效，其坐效，其置顏色、出辭氣效。無留善，無宿問。」〔註75〕君子之學
如蛻變，快速遷化，行立坐言之間，無不留心學習。有善立行，有疑立問，力
行不已。《周易‧乾‧大象傳》云：「天行健，君子以自疆不息」，〔註76〕其此之
謂乎！

君子修身進德，或遲或速、或先或後，以至聖人者，其要在於力行不捨，
《荀子‧脩身篇》云：

夫驥一日而千里，駑馬十駕則亦及之矣。將以窮無窮、逐無極與？
其折骨絕筋，終身不可以相及也；將有所止之，則千里雖遠，亦或
遲或速，或先或後，胡爲乎其不可以相及也！不識步道者，將以窮
無窮、逐無極與？意亦有所止之與？夫「堅白」、「同異」、「有厚無
厚」之察，非不察也，然而君子不辯，止之也；倚魁之行，非不難
也，然而君子不行，止之也。故學曰遲，彼止而待我，我行而就之，
則亦或遲或速，或先或後，胡爲乎其不可以同至也！故蹞步而不休，
跛鱉千里；累土而不輟，丘山崇成。厭其源，開其瀆，江河可竭。
一進一退，一左一右，六驥不致。彼人之才性之相縣也，豈若跛鱉
之與六驥足哉！然而跛鱉致之，六驥不致，是無他故焉，或爲之，
或不爲爾！〔註77〕

君子雖力行修德，然窮無窮、逐無極之言，亦有所止之矣。《荀子‧天論篇》
云：「天不爲人之惡寒也輟冬，地不爲人之惡遼遠也輟廣，君子不爲小人之匈
匈也輟行。」〔註78〕君子力行，如天地運行之不息，有其常道，故不爲小人
之匈匈而輟其行也。

君子以德化民，庶民待之若大旱之待甘霖，《荀子‧富國篇》云：

〔註74〕清‧王先謙：《荀子集解》，頁 122～123。

〔註75〕同上，頁 458～459。

〔註76〕清‧李道平：《周易集解纂疏》，頁 15～16。

〔註77〕同註74，頁 25～26。

〔註78〕同上，頁 288。

君子以德，小人以力。力者，德之役也。百姓之力，待之而後功；
百姓之群，待之而後和；百姓之財，待之而後聚；百姓之埶，待之
而後安；百姓之壽，待之而後長。父子不得不親，兄弟不得不順，
男女不得不歡。少者以長，老者以養。故曰：「天地生之，聖人成之」，
此之謂也。〔註79〕

君子力行以淑世，百姓待之而後安和樂利，少者以長，老者以養，此皆非坐
而言，乃起而行也。《論語‧顏淵篇》云：「君子之德風，小人之德草。草上
之風，必偃。」〔註80〕此之謂也。

君子道德修養，行爲不苟，以當之爲貴，《荀子‧不苟篇》云：

君子行不貴苟難，說不貴苟察，名不貴苟傳，唯其當之爲貴。故懷
負石而赴河，是行之難爲者也，而申徒狄能之；然而君子不貴者，
非禮義之中也。「山淵平」，「天地比」，「齊秦襲」，「入乎耳，出乎口」，
「鉤有須」，「卵有毛」，是說之難持者也，而惠施、鄧析能之；然而
君子不貴者，非禮義之中也。盜跖吟口，名聲若日月，與舜、禹俱
傳而不息；然而君子不貴者，非禮義之中也。故曰：君子行不貴苟
難，說不貴苟察，名不貴苟傳，唯其當之爲貴。〔註81〕

負石而赴河，是人之難行者，而君子不貴，是「行不貴苟難」者；名家之辯
說，巧辭便給，是說辯之難持者，然君子不貴，是「說不貴苟察」者；大盜
凶貪，其名聲若日月之昭，與聖人俱傳世而不息者，是人之所難求者，然君
子不貴者，爲其不中於禮義。然君子所貴者何，曰：唯其當之爲貴。

君子行爲之不苟，能與不能，皆不失其道，《荀子‧非十二子篇》云：

士君子之所能不能爲：君子能爲可貴，不能使人必貴己；能爲可信，
不能使人必信己；能爲可用，不能使人必用己。故君子恥不修，不
恥見汙；恥不信，不恥不見信；恥不能，不恥不見用。是以不誘於
譽，不恐於誹，率道而行，端然正己，不爲物傾側，夫是之謂誠君
子。〔註82〕

君子能爲可貴、可信、可用，然不必使人貴己、信己、用己，能在於己，而

〔註79〕清‧王先謙：《荀子集解》，頁 161～162。
〔註80〕宋‧朱熹：《四書集注》，頁 143。
〔註81〕同註79，頁 31～33。
〔註82〕同上，頁 88。

不能在於人。

君子殊於世者，以其德行之高，《荀子‧不苟篇》：「君子易知而難狎，易懼而難脅，畏患而不避義死，欲利而不爲所非，交親而不比，言辯而不辭，蕩蕩乎其有以殊於世也。」〔註83〕君子有所懼，亦有所欲，然絕不離於正道，《論語‧里仁篇》云：「子曰：『富與貴是人之所欲也；不以其道得之，不處也。貧與賤是人之所惡也；不以其道得之，不去也。』」〔註84〕富與貴是人之所欲，貧與賤是人之所惡，君子所惡所欲，去之得之，一以正道爲準。《荀子‧不苟篇》：「君子絜其身（依盧文弨說改）而同焉者合矣，善其言而類焉者應矣。故馬鳴而馬應之，非知也，其埶然也。故新浴者振其衣，新沐者彈其冠，人之情也。其誰能以己之潐潐，受人之掝掝者哉！」〔註85〕君子潔身自好，必有同焉者合矣，《論語‧里仁篇》云：「子曰：『德不孤，必有鄰。』」〔註86〕此之謂也。《荀子‧不苟篇》：「君子寬而不僈，廉而不劌，辯而不爭，察而不激，直立而不勝，堅彊而不暴，柔從而不流，恭敬謹愼而容，是之謂至文。」〔註87〕君子寬厚而不怠慢，行爲方正而不傷人，辯白而不喜爭論，明察而不激切，特立獨行而不凌欺人，堅強而不粗暴，柔和順從而不放縱，恭敬謹愼而態度從容。君子可謂至爲文飾，至爲修養，爲道德之根本。

君子好人惡人，皆以正道，《荀子‧不苟篇》：

> 君子崇人之德，揚人之美，非諂諛也；正義直指，舉人之過，非毀疵也；言己之光美，擬於舜、禹，參於天地，非夸誕也；與時屈伸，柔從若蒲葦，非懾怯也；剛強猛毅，靡所不信，非驕暴也；以義變應，知當曲直故也。《詩》曰：『左之左之，君子宜之；右之右之，君子有之。』此言君子能以義屈信變應故也。〔註88〕

君子樂道人之善，非諂諛人也；直指人之過，非好毀人也；揚己之善，抑人之短，一皆以義爲準則，言無不當者也。《論語‧里仁篇》云：「子曰：『唯仁者能好人，能惡人。』」〔註89〕君子懷仁，故好人惡人皆得其道。

〔註83〕清‧王先謙：《荀子集解》，頁33。
〔註84〕宋‧朱熹：《四書集注》，頁80。
〔註85〕同註83，頁34。
〔註86〕同註84，頁84。
〔註87〕同註83 頁34。
〔註88〕同上，頁34～35。
〔註89〕同註84，頁80。

（三）榮辱之辨

「榮辱之大分」何在？《荀子・榮辱篇》云：「先義而後利者榮，先利而後義者辱；榮者常通，辱者常窮；通者常制人，窮者常制於人：是榮辱之大分也。」〔註90〕人莫不欲榮而免辱，欲榮者，必先義而後利，榮者常通達，通達則常制人；先利而後義者必辱，辱者必窮，窮者常制於人，此爲榮與辱之顯然分別。

榮者，人之所欲；辱者，人之所惡，取捨之間，如何定奪？《荀子・不苟篇》云：

> 欲惡取舍之權：見其可欲也，則必前後慮其可惡也者；見其可利也，則必前後慮其可害也者，而兼權之，孰計之，然後定其欲惡取舍，如是則常不失陷矣。凡人之患，偏傷之也。見其可欲也，則不慮其可惡也者；見其可利也，則不慮其可害也者。是以動則必陷，爲則必辱，是偏傷之患也。〔註91〕

見可欲，必慮其可惡；見可利，必慮其可害，此爲遠害保身之道。凡人之患，皆是偏見傷之，見可欲，則不知慮其可惡；見可利，則不知慮其可害，是以動輒得咎，稀不傷矣。

人有三不祥、三必窮，《荀子・非相篇》云：

> 人有三不祥：幼而不肯事長，賤而不肯事貴，不肖而不肯事賢，是人之三不祥也。人有三必窮：爲上則不能愛下，爲下則好非其上，是人之一必窮也；鄉則不若，偝則謾之，是人之二必窮也；知行淺薄，曲直有以相縣矣，然而仁人不能推，知士不能明，是人之三必窮也。人有此三數行者，以爲上則必危，爲下則必滅。〔註92〕

人之有三不祥及三必窮，其皆肇因於身之不修，禮義之不求之故。是以人有三數行者，爲上爲下，必定危滅。

荀子以爲欲去辱而求榮，莫如行禮義，《荀子・脩身篇》云：

> 體恭敬而心忠信，術禮義而情愛人；橫行天下，雖困四夷，人莫不貴。勞苦之事則爭先，饒樂之事則能讓，端慤誠信，拘守而詳；橫行天下，雖困四夷，人莫不任。體倨固而心埶詐，術順墨而精雜汙；

〔註90〕清・王先謙：《荀子集解》，頁50。
〔註91〕同上，頁43～44。
〔註92〕同上，頁67。

橫行天下，雖達四方，人莫不賤。勞苦之事，則偷儒轉脫，饒樂之事，則佞兌而不曲，辟違而不愨，程役而不錄；橫行天下，雖達四方，人莫不弃。〔註93〕

君子以恭敬忠信之心，術禮義而愛人，雖之蠻陌之邦，人莫不貴矣。《論語·衛靈公篇》云：「子張問行。子曰：『言忠信，行篤敬，雖蠻貊之邦行矣；言不忠信，行不篤敬，雖州里行乎哉？立，則見其參於前也；在輿，則見其倚於衡也。夫然後行。』」〔註94〕其此之謂也。

君子者，安危利害之分際為何？《荀子·榮辱篇》云：「材愨者常安利，蕩悍者常危害；安利者常樂易，危害者常憂險；樂易者常壽長，憂險者常夭折：是安危利害之常體也。」〔註95〕材愨者安利，安利者樂易，樂易者壽長；蕩悍者危害，危害者憂險，憂險者夭折。知此安危利害之常體者，君子識所從道矣。

人之生，血氣之勇俱，遇辱，莫不鬥也。鬥者，其害為何？《荀子·榮辱篇》云：

> 鬥者，忘其身者也，忘其親者也，忘其君者也。行其少頃之怒，而喪終身之軀，然且為之，是忘其身也；家室立殘，親戚不免乎刑戮，然且為之，是忘其親也；君上之所惡也，刑法之所大禁也，然且為之，是忘其君也。憂忘其身，內忘其親，上忘其君，是刑法之所不舍也，聖王之所不畜也。乳彘觸虎，乳狗不遠遊，不忘其親也。人也，憂忘其身，內忘其親，上忘其君，則是人也，而曾狗彘之不若也。〔註96〕

荀子以為，凡鬥者有三忘：上忘其君，中忘其親，下忘其身。故鬥者，是刑法之所不允許者，是為政者所不容者，其乃狗彘之不如也。《荀子·榮辱篇》云：「凡鬥者，必自以為是，而以人為非也。己誠是也，人誠非也，則是己君子，而人小人也；以君子與小人相賊害也，憂以忘其身，內以忘其親，上以忘其君，豈不過甚矣哉！」〔註97〕鬥者之心態：是以自是人非，己誠人非，己君子而人小人也。以君子與小人之心態相對峙，憂以忘其身，內以忘其親，上以忘其君，是勇於私鬥者，是為公法之所不容者。《商君書·戰法篇》云：「凡戰法必本於

〔註93〕清·王先謙：《荀子集解》，頁23～24。
〔註94〕宋·朱熹：《四書集注》，頁166。
〔註95〕同註93，頁50。
〔註96〕同上，頁47。
〔註97〕同上。

政勝，則其民不爭；不爭則無以私意，以上爲意。故王者之政，使民怯於邑鬥，而勇於寇戰。」〔註98〕此即法家欲民勇於公戰，怯於私鬥之意。

志氣堅強過人者，其勇力亦過人。荀子以爲勇力可分爲四等，《荀子・榮辱篇》云：「爭飲食，無廉恥，不知是非，不辟死傷，不畏衆彊，恈恈然唯（利）飲食之見，是狗彘之勇也。」〔註99〕最下等者爲「狗彘之勇」，爭於飲食，無顧廉恥，不知是非，亦不避死傷，無所畏懼，其同於狗彘之爲飲食之見；「爲事利，爭貨財，無辭讓，果敢而很（據王念孫説改），猛貪而戾，恈恈然唯利之見，是賈盜之勇也。」〔註100〕再上者爲「賈盜之勇」，唯利之圖，爭於財貨，貪戾而凶猛，如盜賊賈人之爲利之見；「輕死而暴，是小人之勇也。」〔註101〕再上者爲「小人之勇」，匹夫見辱，拔劍而起，舉止凶暴而輕於赴死；「義之所在，不傾於權，不顧其利，舉國而與之，不爲改視，重死持義而不橈，是士君子之勇也。」〔註102〕至於「士君子之勇」者，乃以道義修養志意，無視權貴，不貪求利，國之重利不淫其志，君子愼重其死而操持正義，不可曲撓。

荀子以爲君子戒鬥，《論語・季氏篇》云：「孔子曰：『君子有三戒：少之時，血氣未定，戒之在色；及其壯也，血氣方剛，戒之在鬥；及其老也，血氣既衰，戒之在得。』」〔註103〕孔子以爲君子有三戒，血氣未定，戒在色；血氣方剛，戒在鬥；血氣既衰，戒在得，可謂戒之深刻者。君子爲求安利而避危害，當如何自處？《荀子・脩身篇》云：「行而供冀，非漬淖也；行而俯項，非擊戾也；偶視而先俯，非恐懼也。然夫士欲獨修其身，不以得罪於比俗之人也。」〔註104〕君子小心翼翼，非懼禍也，乃欲獨修其身，爲世所用，以此身之可貴，不與俗人鬥而害其身也。

君子言行必謹，《荀子・榮辱篇》云：

> 憍泄者，人之殃也；恭儉者，偋五兵也。雖有戈矛之刺，不如恭儉之利也。故與人善言，煖於布帛；傷人以（據王念孫説改）言，深於矛戟。故薄薄之地，不得履之，非地不安也，危足無所履者，凡

〔註98〕周公孫鞅：《商君書》卷三，頁5。
〔註99〕清・王先謙：《荀子集解》，頁48。
〔註100〕同上。
〔註101〕同上。
〔註102〕同上。
〔註103〕宋・朱熹：《四書集注》，頁176。
〔註104〕同註99，頁24～25。

在言也。巨涂則讓，小涂則殆，雖欲不謹，若云不使。快快而亡者，
怒也；察察而殘者，忮也；博而窮者，訾也；清之而俞濁者，口也；
豢之而俞瘠者，交也；辯而不說者，爭也；直立而不見知者，勝也；
廉而不見貴者，劌也；勇而不見憚者，貪也；信而不見敬者，好剸
行也。此小人之所務，而君子之所不爲也。〔註105〕

驕者必敗，恭者必成，故身陷危地而不安者，爲言之故也。君子不怒、不忮、
不訾、不口說、不驕、不爭、不勝人、不劌、不貪、不剸行，故在家必達，
在邦必達；小人反是，故危殆而不安。

二、解蔽辨惑

君子所以異於塗之人者，在於道德之修養。荀子以爲士君子爲聖人之階，
欲爲外王之功業，其基乃在於內聖之德業，外王之業，非聖人莫能爲功，能
爲內聖之德業，外王之業必不遠矣。士君子進德修業，欲爲聖人之功，首在
解蔽辨惑，解己之蔽，進而破世俗之惑，則聖人之功在望。

（一）蔽之存在

凡人之不能爲聖，其故安在哉？《荀子·解蔽篇》云：「凡人之患，蔽於
一曲，而闇於大理。治則復經，兩疑則惑矣。天下無二道，聖人無兩心。今
諸侯異政，百家異說，則必或是或非，或治或亂。」〔註106〕荀子以爲當今天
下之亂，在於諸侯各欲求治，其方則以諸子之學說爲治國之法。各國雖欲爲
治，然其或爲治，或爲亂，皆以己是人非，致天下紛亂不已。究其原由，乃
導因於各家學說之蠭起，天下無二道，聖人無兩心，諸子蔽於一曲，而闇於
大理，疑聖人治天下之大道，故天下擾攘不休。

何謂「蔽」？《荀子·解蔽篇》云：「故爲蔽：欲爲蔽、惡爲蔽，始爲蔽、
終爲蔽，遠爲蔽、近爲蔽，博爲蔽、淺爲蔽，古爲蔽、今爲蔽。凡萬物異則
莫不相爲蔽，此心術之公患也。」〔註107〕凡人之心，或說欲惡，或說始終，
或說遠近，或說博淺，或說古今，而莫不相爲蔽，此乃言心術者之通患也。

人生而同性，好利惡害，好佚惡勞，是人之所同也，《荀子·榮辱篇》云：
凡人有所一同：飢而欲食，寒而欲煖，勞而欲息，好利而惡害，是

〔註105〕清·王先謙：《荀子集解》，頁45～46。
〔註106〕同上，頁357。
〔註107〕同上，頁358～359。

人之所生而有也，是無待而然者也，是禹桀之所同也。目辨白黑美
惡，耳辨聲音清濁，口辨酸鹹甘苦，鼻辨芬芳腥臊，骨體膚理辨寒
暑疾養，是又人之所（常）生而有也，是無待而然者也，是禹、桀
之所同也。可以爲堯、禹，可以爲桀、跖，可以爲工匠，可以爲農
賈，在（執）注錯習俗之所積耳。是又人之所生而有也，是無待而
然者也，是禹、桀之所同也。爲堯、禹則常安榮，爲桀、跖則常危
辱；爲堯、禹則常愉佚，爲工匠農賈則常煩勞；然而人力爲此，而
寡爲彼，何也？曰：陋也。〔註108〕

人既生而同性，或爲商賈，或爲百工之人，或爲聖賢，其故在於情勢措置習
染之所積也。爲惡人則常危辱，爲賢聖則常愉樂，爲百工之人則常煩勞，是
勢之所必也。然爲庶人則多，爲賢則少，其故在於愚陋而不知大道。《荀子‧
榮辱篇》云：

堯禹者，非生而具者也，夫起於變故，成乎脩（脩之）爲，待盡而
後備者也。……今以夫先王之道，仁義之統，以相群居，以相持養，
以相藩飾，以相安固邪。以夫桀跖之道，是其爲相縣也，幾直夫芻
豢稻粱之縣糟糠爾哉！然而人力爲此，而寡爲彼，何也？曰：陋也。
陋也者，天下之公患也，人之大殃大害也。〔註109〕

人之生而有欲，有欲而求滿足，其爲小人而不知大道，勢必然也。故云：「陋
也者，天下之公患也，人之大殃大害也。」

庶人之生，祇求溫飽，無暇顧及他事，《荀子‧榮辱篇》云：

況夫先王之道，仁義之統，《詩》、《書》、《禮》、《樂》之分乎！彼固
爲天下之大慮也，將爲天下生民之屬，長慮顧後而保萬世也。其流
長矣，其溫厚矣，其功盛姚遠矣，非順（依王念孫說補）孰脩爲之
君子，莫之能知也。故曰：短綆不可以汲深井之泉，知不幾者不可
與及聖人之言。夫《詩》、《書》、《禮》、《樂》之分，固非庸人之所
知也。故曰：一之而可再也，有之而可久也，廣之而可通也，慮之
而可安也，反鈆察之而兪可好也。以治情則利，以爲名則榮，以群
則和，以獨則足，樂意者其是邪！〔註110〕

〔註108〕清‧王先謙：《荀子集解》，頁54〜55。
〔註109〕同上，頁55〜56。
〔註110〕同上，頁59〜60。

先王之道、禮義之統、經書之分，能使天下生民長視久安，其功之大且廣，非德修之君子莫之能知。《荀子‧榮辱篇》云：「故曰：仁者好告示人。告之、示之、靡之、儇之、鈆之、重之，則夫塞者俄且通也，陋者俄且僩也，愚者俄且知也。」〔註111〕庶人之陋者，必待仁人而後覺，《孟子‧萬章上》云：「天之生此民也，使先知覺後知，使先覺覺後覺也。予，天民之先覺者也；予將以斯道覺斯民也。」〔註112〕此為士君子欲成聖業而必為者也。

（二）蔽不蔽之大分

凡蔽者有三：君主、人臣、諸子百家等。荀子以為蔽與不蔽，其界限甚大。現列表如下：

1. 君臣之蔽與不蔽

	君　　　主	人　　臣
蔽	桀蔽於末喜斯觀，而不知關龍逢，以惑其心，而亂其行。 紂蔽於妲己、飛廉，而不知微子啓，以惑其心，而亂其行。 故群臣去忠而事私，百姓怨非而不用，賢良退處而隱逃，此其所以喪九牧之地，而虛宗廟之國也。 桀死於鬲山（據王念孫說改），紂縣於赤斾。身不先知，人又莫之諫，此蔽塞之禍也。〔註113〕	唐鞅蔽於欲權而逐載子，奚齊蔽於欲國而罪申生；唐鞅戮於宋，奚齊戮於晉。逐賢相而罪孝兄，身為刑戮，然而不知，此蔽塞之禍也。 故以貪鄙、背叛、爭權而不危辱滅亡者，自古及今，未嘗有之也。〔註114〕
不蔽	成湯監於夏桀，故主其心而慎治之，是以能長用伊尹，而身不失道，此其所以代夏王而受九有也。文王監於殷紂，故主其心而慎治之，是以能長用呂望，而身不失道，此其所以代殷王而受九牧也。遠方莫不致其珍；故目視備色，耳聽備聲，口食備味，形居備宮，名受備號，生則天下歌，死則四海哭。夫是之謂至盛。《詩》曰：「鳳凰秋秋，其翼若干，其聲若簫。有鳳有凰，樂帝之心。」此「不蔽之福」也。〔註115〕	鮑叔、甯戚、隰朋仁知且不蔽，故能持管仲，而名利福祿與管仲齊。 召公、呂望仁知且不蔽，故能持周公而名利福祿與周公齊。 傳曰：「知賢之為明，輔賢之謂能，勉之彊之，其福必長。」此之謂也。此「不蔽之福」也。〔註116〕

〔註111〕清‧王先謙：《荀子集解》，頁56～57。
〔註112〕宋‧朱熹：《四書集注》，頁341。
〔註113〕〈解蔽篇〉，同註111，頁359。
〔註114〕同上，頁361。
〔註115〕同上，頁359～360。
〔註116〕同上，頁361。

　　上表為「君臣」二者蔽之禍及不蔽之福，蔽者之禍為喪身滅國，為天下笑；不蔽者之福為身受九牧之地，代有天下，生為天下歌，死則四海哭，其相去不可以道里計。

2. 諸子之蔽與不蔽

　　荀子以為諸了之學說，皆道之一偏，《荀子·解蔽篇》云：

> 昔賓孟之蔽者，亂家是也。墨子蔽於用而不知文；宋子蔽於欲而不知得；慎子蔽於法而不知賢；申子蔽於埶而不知知；惠子蔽於辭而不知實；莊子蔽於天而不知人。故由用謂之道，盡利矣；由欲謂之道，盡嗛矣；由法謂之道，盡數矣；由埶謂之道，盡便矣；由辭謂之道，盡論矣；由天謂之道，盡因矣。此數具者，皆道之一隅也。夫道者體常而盡變，一隅不足以舉之。曲知之人，觀於道之一隅，而未之能識也。故以為足而飾之，內以自亂，外以惑人，上以蔽下，下以蔽上，此『蔽塞之禍』也。〔註117〕

　　現表列如下：

墨子	學說	楊注：欲使上下勤力，股無胈、脛無毛，而不知貴賤等級之文飾也。〔註118〕
	其蔽	蔽於用而不知文。
	破解	故由用謂之道，盡利矣。
宋子	學說	楊注：宋子以人之情欲寡而不欲多，但任其所欲則自治也。蔽於此說而不知得欲之道也。〔註119〕
	其蔽	蔽於欲而不知得。
	破解	由欲謂之道，盡嗛矣。
慎子	學說	楊注：慎子本黃老、歸刑名，多明不尚賢，不使能之道。故其說曰：多賢不可以多君；無賢不可以無君。其意但明得其法，雖無賢亦可為治，而不知法待賢而後舉也。〔註120〕
	其蔽	蔽於法而不知賢。
	破解	由法謂之道，盡數矣。

〔註117〕清·王先謙：《荀子集解》，頁 361～362。
〔註118〕同上，頁 362。
〔註119〕同上。
〔註120〕同上。

申子	學說	楊注：其說但賢得權埶，以刑法馭下，而不知權埶待才然後治，亦與慎子意同。〔註121〕
	其蔽	蔽於埶而不知知。
	破解	由埶謂之道，盡便矣。
惠子	學說	楊注：惠子蔽於虛辭而不知實理。虛辭謂若山出口、丁子有尾之類也。〔註122〕
	其蔽	蔽於辭而不知實。
	破解	由辭謂之道，盡論矣。
莊子	學說	楊注：天謂無爲自然之道。莊子但推治亂於天而不知在人也。〔註123〕
	其蔽	蔽於天而不知人。
	破解	由天謂之道，盡因矣。

諸子之學說盡在爲人君所用，故有極強之功利性，其皆以己之說蔽大道。故荀子針對諸子百家之說，一一加以破解：如墨子之說，若以功用謂之道，則天下盡於求利而已，無復言仁義矣；如宋子之說，若以欲求謂之道，則盡逐於快意矣；如慎子之說，若以法制謂之道，則天下盡取術數而不用賢矣；如申子之說，若由勢而行謂之道，則道盡歸於利便矣；如惠子之說，若以虛辭徒說謂之道，則道盡歸於論辯而已；如莊子之說，若以聽任自然謂之道，則道盡歸因循自然而無治化矣。

諸子百家所識，盡爲道之一偏，《荀子・天論篇》云：「萬物爲道一偏，一物爲萬物一偏。愚者爲一物一偏，而自以爲知道，無知也。慎子有見於後，無見於先。老子有見於詘，無見於信。墨子有見於齊，無見於畸。宋子有見於少，無見於多。有後而無先，則群眾無門。有詘而無信，則貴賤不分。有齊而無畸，則政令不施，有少而無多，則群眾不化。」〔註124〕現表列如下：

	諸 子 之 見	諸 子 之 偏
慎子	有見於後，無見於先	有後而無先，則群眾無門
老子	有見於詘，無見於信	有詘而無信，則貴賤不分
墨子	有見於齊，無見於畸	有齊而無畸，則政令不施
宋子	有見於少，無見於多	有少而無多，則群眾不化

〔註121〕清・王先謙：《荀子集解》，頁295。
〔註122〕同上。
〔註123〕同上。
〔註124〕同上。

　　慎子有見於後，無見於先，其蔽爲群眾失其門戶；老子有見於屈，無見於伸，其蔽爲貴賤上下不分；墨子有見於齊，無見於畸，其蔽爲政令無所施行；宋子有見於少，無見於多，其缺爲群眾不能勸化。荀子以爲，萬物祇爲道之一偏而已，而一物更爲萬物之一偏。諸子百家不識先王之則，不見道之大體，而自以爲見道，實無知也。

　　諸子百家既皆蔽於一曲，然孰爲不蔽？《荀子・解蔽篇》云：「孔子仁知且不蔽，故學亂術足以爲先王者也。一家得周道，舉而用之，不蔽於成積也。故德與周公齊，名與三王並，此『不蔽之福』也。」〔註125〕郝懿行曰：「此言孔子志在《春秋》，行在《孝經》。又曰：『吾學周禮，今用之，吾從周。』蓋能考論古今，成一家言，不蔽於諸子雜說也。」〔註126〕諸子百家之說，皆蔽於一曲而闇於大理，若孔子仁知且不蔽於偏曲之說，故學治術足以爲先王之大道。身兼周之治道，可以舉而用之，足以成 家之言，而不蔽於諸子雜說。

（三）解蔽辨惑之方

1. 知　道

　　既知蔽塞之爲禍，其解蔽之方爲何？《荀子・解蔽篇》云：「聖人知心術之患，見蔽塞之禍，故無欲無惡、無始無終、無近無遠、無博無淺、無古無今，兼陳萬物而中縣衡焉。是故眾異不得相蔽以亂其倫也。」〔註127〕凡人之蔽，莫不偏於一曲之見，是故聖人無欲惡、始終、遠近、博淺、古今，兼陳萬物而以道爲準，如此則眾家之異說不得相爲蔽矣。

　　兼陳萬物而中縣衡爲何？《荀子・解蔽篇》云：

> 何謂衡？曰：道。故心不可以不知道；心不知道，則不可道，而可
> 非道。人孰欲得恣而守其所不可以禁其所可？以其不可道之心取
> 人，則必合於不道人而不合於道人。以其不可道之心與不道人論道
> 人，亂之本也。夫何以知？曰：心知道然後可道；可道，然後能守
> 道以禁非道。以其可道之心取人，則合於道人而不合於不道之人矣。
> 以其可道之心與道人論非道，治之要也。何患不知？故治之要在於
> 知道。〔註128〕

〔註125〕清・王先謙：《荀子集解》，頁363。
〔註126〕同上。
〔註127〕同上，頁363～367。
〔註128〕同上，頁364～365。

治之要在於知道，故心不可以不知道。心若知道知非道，則合於道人而不合於不道人，然後以守道之心以禁非道，以可道之心與道人論於非道，如此，不道之言者息，政之大治者指日可待。

　　道爲禍福之所擇，《荀子・正名篇》云：

　　　凡人之取也，所欲未嘗粹而來也；其去也，所惡未嘗粹而往也。故人無動而不可以不與權俱。衡不正，則重縣於仰，而人以爲輕；輕縣於俛，而人以爲重；此人所以惑於輕重也。權不正，則禍託於欲，而人以爲福；福託於惡，而人以爲禍；此亦人所以惑於禍福也。道者，古今之正權也；離道而內自擇，則不知禍福之所託。〔註129〕

凡人之取也，未必得；所欲去者，未必去也，故動必以道爲權衡。人之所以託福於禍，以禍爲福者，其皆起於無道而內自擇也。

　　道之實指爲何？《荀子・儒效篇》云：「先王之道，仁之隆也，比中而行之。曷謂中？曰：禮義是也。道者，非天之道，非地之道，人之所以道也，君子之所道也。」〔註130〕道者爲人之所道，爲君子之所道，亦即先王之所比中而行者，《荀子・君子篇》云：「故尙賢使能，等貴賤，分親疏，序長幼，此先王之道也。故尙賢使能，則主尊下安；貴賤有等則令行而不流；親疏有分，則施行而不悖；長幼有序，則事業捷成而有所休。」〔註131〕尙賢使能，則主尊下安；等貴賤則令行而無所止息；分親疏則恩施而不悖逆；序長幼則事業有所接續，而可得休息，此皆爲先王治國之要道。《荀子・天論篇》云：

　　　百王之無變，足以爲道貫。一廢一起，應之以貫，理貫不亂。不知貫，不知應變。貫之大體未嘗亡也。亂生其差，治盡其詳。故道之所善，中則可從，畸則不可爲，匿則大惑。水行者表深，表不明則陷。治民者表道，表不明則亂。禮者，表也。非禮，昏世也；昏世，大亂也。故道無不明，外內異表，隱顯有常，民陷乃去。〔註132〕

百王之道，萬民之所從治，百王之禮，足以爲道之一貫。禮者，表道者也。表明者民知所從，表不明，則民亂矣。故道者，禮之體；禮者，道之表也。

　　道者，持國之利器也，《管子・形勢解篇》云：「道者，所以變化身而之

────────────────

〔註129〕清・王先謙：《荀子集解》，頁395。
〔註130〕同上，頁105。
〔註131〕同上，頁417。
〔註132〕同上，頁294。

正理者也，故道在身，則言自順，行自正，事君自忠，事父自孝，遇人自理；故曰：『道之所設，身之所化也。』」〔註133〕道爲變化自身而往正理行者，人主得道而治則大安，《荀子・王霸篇》云：

> 國者，天下之（制）利用也；人主者，天下之利埶也。得道以持之，
> 則大安也，大榮也，積美之源也；不得道以持之，則大危也，大累也，
> 有之不如無之；及其綦也，索爲匹夫不可得也，齊湣、宋獻是也。故
> 人主天下之利埶也，然而不能自安也，安之者必將道也。〔註134〕

人主雖爲天下之利勢，國者，雖爲天下之利用，然不得禮義之道以治之，則國爲大累，身處大危，欲求爲匹夫而遠罪避害，不可得也。人主雖爲天下勢位之最利者也，其得道則治，失道則亡。

2.治氣養心

　　凡人之蔽，固在於心之認知有誤，欲去其蔽者，必先治氣養心，則其爲蔽也終不存也。《荀子・脩身篇》云：「凡治氣養心之術，莫徑由禮，莫要得師，莫神一好。夫是之謂治氣養心之術也。」〔註135〕治氣養心之術有三：由禮、得師、好而專。

　　「治氣」奈何？荀子以爲君子氣質修養，其受心氣影響頗重，《荀子・脩身篇》云：

> 治氣養心之術：血氣剛強，則柔之以調和；知慮漸深，則一之以易
> 良；勇膽猛戾，則輔之以道順；齊給便利，則節之以動止；狹隘褊
> 小，則廓之以廣大；卑溼重遲貪利，則抗之以高志；庸眾駑散，則
> 劫之以師友；怠慢僄棄，則炤之以禍災；愚款端愨，則合之以禮樂，
> 通之以思索。〔註136〕

荀子以爲凡人氣質偏頗者，有「過」與「不及」兩類。

　　其對治「過」者有四：「血氣剛強」者，則以調和柔服之；「智慮漸深」者，則以平易忠直整齊之；「勇膽猛戾」者，則以訓導輔之；「齊給便利」者，以徐緩之舉止節制之。

　　其對治「不及」者有五：「狹隘褊小」者，則以廣大廓之；「卑溼重遲貪

〔註133〕唐・尹知章：《管子注》，頁 11～12。
〔註134〕清・王先謙：《荀子集解》，頁 181。
〔註135〕同上，頁 22。
〔註136〕同上，頁 20～21。

利」者，則以遠志向抗高之；「庸眾駑散」者，則以師友奪移之；「怠慢僄棄」者，則以災禍曉喻之；「愚款端愨」者，則以禮樂和調之，以思索貫通之。

治氣之後則須「養心」。何以先治氣而後養心？其故在於：氣不平則心不明，先治其氣，後其心明；心明則知蔽，知蔽而後則能養心。養心之道何如？其必曰：「誠」。《荀子‧不苟篇》云：

> 君子養心莫善於誠，致誠則無它事矣。唯仁之為守，唯義之為行。誠心守仁則形，形則神，神則能化矣；誠心行義則理，理則明，明則能變矣。變化代興，謂之天德。天不言而人推高焉，地不言而人推厚焉，四時不言而百姓期焉。夫此有常，以至其誠者也。君子至德，嘿然而喻，未施而親，不怒而威。夫此順命，以慎其獨者也。善之為道者，不誠則不獨，不獨則不形，不形則雖作於心，見於色，出於言，民猶若未從也，雖從必疑。〔註137〕

君子以誠養心，「誠心行義則理，理則明，明則能變矣。變化代興，謂之天德。」誠心而行，其義則在法天而行。誠其意而守仁行義，如天地之高厚，故能不言而民化之。《大學》云：

> 所謂誠其意者：毋自欺也，如惡惡臭，如好好色，此之謂自謙，故君子必慎其獨也！小人閒居為不善，無所不至，見君子而后厭然，揜其不善，而著其善。人之視己，如見其肺肝然，則何益矣。此謂誠於中，形於外，故君子必慎其獨也。曾子曰：「十目所視，十手所指，其嚴乎！」富潤屋，德潤身，心廣體胖，故君子必誠其意。〔註138〕

誠其意者，其在毋自欺也。毋自欺者，如嫌惡穢氣，如喜好美色一般，此為自我滿足，故君子於獨處時，必定謹慎不鬆懈。若有於中，必形於外，故君子德能潤其身，胸襟寬廣，體貌安祥，故必誠其意。《中庸》云：「誠者，天之道也；誠之者，人之道也。誠者不勉而中，不思而得，從容中道，聖人也。誠之者，擇善而固執之者也。」〔註139〕誠者，為天之道；而誠其意者，乃人法天之道。唯聖人與天同道，庶人則擇善而固執之也。

「誠」之道大矣，《荀子‧不苟篇》云：「天地為大矣，不誠則不能化萬物；聖人為知矣，不誠則不能化萬民；父子為親矣，不誠則疏；君上為尊矣，

〔註137〕清‧王先謙：《荀子集解》，頁38～40。
〔註138〕宋‧朱熹：《四書集注》，頁10～11。
〔註139〕同上，頁42～43。

不誠則卑。」〔註140〕不誠則天地人倫之道廢，「夫誠者，君子之所守也，而政事之本也，唯所居以其類至」（《荀子·不苟篇》）。〔註141〕誠者，實爲政事之所本也。「操之則得之，舍之則失之。操而得之則輕，輕則獨行，獨行而不舍，則濟矣。濟而材盡，長遷而不反其初，則化矣」（同前）。〔註142〕荀子以爲，此「誠」者，「操之則得之，舍之則失之」，而《孟子·告子上》云：「孔子曰：『操則存，舍則亡；出入無時，莫知其鄉。』惟心之謂與？」〔註143〕孟子以爲「心」者，「操則存，舍則亡」，雖用辭不同，然惟心能誠，其主體爲一致者。《中庸》云：「唯天下至誠，爲能經綸天下之大經，立天下之大本，知天地之化育。夫焉有所倚？肫肫其仁！淵淵其淵！浩浩其天！苟不固聰明聖知達天德者，其孰能知之？」〔註144〕能知天地之德者，爲天下之至誠爲能。

　　諸了百家，養心之道，皆以寡欲爲先，《孟子·盡心下》云：「養心莫善於寡欲。其爲人也寡欲，雖有不存焉者，寡矣；其爲人也多欲，雖有存焉者，寡矣。」〔註145〕孟子以爲寡欲之人，其善心不存者，寡矣；其爲人多欲者，其善心存者，必寡矣。《老子》第三章云：「不見可欲，使民心不亂。」〔註146〕又第十九章云：「見素抱樸，少私寡欲。」〔註147〕又第四十六章云：「禍莫大於不知足，咎莫大於欲得。」〔註148〕然荀子之治欲者，以爲欲不可去，《荀子·正名篇》云：「凡語治而待去欲者，無以道欲而困於有欲者也。凡語治而待寡欲者，無以節欲而困於多欲者也。有欲無欲，異類也，生死也，非治亂也。欲之多寡，異類也，情之數也，非治亂也。」〔註149〕凡欲待人去欲而治，爲無導欲之術者；欲待人寡欲而治，爲無節欲之術者。欲之多與寡，爲情本有之理，與治亂無關，故欲治者，不在去欲或寡欲。《呂氏春秋·重己篇》云：「世之人主貴人，無賢不肖，莫不欲長生久視，而日逆其生，欲之何益？凡

〔註140〕清·王先謙：《荀子集解》，頁40。
〔註141〕同上。
〔註142〕同上。
〔註143〕宋·朱熹：《四書集注》，頁369。
〔註144〕同上，頁52～53。
〔註145〕同上，頁419。
〔註146〕魏王弼：《老子道德經注》，頁2。
〔註147〕同上，頁10。
〔註148〕同上，頁28。
〔註149〕同註140，頁392。

生之長也，順之也；使生不順者，欲也；故聖人必先適欲。」〔註150〕欲使人
之不得長生久視，故聖人必先適其欲，而非去欲寡欲。

　　欲之所求，爲人情之理，其受心之節制，《荀子・正名篇》云：「欲不待
可得，而求者從所可。欲不待可得，所受乎天也；求者從所可，所受乎心也。
所受乎天之一欲，制於所受乎心之多，固難類所受乎天也。人之所欲生甚矣，
人之所惡死甚矣；然而人有從生成死者，非不欲生而欲死也，不可以生而可
以死也。」〔註151〕欲爲情之受於天者，所受於天之欲純一，而經心之多方計
度後，此欲與所受乎天之欲異。如人之所欲者生也，此爲天生之欲；然而人
有捨生就死者，此非不欲生而欲死，爲其勢有不可生而可死也。《孟子・告子
上》云：

> 魚，我所欲也；熊掌，亦我所欲也，二者不可得兼，舍魚而取熊掌
> 者也。生，亦我所欲也；義，亦我所欲也，二者不可得兼，舍生而
> 取義者也。生亦我所欲，所欲有甚於生者，故不爲苟得也；死亦我
> 所惡，所惡有甚於死者，故患有所不辟也。如使人之所欲莫甚於生，
> 則凡可以得生者，何不用也？使人之所惡莫甚於死者，則凡可以辟
> 患者，何不爲也？由是則生而有不用也，由是則可以辟患而有不爲
> 也。是故所欲有甚於生者，所惡有甚於死者，非獨賢者有是心也，
> 人皆有之，賢者能勿喪耳。〔註152〕

此所欲有甚於生者，所惡有甚於死者之欲，爲心計度後之欲，已與天生之求
生惡死之欲相異。《荀子・正名篇》云：

> 故欲過之而動不及，心止之也。心之所可中理，則欲雖多，奚傷於
> 治？欲不及而動過之，心使之也。心之所可失理，則欲雖寡，奚止
> 於亂？故治亂在於心之所可，亡於情之所欲。不求之其所在，而求
> 之其所亡，雖曰我得之，失之矣。〔註153〕

欲之動，由心止之，故行有中於理而心以爲可，所欲中理，雖多，於治奚傷？
心若以爲可而失於理，欲雖少，於亂奚止？故或治或亂，在於心之所可而不
在於情之所欲，則百家所以爲治民須待去欲寡欲，則是所識不清而已。

〔註150〕民國・陳奇猷：《呂氏春秋校釋》，頁34。
〔註151〕清・王先謙：《荀子集解》，頁392～393。
〔註152〕宋・朱熹：《四書集注》，頁370～371。
〔註153〕同註151，頁393。

心之導欲爲何？《荀子·正名篇》云：

> 性者，天之就也；情者，性之質也；欲者，情之應也。以所欲爲可
> 得而求之，情之所必不免也；以爲可而道之，知所必出也。故雖爲
> 守門，欲不可去，性之具也。雖爲天子，欲不可盡。欲雖不可盡，
> 可以近盡也；欲雖不可去，求可節也。所欲雖不可盡，求者猶近盡；
> 欲雖不可去，所求不得，慮者欲節求也。道者，進則近盡，退則節
> 求，天下莫之若也。〔註154〕

性者，天之自然生成，情爲性之本質，而欲爲情之應於外物者。以爲可欲而
求之，是情所不能免；心以爲欲之可導，此乃計慮之所必及此者。求生之欲，
爲性之所具備，雖賤爲守門，不可去也；雖貴爲天子，亦不可盡足。雖然，
導欲奈何？天子之欲雖不可盡足，然可近於足；守門之欲雖不可去，然可節
制之。心若知道，則欲可近盡節求。

欲之足與不足，在於心之所擇，《荀子·正名篇》云：

> 有嘗試深觀（其）隱而難察者：志輕理而不重物者，無之有也；外
> 重物而不內憂者，無之有也；行離理而不外危者，無之有也；外危
> 而不內恐者，無之有也。心憂恐，則口銜芻豢而不知其味，耳聽鐘
> 鼓而不知其聲，目視黼黻而不知其狀，輕煖平簟而體不知其安。故
> 嚮萬物之美而不能嗛也。假而得間而嗛之，則不能離也。故嚮萬物
> 之美而盛憂，兼萬物之利而盛害。如此者，其求物也，養生也？粥
> 壽也？故欲養其欲而縱其情，欲養其性而危其形，欲養其樂而攻其
> 心，欲養其名而亂其行。如此者，雖封侯稱君，其與夫盜無以異；
> 乘軒戴絻，其與無足無以異。夫是之謂以己爲物役矣。〔註155〕

心之所可失理，則憂恐，食不知其味，耳不知其聲，目不知其狀，體不知其
安，雖享萬物而不知其美也。故欲雖足而心不嗛，此爲「以己爲物役」。反之，
《荀子·正名篇》云：

> 心平愉，則色不及傭而可以養目，聲不及傭而可以養耳，蔬食菜羹
> 而可以養口，麤布之衣、麤紃之履而可以養體，局室、蘆簾、稿蓐
> （據王念孫説改）、尚机筵而可以養形。故無萬物之美而可以養樂，
> 無埶列之位而可以養名。如是而加天下焉，其爲天下多，其和樂少

〔註154〕清·王先謙：《荀子集解》，頁393～394。
〔註155〕同上，頁396～397。

矣。夫是之謂重己役物。〔註156〕

心若平靜愉悅，則庸色可以養目，庸聲可以養耳，疏食可以養口，粗布、粗履可以養體，庸室庸具可以養形。若此，養樂不必萬物之美者；養名不必勢位之高者。此謂「重己役物。」

　　荀子總結治心之道，《荀子‧解蔽篇》云：「故仁者之行道也，無為也；聖人之行道也，無彊也。仁者之思也恭，聖人之思也樂。此治心之道也。」〔註157〕仁者之行道也無為，思也恭；聖人之行道也無強，思也樂，此所謂治心之道也。

　　然而有所謂「遍善之法度」者，其首為「莫徑由禮」。由禮而治氣養生者，為無往而不善之理，《荀子‧脩身篇》云：

　　　　扁善之度：以治氣養生，則後彭祖；以脩身自名，則配堯、禹。宜
　　　　於時通，利以處窮，禮信是也。凡用血氣、志意、知慮，由禮則治
　　　　通，不由禮則勃亂提僈；食飲、衣服、居處、動靜，由禮則和節，
　　　　不由禮則觸陷生疾；容貌、態度、進退、趨行，由禮則雅，不由禮
　　　　則夷固僻違，庸眾而野。〔註158〕

時通處窮之時皆宜者，其為禮信者也。人無禮則血氣、志意、智慮不通，服儀舉止皆不雅。故云：「人無禮則不生，事無禮則不成，國家無禮則不寧。」〔註159〕《荀子‧大略篇》云：「仁義禮善之於人也，辟之若貨財粟米之於家也，多有之者富，少有之者貧，至無有者窮。故大者不能，小者不為，是棄國捐身之道也。」〔註160〕禮之於人若貨財粟米之於家也，少者貧，多者富，無有者窮。《荀子‧脩身篇》云：「好法而行，士也；篤志而體，君子也；齊明而不竭，聖人也。人無法，則倀倀然；有法而無志其義，則渠渠然；依乎法，而又深其類，然後溫溫然。」〔註161〕愛好禮法而力行者，士也；堅定志向而履道者，君子也；若聖人者，則智慮明敏而不窮也。人無禮法則倀然無所適；有禮而不識其義則瞿然無所守；依禮而深知其統類者，方為溫然而潤澤。

　　君子循禮義而治，非循亂而治，《荀子‧不苟篇》：

〔註156〕清‧王先謙：《荀子集解》，頁 397～398。
〔註157〕同上，頁 372。
〔註158〕王念孫曰：「扁讀為徧。……徧善者，無所往而不善也。君子依於禮則無往而
　　　　不善，故曰徧善之度。」同上，頁 18～19。
〔註159〕同上，頁 19。
〔註160〕同上，頁 466。
〔註161〕同上，頁 27。

君子治治，非治亂也。曷謂邪？曰：禮義之謂治，非禮義之謂亂也。
故君子者，治禮義者也，非治非禮義者也。然則國亂將弗治與？曰：
國亂而治之者，非案亂而治之之謂也。去亂而被之以治。人汙而脩
之者，非案汙而脩之之謂也，去汙而易之以脩。故去亂而非治亂也，
去汙而非脩汙也。治之爲名，猶曰君子爲治而不爲亂，爲脩而不爲
汙也。〔註162〕

君子修整其身，爲修己而不爲除汙也；故君子治國，非循亂而治，乃去亂循
禮義而治之謂也。

其次，爲「莫要得師」者。君子由禮正身，由師正禮，《荀子‧脩身篇》
云：

禮者，所以正身也；師者，所以正禮也。無禮何以正身？無師吾安
知禮之爲是也？禮然而然，則是情安禮也；師云而云，則是知若師
也。情安禮，知若師，則是聖人也。故非禮，是無法也；非師，是
無師也。不是師法而好自用，譬之是猶以肓辨色，以聾辨聲也，舍
亂妄無爲也。故學也者，禮法也。夫師以身爲正儀，而貴自安者也。
〔註163〕

無禮無以正吾身，無師無以知禮之爲是也，師者其要若此。

師即如此之重要，君子以何爲師？《荀子‧解蔽篇》云：

凡以知，人之性也；可以知，物之理也。以可以知人之性，求可以
知物之理，而無所疑止之，則沒世窮年不能遍也。其所以貫理焉，
雖億萬已不足以浹萬物之變，與愚者若一。學，老身長子而與愚者
若一，猶不知錯，夫是之謂妄人。故學也者，固學止之也。惡乎止
之？曰：止諸至足。曷謂至足？曰：聖王也。聖也者，盡倫者也；
王也者，盡制者也。兩盡者，足以爲天下極矣。故學者以聖王爲師，
案以聖王之制爲法，法其法，以求其統類，以務象效其人。嚮是而
務，士也；類是而幾，君子也；知之，聖人也。〔註164〕

人之性可以知，物之理可知。以知求物之理，若無所止境者，雖多而不知合
萬物變化之理，亦與愚人相若。學也者，固學止於聖王之法制。《荀子‧正論

〔註162〕清‧王先謙：《荀子集解》，頁37～38。
〔註163〕同上，頁27～28。
〔註164〕同上，頁374～375。

篇》云：「故凡言議期命、是非，以聖王爲師。」〔註165〕學者必以聖王爲師，
效法其法制，並深求其統類，取法其人。盡力於學聖王者，謂之士；類似於
聖王而近之者，謂之君子；知聖王之法制者，謂之聖人。

人若無師，則其心正如口腹之欲耳，《荀子・榮辱篇》云：

> 人之生固小人，無師無法則唯利之見耳。人之生固小人，又以遇亂
> 世，得亂俗，是以小重小也，以亂得亂也。君子非得埶以臨之，則
> 無由得開內焉。今是人之口腹，安知禮義？安知辭讓？安知廉恥隅
> 積？亦呥呥而嚼，鄉鄉而飽已矣。人無師無法，則其心正其口腹也。
> 〔註166〕

人之性固同於小人之惡，若無師無禮法以正之，則唯利之所見耳。其又遇於
亂世，得亂俗，若不遇師法，則知口腹之飽足耳。人若無師法，雖有能，亦
必爲亂。《荀子・儒效篇》云：「故人無師無法而知，則必爲盜；勇，則必爲
賊；云能，則必爲亂；察，則必爲怪；辯，則必爲誕。人有師有法而知，則
速通；勇，則速威；云能，則速成；察，則速盡；辯，則速論。」〔註167〕人
無師法，雖知必爲盜；雖勇必爲賊；雖能必爲亂；雖察必爲怪；雖辯必爲誕。
人有師法則反之。人無師法則擴其本性，有師法則擴其積習。《論語・泰伯篇》
云：「子曰：『恭而無禮則勞，愼而無禮則葸，勇而無禮則亂，直而無禮則絞。』」
〔註168〕人有能而無禮以規範，則無足取。

爲師之道有四，《荀子・致士篇》云：「師術有四，而博習不與焉。尊嚴
而憚，可以爲師；耆艾而信，可以爲師；誦說而不陵不犯，可以爲師；知微
而論，可以爲師。故師術有四，而博習不與焉。水深而回，樹落則糞本，弟
子通利則思師。」〔註169〕爲師之術有四：尊嚴而憚於弟子，耆艾年高而有信，
誦說不違其所學，知極精微皆中倫理。

治國者必重師法，《荀子・大略篇》云：「言而不稱師謂之畔，教而不稱
師謂之倍。倍畔之人，明君不內，朝士大夫遇諸塗不與言。」〔註170〕此爲重
師法之表現，《荀子・大略篇》云：「國將興，必貴師而重傅，貴師而重傅則

〔註165〕清・王先謙：《荀子集解》，頁316。
〔註166〕同上，頁55～56。
〔註167〕同上，頁123。
〔註168〕宋・朱熹：《四書集注》，頁109～110。
〔註169〕同註165，頁242～243。
〔註170〕同上，頁459～460。

法度存。國將衰，必賤師而輕傅，賤師而輕傅則人有快，人有快則法度壞。」
〔註171〕國之將興，必貴師而重傅，如齊之威、宣是也；國之將衰，必賤師而
輕傅，如齊之湣王是也。故國之強，則在於貴師重傅與否。

再次，為「莫神一好」者。心為形之君，而神明之主，《荀子・解蔽篇》
云：

> 心者，形之君也，而神明之主也，出令而無所受令。自禁也，自使
> 也，自奪也，自取也，自行也，自止也。故口可劫而使墨云，形可
> 劫而使詘申，心不可劫而使易意，是之則受，非之則辭。故曰：心
> 容。其擇也無禁，必自見，其物也雜博，其情之至也不貳。《詩》云：
> 「采采卷耳，不盈傾筐。嗟我懷人，寘彼周行。」傾筐易滿也，卷
> 耳易得也，然而不可以貳周行。故曰：心枝則無知，傾則不精，貳
> 則疑惑。以贊稽之，萬物可兼知也。身盡其故則美。類不可兩也，
> 故知者擇一而壹焉。〔註172〕

心為形神之主，出令而不受令，不可劫而易其意，其容物而雜博，然其專精
也不貳。心歧則無所知，別有傾向則不精，兩用則疑惑。以不貳之心專一於
道，為考察萬物之助，則萬物可兼而知也。

誠則明，明則可以知道，《荀子・解蔽篇》云：

> 人何以知道？曰：心。心何以知？曰：虛壹而靜。心未嘗不臧也，
> 然而有所謂虛；心未嘗不兩（據楊注改）也，然而有所謂一；心未
> 嘗不動也，然而有所謂靜。人生而有知，知而有志；志也者，臧也；
> 然而有所謂虛；不以所已臧害所將受，謂之虛。心生而有知，知而
> 有異；異也者，同時兼知之；同時兼知之，兩也；然而有所謂一；
> 不以夫一害此一，謂之壹。心臥則夢，偷則自行，使之則謀；故心
> 未嘗不動也；然而有所謂靜；不以夢劇亂知，謂之靜。未得道而求
> 道者，謂之虛壹而靜。作之：則將須道者之虛，虛則入將事道者之
> 壹；壹則盡將思道者之靜，靜則察（以上據王念孫說改）。知道察，
> 知道行，體道者也。虛壹而靜，謂之大清明。〔註173〕

「虛壹而靜」為心知道之方，為求其詳，列表如下：

〔註171〕清・王先謙：《荀子集解》，頁464。
〔註172〕同上，頁367～368。
〔註173〕同上，頁365～366。

主體	方法	本　　性	定　　義	作　　用	境　界
心	虛	人生而有知，知而有志；志也者，臧也；然而有所謂虛。	不以所已臧害所將受謂之虛。	則將須道者之虛，虛則入將事道者之壹	大清明
	壹	心生而有知，知而有異；異也者，同時兼知之；同時兼知之，兩也；然而有所謂一。	不以夫一害此一謂之壹。	壹則盡將思道者之靜	
	靜	心臥則夢，偷則自行，使之則謀；故心未嘗不動也；然而有所謂靜。	不以夢劇亂知謂之靜。	靜則察	

　　荀子以爲，心若欲知道，須有「虛壹靜」三種工夫：人生而有識知，知而後有藏，故能成其博。然不以舊知害所將受之新知，謂之「虛」；心生而有識知，知而有辨物之能，其可兼知事物。然不以此事物之認知，而妨他物之認知，謂之「壹」；人於臥時則夢；或於懶散之時，則起雜念；或時爲人計謀，故心未嘗一刻止息。然不以自起之雜念擾亂心知，謂之「靜」。

　　未得道而欲求道者，其心不滯於偏見曲說，故告之「虛壹而靜」之眞義。其作用爲：求道者，可由虛心而入於行道者之專壹；行道者，可由專壹而達於思道者之靜；思道者，可由靜心而察其道。《莊子・知北遊篇》云：「无思无慮始知道，无處无服始安道，无從无道始得道。」〔註174〕可參看之。

　　求道者以「虛壹而靜」之工夫作之，知道而察之，而行之，乃體道者也，可謂之「大清明」。「大清明」者，《荀子・解蔽篇》云：

　　　　萬物莫形而不見，莫見而不論，莫論而失位。坐於室而見四海，處
　　　　於今而論久遠。疏觀萬物而知其情，參稽治亂而通其度，經緯天地
　　　　而材官萬物，制割大理而宇宙裏矣。恢恢廣廣，孰知其極？罜罜廣
　　　　廣，孰知其德？涫涫紛紛，孰知其形？明參日月，大滿八極，夫是
　　　　之謂大人。夫惡有蔽矣哉！〔註175〕

求道者至「大清明」之境界，即爲聖人之境界。萬物莫不見其象，無不能論說，論說無不得其宜。不出戶而盡見天下之事，處於今世而可論久遠之事。

　　守壹在專於道，《荀子・解蔽篇》云：

〔註174〕清・郭慶藩：《莊子集釋》，頁731。
〔註175〕清・王先謙：《荀子集解》，頁366～367。

> 農精於田，而不可以爲田師；賈精於市，而不可以爲賈師；工精於
> 器，而不可以爲器師。有人也，不能此三技，而可使治三官，曰：
> 精於道者也，精於物者也。精於物者以物物，精於道者兼物物，故
> 君子壹於道而以贊稽物。壹於道則正，以贊稽物則察；以正志行察
> 論，則萬物官矣。〔註176〕

精於物者治物而已，精於道者兼治萬物也。故君子不精於物而精於道，以此
道爲明察萬物之助，則無不清明。以此正大之志，行所明論之事，則萬物莫
不各當其任。《荀子·解蔽篇》云：

> 故人心譬如槃水，正錯而勿動，則湛濁在下而清明在上，則足以見
> 鬚眉而察理矣。微風過之，湛濁動乎下，清明亂於上，則不可以得
> 大形之正也。〔註177〕

心之清明，可鑑於物，心之亂矣，則不得明察萬物之埋。《荀子·解蔽篇》云：

> 心亦如是矣。故導之以理，養之以清，物莫之傾，則足以定是非、
> 決嫌疑矣。小物引之，則其正外易，其心內傾，則不足以決庶理矣。
> 故好書者眾矣，而倉頡獨傳者，壹也；好稼者眾矣，而后稷獨傳者，
> 壹也；好樂者眾矣，而夔獨傳者，壹也；好義者眾矣，而舜獨傳者，
> 壹也。倕作弓，浮游作矢，而羿精於射；奚仲作車，乘杜作乘馬，
> 而造父精於御。自古及今，未嘗有兩而能精者也。〔註178〕

故君子以清養心，則外物不足以傾側，則足以斷是非而決嫌疑矣。《孟子·告
子上》云：「耳目之官不思，而蔽於物，物交物，則引之而已矣。心之官則思，
思則得之，不思則不得也。」〔註179〕即此之謂也。

　　欲惡之取捨，一以道爲準則，《荀子·正名篇》云：

> 凡人莫不從其所可，而去其所不可。知道之莫之若也，而不從道者，
> 無之有也。假之有人而欲南，無多；而惡北，無寡，豈爲夫南之不
> 可盡也，離南行而北走也哉！今人所欲，無多；所惡，無寡，豈爲
> 夫所欲之不可盡也，離得欲之道，而取所惡也哉！故可道而從之，
> 奚以損之而亂？不可道而離之，奚以益之而治？故知者論道而已

〔註176〕清·王先謙：《荀子集解》，頁368～369。
〔註177〕同上，頁369～370。
〔註178〕同上，頁370。
〔註179〕宋·朱熹：《四書集注》，頁374。

矣，小家珍說之所願者皆衰矣。〔註180〕

可欲與不可欲，或取或捨，不離其道，如此小家異說之思，皆可止息矣。

三、化性起偽

荀子主性惡，李滌生《荀子集解》云：「荀學以禮義爲依歸，合於禮義的就是治，就是善；不合於禮的就是亂，就是惡。故荀子之道就是禮義；禮義却不具於人性，而是外在的。故必須強學才能認識並實踐禮義。認識禮義則智明，實踐禮則行修。智明行修是荀子爲學的兩大目標。」〔註181〕此爲荀子性惡論作一明確之概述。

（一）人之性惡

何謂性？《荀子‧正名篇》云：「生之所以然者謂之性；性之和所生，精合感應，不事而自然謂之性。性之好惡喜怒哀樂謂之情。情然而心爲之擇謂之慮，心慮而能爲之動謂之偽。慮積焉，能習焉，而後成謂之偽。」〔註182〕生而天賦之所以如此者，謂之「性」，此爲「生理」之「性」；〔註183〕生理本質各自調合，對外來之刺激有所感應，不待學習即如此者，謂之「性」，此爲「心理」之「性」。心理天生本有之好惡喜怒哀樂等反應，謂之「情」；有如是之情，而心爲之選擇或可或否，謂之「慮」；心抉擇後，由耳目口鼻形之能動而成行爲，謂之「偽」，此爲感官行爲之「偽」；思慮積累，行爲多次學習，而後形成之固定習性，謂之「偽」。〔註184〕性、情、欲三者之關聯爲何？《荀子‧正名篇》云：「性者，天之就也；情者，性之質也；欲者，情之應也。」〔註185〕性爲天成者，情爲性之本質，人之心理、生理方面，對外來之刺激有

〔註180〕清‧王先謙：《荀子集解》，頁 394～395。

〔註181〕民國‧李滌生：《荀子集釋》，頁 1。

〔註182〕同註 180，頁 379～380。

〔註183〕《荀子‧榮辱篇》云：「凡人有所一同：飢而欲食，寒而欲煖，勞而欲息，好利而惡害，是人之所生而有也，是無待而然者也，是禹桀之所同也。目辨白黑美惡，耳辨聲音清濁，口辨酸鹹甘苦，鼻辨芬芳腥臊，骨體膚理辨寒暑疾養，是又人之所常生而有也，是無待而然者也，是禹桀之所同也。」此爲生理之性最佳之註腳。同上，頁 54。

〔註184〕近人陳大齊以爲偽者「計有二義，一爲偽的作用，二爲偽的結果。就作用而言，偽即是人爲，亦即是行爲。就結果而言，偽是人爲所養成的，相當於現心理學上所說的人格。」（引見民國‧陳大齊：《荀子學說》）頁 57。

〔註185〕同註 180，頁 393。

各種反應為情，而情於各種外物之喜好及憎惡等感覺，即是欲，此三者乃為一體之表現。

　　人之性惡奈何？《荀子·性惡篇》云：

　　　　人之性惡，其善者偽也。今人之性，生而有好利焉，順是，故爭奪
　　　　生而辭讓亡焉；生而有疾惡焉，順是，故殘賊生而忠信亡焉；生而
　　　　有耳目之欲，有好聲色焉，順是，故淫亂生而禮義文理亡焉。然則
　　　　從人之性，順人之情，必出於爭奪，合於犯分亂理，而歸於暴。故
　　　　必將有師法之化，禮義之道，然後出於辭讓，合於文理，而歸於治。
　　　　用此觀之，然則人之性惡明矣，其善者偽也。〔註186〕

人之性，其好利疾惡、好聲色而嗜甘味，為欲之表現，亦屬平常，然順此發展而不加節制，勢必辭讓之節亡而爭奪起，忠信之度亡而殘賊生，禮義文理亡而淫亂始。由此而言，縱人之性，順人性之常，必至爭奪起，合於犯分亂理，而歸於暴亂。由以上之證明：人之性惡明矣。為除此必然之陷溺，則必將有師法之教化，以禮義導性，然後出於辭讓之節，合於文理而歸之於安治。由此之證明：其善者偽也。以上為荀子以正面推論法證明——人之性惡。

　　荀子又以反面證明人之性惡，《荀子·性惡篇》云：

　　　　凡人之欲為善者，為性惡也。夫薄願厚，惡願美，狹願廣，貧願富，
　　　　賤願貴，苟無之中者，必求於外。故富而不願財，貴而不願埶，苟
　　　　有之中者，必不及於外。用此觀之，人之欲為善者，為性惡也。今
　　　　人之性，固無禮義，故彊學而求有之也；性不知禮義，故思慮而求
　　　　知之也。然則生而已，則人無禮義，不知禮義。人無禮義則亂，不
　　　　知禮義則悖。然則生而已，則悖亂在己。用此觀之，人之性惡明矣，
　　　　其善者偽也。〔註187〕

凡人皆欲為善，反證其性惡也。若為惡者，亦自覺其為之者善也，然在於他人觀之，則為惡矣。人所無者必求有之，無於己，必求於人。今人若有之，則必不求於外也。今人皆求為禮義，必其性之所無，故求於外者也。知禮義則安治，不知禮則悖亂，是其性為惡，而善者在外也。

　　荀子主張，性必待師法然後正，《荀子·性惡篇》云：

　　　　今人之性惡，必將待師法然後正，得禮義然後治。今人無師法，則

────────────────

〔註186〕清·王先謙：《荀子集解》，頁399～400。
〔註187〕同上，頁404。

偏險而不正；無禮義，則悖亂而不治。古者聖王以人之性惡，以爲偏險而不正，悖亂而不治，是以爲之起禮義、制法度，以矯飾人之情性而正之，以擾化人之情性而導之也。始皆出於治、合於道者也。今人之化師法、積文學、道禮義者爲君子；縱性情、安恣睢而違禮義者爲小人。用此觀之，然則人之性惡明矣，其善者僞也。〔註188〕

人之性惡，須待師法之教化然後歸於正，得禮義之規範然後安治。反之，若無師法、無禮義，則偏險不正、悖亂不治。故所有之禮義、法制之制定，皆爲聖人矯飾擾化人之情性而導正之者。觀今之君子，皆爲師法所化，積於文學，導於禮義者；今之小人，皆爲縱性情，驕矜不馴，違犯於禮義者。此現實面之考量，人之性惡明矣，其善者必起於人爲者。李滌生《荀子集釋》云：

性是稟諸自然的本質，本無所謂善惡；善惡是後天的人爲的價值判斷，不是先天的本然。先天的本然之性包括自然生命與能思之心兩部份。有此生命就必謀所以維護之（食），延續之（色），此即所謂情欲。就此而言，與一般動物同，人是自利的。有能思之心，故能辨別是非善惡，此即所謂理性。就此而言，與一般動物異，人是可以超越追求自利的境界的。故人性應是矛盾的統一體。〔註189〕

李氏此論甚確，似較近於楊雄之論者。揚雄以爲「人之性也善惡混，修其善則爲善人，修其惡則爲惡人」（《法言・修身篇》）。〔註190〕人是否爲矛盾之統一體，爲見仁見智，而荀子有意強調性惡論，實有其時代之任務也。

（二）禮義之生

人之性既爲惡，則禮義安從生？《荀子・性惡篇》云：

問者曰：「人之性惡，則禮義惡生？」應之曰：「凡禮義者，是生於聖人之僞，非故生於人之性也。故陶人埏埴而爲器，然則器生於（陶）人之僞，非故生於人之性也。故工人斲木而成器，然則器生於工人之僞，非故生於人之性也。聖人積思慮、習僞故，以生禮義而起法度，然則禮義法度者，是生於聖人之僞，非故生於人之性也。若夫目好色、耳好聲、口好味、心好利、骨體膚理好愉佚，是皆生於人之情性者也；感而自然，不待事而後生之者也。夫感而不能然，必且待事而後然者，

〔註188〕清・王先謙：《荀子集解》，頁400。
〔註189〕民國・李滌生：《荀子集釋》，頁538。
〔註190〕漢・揚雄：《法言》卷三，頁1。

謂之生於僞。是性、僞之所生，其不同之徵也。」〔註191〕

荀子強調，人之性爲自然天成，有自然之反應，而禮義非性本有，爲聖人之所創制，非生於人之性也。譬如，陶器、木器皆成於陶工、木工之所作，非生於人之本性也。《孟子・告子上》云：「告子曰：『性，猶杞柳也；義，猶桮棬也。以人性爲仁義，猶以杞柳爲桮棬。』」〔註192〕荀子之說法爲同於告子而異於孟子者。禮義之道，爲聖人積長久之思慮（此聖人非指一人，而爲歷代之聖賢）、習於作爲及事理，創禮義及法制來爲人倫之規範，其非人性之本有，明矣。若人性之本有者，爲「目好色、耳好聲、口好味、心好利、骨體膚理好愉佚」等，此皆起於人之情性者也，感而自然興起，不待從事造作而後成者也。若夫僞者，感而不能如此，必待從事造作而後產生者，方謂之生於僞。此性、僞之大分也。近人陳大齊《荀子學說》云：

> 荀子所說性與僞的分別，共有如下的五點：
>
> （一）性是抽象的心理作用，僞是具體的心理活動。
>
> （二）性是自然而然的，不出於人爲所養成，僞是有待於人爲的養成，不是自然而然的。
>
> （三）僞中有性，性中沒有僞。
>
> （四）性是未加工以前的粗料，僞是加工以後的成品。
>
> （五）性是人人所同的，僞不是人人所同的。〔註193〕

陳氏此說正可爲荀子主張「性」與「僞」兩者，作一近實之比較。

禮義爲聖人之所生，是否直證聖人之性本有禮義耶？《荀子・性惡篇》云：

> 問者曰：「禮義積僞者，是人之性，故聖人能生之也。」應之曰：「是不然。夫陶人埏埴而生瓦，然則瓦埴豈陶人之性也哉？工人斲木而生器，然則器木豈工人之性也哉？夫聖人之於禮義也，辟則陶埏而生之也，然則禮義積僞者，豈人之本性也哉？凡人之性者，堯、舜之與桀、跖，其性一也；君子之與小人，其性一也。」〔註194〕

黏土待陶人而成瓦，木材待工人而成器，其非人之本性，乃匠人積僞而成也。人之性，聖人與庶人、君子與小人一也。《荀子・性惡篇》云：

〔註191〕清・王先謙：《荀子集解》，頁 402～403。

〔註192〕宋・朱熹：《四書集注》，頁 361。

〔註193〕民國・陳大齊：《荀子學說》，頁 58。

〔註194〕同註191，頁 406。

今將以禮義積偽爲人之性邪？然則有曷貴堯、禹，曷貴君子矣哉？
凡所貴堯、禹、君子者，能化性，能起偽，偽起而生禮義。然則聖
人之於禮義積偽也，亦猶陶埏而生之也。用此觀之，然則禮義積偽
者，豈人之性也哉！所賤於桀、跖、小人者，從其性，順其情，安
恣睢，以出乎貪利爭奪。故人之性惡明矣，其善者偽也。〔註195〕

若使禮義爲人性之本有者，則人人皆爲賢聖，則曷貴於聖人。凡所貴於聖人
者，以其能化性起偽，積思慮而爲禮義者也。若性者，是聖人與盜賊一也，
是君子與小人一也，其異在於聖人積偽生禮義，而盜賊縱性而起暴亂也。《孟
子・離婁下》云：「孟子曰：『人之所以異於禽獸者幾希，庶民去之，君子存
之。舜明於庶物，察於人倫，由仁義行，非行仁義也。』」〔註196〕人之所以異
於禽獸者，以其有人倫之辨、仁義之行，此乃庶人所去之，君子所存有者。
人若不知禮義，不知求師法而化性起偽者，其所異於禽獸者，則無以見也。

　　荀子總結禮義之重要性，《荀子・性惡篇》云：

故聖人化性而起偽，偽起而生禮義，禮義生而制法度；然則禮義法
度者，是聖人之所生也。故聖人之所以同於眾，其不異於眾者，性
也；所以異而過眾者，偽也。夫好利而欲得者，此人之情性也。假
之人有弟兄資財而分者，且順情性，好利而欲得，若是，則兄弟相
拂奪矣；且化禮義之文理，若是，則讓乎國人矣。故順情性則弟兄
爭矣，化禮義則讓乎國人矣。〔註197〕

聖人之同於眾者，性也，此爲舜之居深山時；其異而過眾者，偽也，此聞一
善言，見一善行，沛然莫之能禦時。此「沛然莫之能禦」者，〔註198〕即聖人
之偽也。故若順情性，則爭奪起，化禮義則國人讓矣，此爲荀子諄諄言之者。

（三）駁性善

　　孟子主張性善，《孟子・滕文公上》云：「孟子道性善，言必稱堯舜。」
〔註199〕其實質內容，則見於與告子之辯論中，《孟子・告子上》云：

告子曰：「性，猶湍水也，決諸東方則東流，決諸西方則西流。人性

〔註195〕清・王先謙：《荀子集解》，頁 406～407。
〔註196〕宋・朱熹：《四書集注》）頁 319～320。
〔註197〕同註195，頁 403～404。
〔註198〕「舜之居深山之中，與木石居，與鹿豕游，其所以異於深山之野人者幾希。
　　　　及其聞一善言，見一善行，若決江河，沛然莫之能禦也。」同註196，頁396
〔註199〕同上，頁 268。

之無分於善不善也，猶水之無分於東西也。」孟子曰：「水信無分於東西，無分於上下乎？人性之善也，猶水之就下也。人無有不善，水無有不下。今夫水搏而躍之，可使過顙，激而行之，可使在山，是豈水之性哉？其勢則然也。人之可使爲不善，其性亦猶是也。」〔註200〕

告子以爲人性乃爲中性者，不分善與不善，此則近於荀子之論。荀子以爲性爲天生自然，若順其性則必至於惡，故必化性起僞；然孟子以爲人性之必爲善，則如水之就下；若有不善，是後天爲之。孟子之所謂善者，《孟子‧告子上》云：

乃若其情則可以爲善矣，乃所謂善也。若夫爲不善，非才之罪也。惻隱之心，人皆有之；羞惡之心，人皆有之；恭敬之心，人皆有之；是非之心，人皆有之。惻隱之心，仁也；羞惡之心，義也；恭敬之心，禮也；是非之心，智也。仁義禮智，非由外鑠我也，我固有之也，弗思耳矣。故曰：求則得之，舍則失之。或相倍蓰而無算者，不能盡其才者也。〔註201〕

孟子以爲性善者：爲人天性之本質可使其爲善；若爲不善者，不歸罪於其本有之質。若惻隱、羞惡、恭敬、是非等心，是人生而自有之，而此四心爲仁、義、禮、智等四德之發端，故此四德是人自有之，此爲性善之眞義。

孟子言性善，以仁、義、禮、智爲我自有之，是與荀子相異者，《荀子‧性惡篇》云：

孟子曰：「人之性善。」曰：「是不然。凡古今天下之所謂善者，正理平治也；所謂惡者，偏險悖亂也：是善惡之分也矣。今誠以人之性固正理平治邪？則有惡用聖王、惡用禮義哉！雖有聖王禮義，將曷加於正理平治也哉！今不然，人之性惡。故古者聖人以人之性惡，以爲偏險而不正，悖亂而不治，故爲之立君上之勢以臨之，明禮義以化之，起法正以治之，重刑罰以禁之，使天下皆出於治、合於善也。是聖王之治而禮義之化也。今當試去君上之勢，無禮義之化，去法正之治，無刑罰之禁，倚而觀天下民人之相與也。若是，則夫彊者害弱而奪之，眾者暴寡而譁之，天下之悖亂而相亡，不待頃矣。用此觀之，然則人之性惡明矣，其善者僞也。」〔註202〕

〔註200〕宋‧朱熹：《四書集注》，頁361～362。
〔註201〕同上，頁365～366。
〔註202〕清‧王先謙：《荀子集解》，頁404～405。

善惡之分：正理平治是爲「善」；偏險悖亂是爲「惡」。若以爲人之性善，即謂人之性固爲正理平治，此論若確，則聖王之制、禮義之度安所用之？因人之性善，仁義禮智皆由心出，則國之禮法皆可廢置不用，人人皆爲堯舜矣。此其勢有不然，聖人立君上以臨民，明禮義以化之，起法制以治之，重刑罰以禁民非，使天下之民合於安治，歸於善者，皆起於人之性惡也。荀子更進而論之云：今試去君上之勢，無禮義之教化，去法制之治，無刑罰之禁，倚而觀天下之民相對待若何？其必於頃刻之間，強害弱、眾暴寡，天下悖亂不止而相亡也。實證論之，其歸結曰：「人之性惡明矣，其善者僞也。」其中所當注意者：君勢之強調、參驗之論證、法治之要求，皆爲韓非所承襲者；用術以代禮義，此爲韓非所發展者。

關於另一命題，《荀子・性惡篇》云：

> 孟子曰：「人之學者，其性善。」曰：「是不然！是不及知人之性，
> 而不察乎人之性僞之分者也。凡性者，天之就也，不可學，不可事。
> 禮義者，聖人之所生也，人之所學而能，所事而成者也。不可學、
> 不可事而在人者，謂之性；可學而能、可事而成之在人者，謂之僞，
> 是性、僞之分也。今人之性，目可以見，耳可以聽。夫可以見之明
> 不離目，可以聽之聰不離耳；目明而耳聰，不可學明矣。」〔註203〕

孟子以爲：人之所以爲學，乃爲成就其性善故也。〔註204〕荀子駁之云：凡性者，皆爲自然之生成，不待學而能，不待事而成者。禮義之道，可學而能，可行而成者，此謂之「僞」，是性與僞之分也。近人陳大齊《荀子學說》云：

> 性是心理作用的一個成分。成分不能單獨活動，必與其他成分合起
> 來，而後始能作實際的活動，故性是抽象的。僞是性與知能所合成
> 的，具備著心理作用的一切成分，是實際的心理活動。故僞是具體
> 的。性是生來所固具，是自然而然的。僞是人爲所養成，不是自然
> 而然的。荀子特別重視此一差異，時常提出來，以爲性與僞的對照。
> 〔註205〕

此說正爲「性」與「僞」之另一精闢分別。故孟子以爲爲學者，正所以成其

〔註203〕清・王先謙：《荀子集解》，頁400～401。

〔註204〕《孟子・告子上》云：「孟子曰：『仁，人心也；義，人路也。舍其路而弗由，放其心而不知求，哀哉！人有雞犬放，則知求之；有放心，而不知求。學問之道無他，求其放心而已矣。』」（宋・朱熹：《四書集注》）頁372～373

〔註205〕民國・陳大齊：《荀子學說》，頁57。

性善，然善爲天性，實爲不可學者。

孟子與告子言性，〔註206〕荀子論之云：

> 孟子曰：「今人之性善，將皆失喪其性故也。」曰：「若是則過矣。
> 今人之性，生而離其朴、離其資，必失而喪之。用此觀之，然則人
> 之性惡明矣。所謂性善者，不離其朴而美之，不離其資而利之也。
> 使夫資朴之於美，心意之於善，若夫可以見之明不離目，可以聽之
> 聰不離耳，故曰：目明而耳聰也。今人之性，飢而欲飽，寒而欲煖，
> 勞而欲休，此人之情性也。今人飢，見長而不敢先食者，將有所讓
> 也；勞而不敢求息者，將有所代也。夫子之讓乎父、弟之讓乎兄，
> 子之代乎父、弟之代乎兄，此二行者皆反於性而悖於情也。然而孝
> 子之道，禮義之文理也。故順情性則不辭讓矣，辭讓則悖於情性矣。
> 用此觀之，然則人之性惡明矣，其善者僞也。」（《荀子・性惡篇》）

〔註207〕

楊注於「今人之性善，將皆失喪其性故也」句下云：「孟子言失喪本性，故惡也。」
〔註208〕則知「故」下脫「惡」字。孟子以爲人之性善，因喪其本性故，人性遂
惡也。荀子以爲不然：孟子所謂性惡者，爲喪其性故。然人之性，目不離視，
耳不離聰，飢而欲飽，寒而欲暖，勞而欲休，此皆人之情性也。「目生而能見，
耳生而能聽，故曰目明耳聰。假若人人生而喪其明與聰，則目明耳聰之說，自
不能成立。人性亦然。如孟子所說，人性本善，而生來離其質朴之美，資材之
利，必皆失喪其善，則只可稱之爲惡，不得稱之爲善。」〔註209〕今夫人有孝順
辭讓之道，皆反於性而悖於情也，而此皆爲善者，故離本性者爲善，反之，人
之性本惡明矣。

荀子以其一貫參驗之法論之：

> 故善言古者，必有節於今；善言天者，必有徵於人。凡論者貴其有
> 辨合，有符驗。故坐而言之，起而可設，張而可施行。今孟子曰：「人

〔註206〕《孟子・告子上》云：「雖存乎人者，豈無仁義之心哉？其所以放其良心者，
　　　　亦猶斧斤之於木也，旦旦而伐之，可以爲美乎？其日夜之所息，平旦之氣，
　　　　其好惡與人相近也者幾希，則其旦晝之所爲，有梏亡之矣。梏之反覆，則其
　　　　夜氣不足以存；夜氣不足以存，則其違禽獸不遠矣。人見其禽獸也，而以爲
　　　　未嘗有才焉者，是豈人之情也哉？」（宋・朱熹：《四書集注》）頁 368～369
〔註207〕清・王先謙：《荀子集解》，頁 401～402。
〔註208〕同上，頁 401。
〔註209〕民國・李滌生：《荀子集釋》，頁 543。

之性善。」無辨合符驗，坐而言之，起而不可設，張而不可施行，
豈不過甚矣哉！故性善則去聖王、息禮義矣；性惡則與聖王、貴禮
義矣。故檃桰之生，爲枸木也；繩墨之起，爲不直也；立君上、明
禮義，爲性惡也。用此觀之，然則人之性惡明矣，其善者僞也。(《荀
子・性惡篇》)〔註210〕

荀子就實用之層面論之：言古者，必有徵驗於今之世；善於語天者，必有徵
驗於人事，所言必與其對象相符合。今孟子坐而言，起而不能張設施行，是
無辨合符驗者。

孟、荀二者人性論之比較，李滌生《荀子集釋》云：

> 孟子就四端之心以言性，心性一體，而生理欲望（口之於味，目之
> 於色）不謂之性，蓋純就理性一面而言性也。循理性發展，精純無
> 瑕，故謂之曰善。荀子就自然生命（食色）以言性，而能思之心不
> 歸於性，蓋純就情欲一面而言性也。循情欲發展，不加檢束，則合
> 於犯分亂理，故謂之曰惡。故孟荀之性，爲名則一，而所指不同，
> 所以處之之道亦因之而異。按說荀子之性也是中性的，而必謂其惡
> 者，殆欲人提高其警覺而勉於爲善耳。〔註211〕

此論甚爲中肯；然進一步而言，荀子蓋針對當時禮法全失之大環境，故而作
「性惡論」。關於此點，近人龍宇純〈荀子思想研究〉一文指出：

> 我想荀子性惡之說，顯然不是因爲他所見人性與孟子全不相同，於是
> 據理力爭：只是有鑒於聖王禮義與性善說不能相容，乃不得不斟酌取
> 舍，避開了連自己亦不能否認，在孟子看來便是仁與智的人性的成
> 分，僅憑欲望可致爭亂的觀點，而改言性惡。換言之，性惡說乃是有
> 所爲而發，故表面上雖取與性善說相對，出發點則不在性本身，而是
> 在聖王禮義；不在性之果爲惡，而在聖王禮義之不可無。〔註212〕

荀子以爲若作性善論者，則惻隱、羞惡、辭讓、是非等皆出於己心，諸子百
家必借爲口實，諸侯亦以爲之資，而自我妄爲，謂之其所爲者皆爲善行善業，
攻城略地，而謂爲百姓解救於到懸，遂一往而不返者。故倡以師法禮義爲準
者，以規範爲政者，使其知止於所當止──先王禮義之道。

〔註210〕清・王先謙：《荀子集解》，頁 405～406。
〔註211〕民國・李滌生：《荀子集釋》，頁 538。
〔註212〕民國・龍宇純：《荀子論集》，頁 74。

　　龍氏此說爲有其見的，然究其實者，乃孟、荀二人於性之認知不同：孟子言心性，然未明言心與性之關係。《孟子・盡心下》云：「口之於味也，目之於色也，耳之於聲也，鼻之於臭也，四肢之於安佚也；性也，有命焉，君子不謂性也。仁之於父子也，義之於君臣也，禮之於賓主也，知之於賢者也，聖人之於天道也；命也，有性焉，君子不謂命也。」〔註213〕口目耳鼻之本有功能，是天生所有，此天生之性蓋與荀子之謂「性」無異，然君子以爲命之於天者，是君子方能以性爲命；而君臣父子等禮義之道，是命之於天，非人性之所有，此又與荀子同，而君子必以爲性也，是君子之所認可之心，與常人異也。再者，孟子以爲「性善」，仁義禮智皆從性出，如《孟子・盡心上》云：「舜之居深山之中，與木石居，與鹿豕遊，其所以異於深山之野人者，幾希。及其聞一善言，見一善行，若決江河，沛然莫之能禦也。」〔註214〕其「沛然莫之能禦」，是禮義之道根於心者，朱註云：「蓋聖人之心至虛至明，渾然之中萬理畢具。一有感觸，則其應甚速而無所不通。」〔註215〕嘗試論之：朱說以爲聖人之心至虛至明，方能「渾然之中萬理畢具」，是荀子亦言心必「大清明」方爲知道；而此萬理畢具者是心是性，孟子未曾言明，故其心與性二者，有待釐清。請再論之：若舜不聞一善言，見一善行時，其是否終與野人無異？若是，則野人亦有禮義之道根與心否？若有，則任誰皆可沛然莫之能禦；若無，則惟聖人有禮義之道根於心。是聖人之心與野人之心同然否？若說聖人先得我心之同然而異於野人者，則此善言善行自何而來？野人聞之，可以沛然莫之能禦，亦未可知。就此點而言，孟子之說有其缺口，故荀子得就而非之，因荀子以爲禮義之道必待外學，不爲自有。

　　而荀子言心與性，則截然有別。荀子雖說「性惡」，此性實爲「生之自然」，其近於告子之「生之謂性」。〔註216〕如《荀子・正名篇》云：「生之所以然者謂之性；性之和所生，精合感應，不事而自然謂之性。性之好惡喜怒哀樂謂之情。情然而心爲之擇謂之慮，心慮而能爲之動謂之僞。慮積焉，能習焉，而後成謂之僞。」〔註217〕生之自然之質，如飢之欲飽、寒之欲煖，是自然而然者，不待學而後能者，此之謂生理之性；而好惡喜怒哀樂者，是心理之性，

〔註213〕宋・朱熹：《四書集注》，頁414。
〔註214〕同上，頁396。
〔註215〕同上。
〔註216〕同上，頁362。
〔註217〕清・王先謙：《荀子集解》，頁379～380。

謂之爲「情」。此性若順其勢而爲，必至相互妨礙而致亂，此爲「性惡」之本意。此「性」必待心慮而能爲之動，謂之「僞」，化此性而致禮義，是爲「化性起僞」，而此化性之原動力是爲心之所擇合於道（禮義），故荀子實爲「以心化性」論者，「化性」及「起僞」之主體皆爲心。

簡而言之：孟子爲「順其性（善）而起禮義」者；而荀子則爲「化其性（惡）而起禮義」者，此乃二人於「性」之根本分異處。

（四）化性起僞之要

化性起僞之要首在重「師法」。然重「師法」者奈何？因性待僞而後美，《荀子‧禮論篇》云：

> 性者，本始材朴也；僞者，文理隆盛也。無性則僞之無所加，無僞則性不能自美。性僞合，然後聖人之名，一天下之功於是就也。故曰：天地合而萬物生，陰陽接而變化起，性僞合而天下治。天能生物，不能辨物也，地能載人，不能治人也；宇中萬物生人之屬，待聖人然後分也。〔註218〕

性爲自然之材質，僞乃禮法條理之隆盛，二者相待相須。無性之材質，僞無所加飾；無僞則性不能自然成美；性與僞相爲一體，然後成聖人之名聲，天下齊一之功，方能成就。天地生成萬物，然不能治理人羣，治理人羣者，聖人方能爲之。

夫人雖有美材，必有待師法修飾之，《荀子‧性惡篇》云：

> 夫人雖有性質美而心辯知，必將求賢師而事之，擇良友而友之。得賢師而事之，則所聞者堯舜禹湯之道也；得良友而友之，則所見者忠信敬讓之行也。身日進於仁義而不自知也者，靡使然也。今與不善人處，則所聞者欺誣詐僞也，所見者汙漫淫邪貪利之行也，身且加於刑戮而不自知者，靡使然也。傳曰：「不知其子視其友，不知其君視其左右。」靡而已矣！靡而已矣！〔註219〕

人雖性質美而心辯知，若有賢師良友以切磋琢磨之，則將日進於仁義而不自知；若與不善人處，則將刑戮加身而不自覺。故學習環境影響人之深，不可不愼。

故化性必有待師法爲導，《荀子‧儒效篇》云：

〔註218〕清‧王先謙：《荀子集解》，頁338。
〔註219〕同上，頁413～414。

故有師法者，人之大寶也；無師法者，人之大殃也。人無師法，則
隆性矣；有師法，則隆積矣。而師法者，所得乎積（據楊注改），非
所受乎性，性（據王念孫說增）不足以獨立而治。性也者，吾所不
能爲也，然而可化也。積（說同前）也者，非吾所有也，然而可爲
也。注錯習俗，所以化性也；并一而不二，所以成積也。習俗移志，
安久移質。並一而不二，則通於神明，參於天地矣。〔註220〕

人無師法必爲邪僻之行；人有師法，能力盡出，一歸於正。人若無師法，必
縱其本性欲能；有師法，必擴其積習之學，師法爲得之於積習，非受之於本
然之性也，性故不可獨立而治。《論語・衛靈公篇》云：「子曰：『工欲善其事，
必先利其器。居是邦也，事其大夫之賢者，友其士之仁者。』」〔註221〕性爲自
然而然者，爲吾人所不能爲者，然而可以法師而敎化之；積習者，爲從外來，
非我本有，然而可以師法造成。措置習俗，是所以變化本性者；專一不二，
是所以成就良善積習者。習俗可移易人之心志，久之可移易人之氣質。專一
不二，可通於神明，參於天地，入於聖域者也。近人陳大齊《荀子學說》云：

聖人化性而起僞，僞又爲善之所由生，然則人之所藉以起僞，並藉
以進於善者，究爲何種力量？依荀子所說，計有内外兩種因素，知
慮是内在的因素，環境是外在的因素。……知慮的結果，分清了善
惡，知道了善的所在，乃「生禮義而起法度」，「以擾化人之情性」，
於是人的行爲方出於善。知慮居於心内，故可稱之爲起僞進善的内
在因素。……環境居於心外，而積靡以後，亦能化性而起僞，以進
於善。所以環境亦是一種因素，且是外在的因素。〔註222〕

此内在、外在二種因素之說，正足以說明荀子化性起僞說之核心思想。而此
内、外二因素說，正如前文所言，皆爲心之作用。是荀子之化性起僞者，實
心之所擇合於道也。

　重師法以化性之後，進而「積僞成聖」。人之智依積習而有層級之分，《荀
子・性惡篇》云：

有聖人之知者，有士君子之知者，有小人之知者，有役夫之知者。
多言則文而類，終日議其所以，言之千舉萬變，其統類一也：是聖

〔註220〕清・王先謙：《荀子集解》，頁124。
〔註221〕宋・朱熹：《四書集注》，頁167。
〔註222〕民國・陳大齊：《荀子學說》，頁62～63。

人之知也。少言則徑而省，論而法，若秩（從俞樾說改）之以繩：
是士君子之知也。其言也謟，其行也悖，其舉事多悔：是小人之知
也。齊給便敏而無類，雜能旁魄而無用，析速粹孰而不急，不恤是
非，不論曲直，以期勝人爲意：是役夫之知也。〔註223〕

多言有文理而條貫通達，終日議之，千舉萬變，始終條貫如一，此爲「聖人
之智」；少言直捷而簡明，有條理合乎法則，如程之以繩墨而不逾矩，是「士
君子之智」；其言荒誕，行爲悖亂，所爲者多咎，是「小人之智」；言辭反應
急速而無統類，能力雜多而無用，析辭快速精孰而不中於用，不謂是非曲直，
以勝人爲務者，是「役夫之智」。由此中之分類可見出，層級逾下者，直以言
辭爭勝爲能事，而不切於世用，今之學者多類於此，故須以聖人爲師，多言
而類，千舉萬變而切中於事。

塗之人，其智雖遠遜於聖人，爲之，聖人在望，《荀子・儒效篇》云：「涂
之人百姓，積善而全盡，謂之聖人。彼求之而後得，爲之而後成，積之而後
高，盡之而後聖，故聖人也者，人之所積也。」〔註224〕聖人也者，人之所積
習而成者，或爲塗之人，或爲聖人，端在求之與否，不在先天之性有所差異。
聖人爲比於天之高、地之大者，乃塗之人積善而純全盡美者也。故求之、爲
之、積之、盡之而後成聖也。積僞成聖者，重在謹措置，愼習俗，大爲積習
化順，則入於聖塗也。《荀子・勸學篇》云：「積善成德，而神明自得，聖心
備焉。」〔註225〕此即爲積之效也。

荀子以爲聖人非天生者，乃注錯積習所致者，故塗之人可以爲聖人，《荀子・
性惡篇》云：「『塗之人可以爲禹。』曷謂也？曰：『凡禹之所以爲禹者，以其爲
仁義法正也。然則仁義法正有可知可能之理。然而塗之人也，皆有可以知仁義
法正之質，皆有可以能仁義法正之具，然則其可以爲禹明矣。』」〔註226〕凡禹
之所以爲聖人者，其故在於仁義法制在身也。而仁義法制爲人人可知可能之理，
非不可觸及也，而塗之人皆具可以知仁義法制之本質，皆有可以行仁義法正之
才具，此則與禹同也，故塗之人可以爲禹者，明矣。「今以仁義法正爲固無可知
可能之理邪？然則唯禹不知仁義法正，不能仁義法正也。將使塗之人固無可以

〔註223〕清・王先謙：《荀子集解》，頁410～411。
〔註224〕同上，頁124～125。
〔註225〕同上，頁6。
〔註226〕同上，頁408。

知仁義法正之質，而固無可以能仁義法正之具邪？然則塗之人也，且內不可以知父子之義，外不可以知君臣之正」（《荀子·性惡篇》）。〔註227〕反論之，若使仁義法制本無可知之理，如此即禹亦不能知仁義法制，不能行仁義法制也。又若使塗之人本無可以知仁義法制之本質，無可以知仁義法制之才具，如此，則在家不知父子之義，在邦不知君臣之正。《荀子·性惡篇》云：

> 今不然（從俞樾校改），塗之人者，皆內可以知父子之義，外可以知君臣之正，然則其可以知之質、可以能之具，其在塗之人明矣。今使塗之人者，以其可以知之質、可以能之具，本夫仁義之可知之理、可能之理，然則其可以為禹明矣。今使塗之人伏術為學，專心一志，思索孰察，加日縣久，積善而不息，則通於神明，參於天地矣。故聖人者，人之所積而致矣。〔註228〕

然就現實面證驗之，今人人在家皆知父子之義，在國而知君臣之正，如此，正可推證人人皆具有能知、能行仁義法制之本質才具，為無庸置疑者。荀子所強調者：今若使塗之人致力於求道，專心一志，體察精熟，慎思明辨，「真積力久則入」（《荀子·勸學篇》），〔註229〕積善而不息，「博學之，審問之，慎思之，明辨之，篤行之」（《中庸》）。〔註230〕則可通於神明，參於天地矣。

塗人可積而致聖，然塗之人隨時有之，聖人百世難得，其故安在哉？《荀子·性惡篇》云：

> 曰：「聖可積而致，然而皆不可積，何也？」曰：「可以而不可使也。故小人可以為君子，而不肯為君子；君子可以為小人，而不肯為小人。小人、君子者，未嘗不可以相為也，然而不相為者，可以而不可使也。故塗之人可以為禹，則然；塗之人能為禹，未必然也。雖不能為禹，無害可以為禹。足可以遍行天下，然而未嘗有能遍行天下者也。夫工匠農賈，未嘗不可以相為事也，然而未嘗能相為事也。用此觀之，然則可以為，未必能也；雖不能，無害可以為。然則能不能之與可不可，其不同遠矣，其不可以相為明矣。」〔註231〕

荀子強調事在人為，可以為聖人為可然之事，然非為必然之事。塗之人雖非

〔註227〕清·王先謙：《荀子集解》。
〔註228〕同上，頁408～409。
〔註229〕同上，頁9。
〔註230〕宋·朱熹：《四書集注》，頁43。
〔註231〕同註227，頁409。

必爲聖人，然無妨可以爲聖人之可能性。

（五）法後王

君子之所能，有所止矣，《荀子·儒效篇》云：

> 君子之所謂賢者，非能遍能人之所能之謂也；君子之所謂知者，非能
> 遍知人之所知之謂也；君子之所謂辯者，非能遍辯人之所辯之謂也；
> 君子之所謂察者，非能遍察人之所察之謂也；有所止（據楊注改）矣。
> 相高下，視墝肥，序五種，君子不如農人；通貨財，相美惡，辯貴賤，
> 君子不如賈人；設規矩，陳繩墨，便備用，君子不如工人；不卹是非
> 然不然之情，以相薦樽，以相恥怍，君子不若惠施、鄧析。若夫謫（據
> 楊注改）德而定次，量能而授官，使賢不肖皆得其位，能不能皆得其
> 官，萬物得其宜，事變得其應，慎、墨不得進其談，惠施、鄧析不敢
> 竄其察，言必當理，事必當務，是然後君子之所長也。〔註232〕

君子非遍能，非遍知，非遍辯，非遍察，蓋有所止矣。種不如農，藝不如圃，
〔註233〕貨不如賈，器不如匠，狡辭不如惠施、鄧析。君子所能者，量能以授
官，使賢不肖皆得其所，能不能皆得其職，萬物皆得其宜，事變皆得其應，
慎到、墨翟不能逞其言，惠施、鄧析不敢騁其察。言必當於事理，事必當於
所務，是君子之所長者也。

君子言行舉止有所標準，《荀子·儒效篇》云：

> 君子言有壇宇，行有防表，道有一隆。言政治（據楊注改）之求，
> 不下於安存；言志意之求，不下於士；言道德之求，不二後王。道
> 過三代謂之蕩，法二後王謂之不雅。高之，下之，小之，巨（據楊
> 注改）之，不外是矣。是君子之所以騁志意於壇宇、宮庭也。故諸
> 侯問政，不及安存，則不告也；匹夫問學，不及爲士，則不教也；
> 百家之說，不及後王，則不聽也。夫是之謂君子言有壇宇，行有防
> 表也。〔註234〕

君子之言行，一以後王之道爲準則，因道過三代，則浩蕩難信，法制外於後

〔註232〕清·王先謙：《荀子集解》，頁106～107。
〔註233〕《論語·子路篇》云：「樊遲請學稼，子曰：『吾不如老農。』請學爲圃。曰：
『吾不如老圃。』樊遲出。子曰：『小人哉，樊須也！上好禮，則民莫敢不
敬；上好義，則民莫敢不服；上好信，則民莫敢不用情。夫如是，則四方之
民襁負其子而至矣，焉用稼？』」（宋·朱熹：《四書集注》）頁147～148
〔註234〕同註232，頁126～127。

王，謂之不正。《中庸》云：「子曰：『愚而好自用，賤而好自專。生乎今之世，反古之道。如此者，災及其身者也。』」〔註235〕今百家之說，高言先王，渺遠難知，往而不返，不及後王，則不為聽也。《荀子‧非相篇》云：

> 五帝之外無傳人，非無賢人也，久故也；五帝之中無傳政，非無善政也，久故也；禹、湯有傳政而不若周之察也，非無善政也，久故也。傳者久則論略，近則論詳。略則舉大，詳則舉小。愚者聞其略而不知其詳，聞其小（據王念孫說改）而不知其大也。是以文久而滅，節族久而絕。〔註236〕

五帝之前無傳人，五帝治世無傳政者，非無賢人、無善政也，日久湮滅之故也。若論中古，夏、商有傳政，然不若周之明察者，非前二代無善政，日久之故也。是乃傳政久則論略，論略則舉其大端；近者論之詳盡，詳盡則舉其細節。愚者聞其簡略而不能推知其詳者，聞其細節而不能推知大端，故禮義制度經久則滅，節奏法度經久則絕。

後王之道，即是先王之道，《荀子‧榮辱篇》云：

> 夫天生蒸民，有所以取之：志意致修，德行致厚，智慮致明，是天子之所以取天下也。政令法，舉措時，聽斷公，上則能順天子之命，下則能保百姓，是諸侯之所以取國家也。志行修，臨官治，上則能順上，下則能保其職，是士大夫之所以取田邑也。循法則、度量、刑辟、圖籍、不知其義，謹守其數，慎不敢損益也；父子相傳，以持王公，是故三代雖亡，治法猶存，是官人百吏之所以取祿職也。〔註237〕

此天子、諸侯、士大夫、官人百吏各取其所位者，皆是百王所遺之法，「三代雖亡，治法猶存」。是以今之治法，即三代之治法；後王之道，即先王之道。君子所操持之術，即先王之道，《荀子‧不苟篇》云：

> 君子位尊而志恭，心小而道大，所聽視者近，而所聞見者遠。是何邪？則操術然也。故千人萬人之情，一人之情是也；天地始者，今日是也；百王之道，後王是也。君子審後王之道，而論於百王之前，若端拜而議。推禮義之統，分是非之分，總天下之要，治海內之眾，若使一人，故操彌約而事彌大。五寸之矩，盡天下之方也。故君子

〔註235〕宋‧朱熹：《四書集注》，頁49。
〔註236〕清‧王先謙：《荀子集解》，頁72。
〔註237〕同上，頁50～51。

不下室堂，而海內之情舉積此者，則操術然也。〔註238〕

百王（先王）之道，後王是也，《論語·為政篇》云：「子曰：『殷因於夏禮，所損益，可知也；周因於殷禮，所損益，可知也；其或繼周者，雖百世可知也。』」〔註239〕殷代之制因循改革於夏禮，周代之制因循改革於殷禮，其中所損所益者，皆有跡可循，故欲觀先王之道，後王即是，若直言先王之世，則渺遠不可實知。於是百家僻說，據此為高，直以求祿厚高名，以擾亂天下為職志。天下不亂，不能逞其志，其說不馳，則其名不顯。故荀子特為法後王之說，欲言先王之道，以後王為準，百王之道，今在後王。君子審於後王之道，若可論於百先王之前，如端拱而議，滔滔不絕，從容不迫。故所操彌約，所為彌廣，故荀子倡言法後王，非以先王之道為非，實因世事而有所指矣。

四、制天用天

春秋時期，陰陽災異之說大興，多為各國君主援為治國之用，如周伯陽父論地震；〔註240〕甚者，有以陰陽論兵，如越國范蠡對句踐論兵云：「古之善用兵者，因天地之常，與之俱行。後則用陰，先則用陽；近則用柔，遠則用剛。後無陰蔽，先無陽察」（《國語·越語下》）。〔註241〕以為善用兵者必握天地變化之象，後行動者必依陰象而行；先行動者必依陽象而行，依陰陽之象而行兵事，而能不遷制於陰陽，乃為用兵之要。

下至戰國時期，陰陽災異學說，更成為顯學，《史記·孟子荀卿列傳》云：

騶衍睹有國者益淫侈，不能尚德，若大雅整之於身，施及黎庶矣。乃深觀陰陽消息而作怪迂之變，終始、大聖之篇十餘萬言。其語閎大不經，必先驗小物，推而大之，至於無垠。先序今以上至黃帝，

〔註238〕清·王先謙：《荀子集解》，頁41。
〔註239〕宋·朱熹：《四書集注》，頁72。
〔註240〕《國語·周語上》云：「幽王二年，西周三川皆震。伯陽父曰：『周將亡矣！夫天地之氣，不失其序；若過其序，民亂之也。陽伏而不能出，陰迫而不能烝，於是有地震。今三川實震，是陽失其所而鎮陰也。陽失而在陰，川源必塞；源塞，國必亡。夫水土演而民用也。水土無所演，民乏財用，不亡何待？昔伊、洛竭而夏亡，河竭而商亡。今周德若二代之季矣，其川源又塞，塞必竭。夫國必依山川，山崩川竭，亡之徵也。川竭，山必崩。若國亡不過十年，數之紀也。夫天之所棄，不過其紀。』是歲也，三川竭，岐山崩。十一年，幽王乃滅，周乃東遷。」（《國語》）頁26～27。
〔註241〕同上，頁653。

學者所共術，大並世盛衰，因載其禨祥度制，推而遠之，至天地未
生，窈冥不可考而原也。先列中國名山大川，通谷禽獸，水土所殖，
物類所珍，因而推之，及海外人之所不能睹。稱引天地剖判以來，
五德轉移，治各有宜，而符應若茲。……王公大人初見其術，懼然
顧化，其後不能行之。是以騶子重於齊。適梁，惠王郊迎，執賓主
之禮。適趙，平原君側行撇席。如燕，昭王擁彗先驅，請列弟子之
座而受業，築碣石宮，身親往師之。〔註242〕

至此時，有國者競爲此說，造成思想界之紛亂，朝綱之不振，人心之浮動，
荀子深爲此憂，故作〈天論〉，以期有振聾起瞶之作用。

（一）天人之分

首先，荀子言天之自然性質，《荀子・天論篇》：

天行有常，不爲堯存，不爲桀亡。應之以治則吉，應之以亂則凶。
彊本而節用，則天不能貧；養備而動時，則天不能病；脩道而不貳，
則天不能禍。故水旱不能使之飢，寒暑不能使之疾，祅怪不能使之
凶。本荒而用侈，則天不能使之富；養略而動罕，則天不能使之全；
倍道而妄行，則天不能使之吉。故水旱未至而飢，寒暑未薄而疾，
祅怪未至而凶，受時與治世同，而殃禍與治世異，不可以怨天，其
道然也。故明於天人之分，則可謂至人矣。〔註243〕

荀子以爲，天之運行有其常規，不因人事而有所變化；至於人事部份，荀子
提出，人事必相應以平治則吉祥，若相應於紛亂則凶。加強農業耕作而節省
用度，則天不能使之窮；養生之道周備，行動合於時宜，則天不能使之疾病。
此爲人事強則天不能禍之論；反之，若荒廢農耕而用度奢侈，養生之道簡略
而行動少，則天不能使之富，亦不能使之全。故人事之治亂貧富，全在人爲。
唯明於天人之分之至人，能操之在己，不爲水旱、寒暑、祅怪所侵害。

人世之平治與紛亂，與自然界之關係何如？《荀子・天論篇》：「治亂，
天邪？曰：日月星辰瑞厤，是禹桀之所同也，禹以治，桀以亂；治亂非天也。
時邪？曰：繁啓蕃長於春夏，畜積收臧於秋冬，是禹桀之所同也，禹以治，
桀以亂；治亂非時也。地邪？曰：得地則生，失地則死，是又禹桀之所同也，

〔註242〕日・瀧川資言：《史記會注考證》，頁 3995～3998。
〔註243〕清・王先謙：《荀子集解》，頁 284～285。

禹以治，桀以亂；治亂非地也。」〔註244〕荀子以天地時三者來分析：治亂若於天有關，則日月星辰曆象之運行，是治世與亂世皆同者；若與時有關，則春耕夏耘、秋穫冬藏之功，是治世與亂世皆同也；若與地有關，得地之利則生存，失地之利則滅亡，是治世與亂也皆同也。故世之治與亂，在於人事，非在於天地時三者也。

（二）知　天

　　天與人有所分際，故至人不與天爭職，《荀子・天論篇》：「不為而成，不求而得，夫是之謂天職。如是者，雖深，其人不加慮焉；雖大，不加能焉；雖精，不加察焉，夫是之謂不與天爭職。天有其時，地有其財，人有其治，夫是之謂能參。舍其所以參，而願其所參，則惑矣。」〔註245〕有所謂天職：狀似無為而有其成就萬物之功，不待人之求之者。至人知此，於天道之深遠、之廣大、之精微，不深加思慮、著意、明察之，此之謂「不與天爭職」。《荀子・王制篇》云：「上察於天，下錯於地，塞滿（據王引之說改）天地之間，加施萬物之上，微而明，短而長，狹而廣，神明博大以至約。故曰：一與一是為人者，謂之聖人。」〔註246〕聖人上明察於天道之運行，下措置於地之宜，其功用使天地萬物皆得其所。故聖人明於天道之由，參於其中，而不另加思慮，此唯聖人所獨能者。天地人各有其職，若捨棄人之所以參之能，而一心欲與天地爭職，則惑矣。

　　然則知天奈何？《荀子・天論篇》云：「列星隨旋，日月遞炤，四時代御，陰陽大化，風雨博施，萬物各得其和以生，各得其養以成，不見其事，而見其功，夫是之謂神。皆知其所以成，莫知其無形，夫是之謂天功。唯聖人為不求知天。」〔註247〕日月、星辰、四時、陰陽、風雨之運作，萬物得其和而生，得其滋養而成，不見其作用而見其功效，此謂之「神」。〔註248〕皆知其所以成事之功，而不知其無形運作之能，此謂之「天功」。《荀子・天論篇》云：

　　　　天職既立，天功既成，形具而神生，好惡喜怒哀樂臧焉，夫是之謂

　　　　天情。耳目鼻口形能各有接而不相能也，夫是之謂天官。心居中虛，

〔註244〕清・王先謙：《荀子集解》，頁288。

〔註245〕同上，頁285。

〔註246〕同上，頁145。

〔註247〕同上，頁285～286。

〔註248〕《易・繫辭上》云：「通變之謂事，陰陽不測之謂神。」（清・李道平：《周易集解纂疏》）頁730。

　　　以治五官，夫是之謂天君。財非其類以養其類，夫是之謂天養。順
　　　其類者謂之福，逆其類者謂之禍，夫是之謂天政。暗其天君，亂其
　　　天官，棄其天養，逆其天政，背其天情，以喪天功，夫是之謂大凶。
　　　聖人清其天君，正其天官，備其天養，順其天政，養其天情，以全
　　　其天功。如是，則知其所為，知其所不為矣；則天地官而萬物役矣。
　　　其行曲治，其養曲適，其生不傷，夫是之謂知天。〔註249〕

好惡、喜怒、哀樂具於身者，謂之「天情」；耳、目、鼻、口、形各有接物
之能力，而不相替代，謂之「天官」；〔註250〕五官為心之所治，謂之「天君」；
取異類長養人類，謂之「天養」；能裁異類以養人者，謂之「福」；不能裁異
類以生養人者，謂之「禍」，此禍福之道如政令般，故謂之「天政」。聖人知
其所不為者，如「暗其天君，亂其天官，棄其天養，逆其天政，背其天情，
以喪大功，夫是之謂大凶」等，知所為者，如「清其天君，正其天官，備其
天養，順其天政，養其天情，以全其大功」等，則盡知天地之變通，而主宰
萬物矣。其所養人之術，無不周徧適當，其生不損傷，是謂之「知天」。此
中所可注意者，為對應「不求知天」之言，聖人參於天地之道，知所常為，
所不當為，裁養萬物各得其宜，故不求「知天」，因其已「知天」矣。

　　春秋時代，常有星隕祆變之記載：物妖者，如《國語・魯語下》云：「季
桓子穿井，獲如土缶，其中有羊焉。使問之仲尼曰：『吾穿井而獲狗，何也？』
對曰：『以丘之所聞，羊也。丘聞之：木石之怪曰夔、罔蜽，水之怪曰龍、罔
象，土之怪曰羵羊。』」〔註251〕又《左傳》莊公十四年云：「初，內蛇與外蛇
鬥於鄭南門中，內蛇死。六年而厲公入，公聞之，問於申繻曰：『猶有妖乎？』
對曰：『人之所忌，其氣燄以取之，妖由人興也，人無釁焉，妖不自作，人棄
常，則妖興，故有妖。』」〔註252〕星隕者，如《左傳》莊公七年云：「夏，四
月，辛卯，夜，恆星不見，夜中，星隕如雨。」〔註253〕等等現象，皆使為政
者及國人所恐，於此，荀子深以為憂，故加以辯說。《荀子・天論篇》：

　　　星隊木鳴，國人皆恐。曰：是何也？曰：無何也！是天地之變，陰

〔註249〕清・王先謙：《荀子集解》，頁286～287。
〔註250〕《莊子・天下篇》云：「譬如耳目口鼻，皆有所明，不能相通。」（清・郭慶
　　　　藩：《莊子集釋》）頁1069。
〔註251〕《國語》，頁201。
〔註252〕唐・孔穎達：《春秋左傳注疏》，頁155。
〔註253〕同上，頁142。

> 陽之化，物之罕至者也。怪之，可也；而畏之，非也。夫日月之有
> 蝕，風雨之不時，怪星之黨見，是無世而不常有之。上明而政平，
> 則是雖並世起，無傷也；上闇而政險，則是雖無一至者，無益也。
> 夫星之隊，木之鳴，是天地之變，陰陽之化，物之罕至者也；怪之，
> 可也；而畏之，非也。〔註254〕

物怪之出現，爲物之罕至者也，以爲怪之，可也；恐之，則非也。若政治清
明，使怪事時見，亦無傷也；若政治險闇，民不聊生，雖怪事世不一見，亦
無益也。《尚書・商書・大甲中》云：「天作孽，猶可違，自作孽，不可逭。」
〔註255〕即此之謂也。

　若有大旱，則爲政者以祭祀求雨，《周禮・春官宗伯・司巫》云：「司巫掌
群巫之政令，若國大旱，則帥巫而舞雩。」〔註256〕又《禮記・月令篇》云：「命
有司爲民祈祀山川百源，大雩帝，用盛樂，乃命百縣雩祀百辟卿士有益於民者，
以祈穀實。」〔註257〕此乃爲政者之應於天事之作爲。然亦有不近情理之舉，如
《左傳》僖公二十一年載：「夏，大旱，公欲焚巫尪，臧文仲曰，『非旱備也，
脩城郭，貶食省用，務穡勸分，此其務也，巫尪何爲？天欲殺之，則如勿生，
若能爲旱，焚之滋甚。』公從之。是歲也，饑而不害。」〔註258〕大旱，國君不
思治水利以求水源，更改農作以避乾旱，竟欲以焚巫而求雨止旱，實爲不人道
之舉，故荀子非之，《荀子・天論篇》：「雩而雨，何也？曰：無何也，猶不雩而
雨也。日月食而救之，天旱而雩，卜筮然後決大事，非以爲得求也，以文之也。
故君子以爲文，而百姓以爲神。以爲文則吉，以爲神則凶也。」〔註259〕大旱而
求雨之祀，君子以文之而安民心，然百姓則以爲上通於神事，荀子以爲不可。

　君子大巧大智，有所不爲，有所不慮，《荀子・天論篇》：「故大巧在所不爲，
大智在所不慮。所志於天者，已其見象之可以期者矣；所志於地者，已其見宜
之可以息者矣；所志於四時者，已其見數之可以事者矣；所志於陰陽者，已其
見和（據楊注改）之可以治者矣。官人守天，而自爲守道也。」〔註260〕君子觀

〔註254〕清・王先謙：《荀子集解》，頁289～290。
〔註255〕唐・孔穎達：《尚書正義》，頁118。
〔註256〕唐・賈公彥：《周禮注疏》，頁399。
〔註257〕唐・孔穎達：《禮記正義》，頁316。
〔註258〕唐・孔穎達：《春秋左傳注疏》，頁241～242。
〔註259〕同註254，頁292。
〔註260〕同上，頁287。

於天象，知其可期之變化；觀於地象，知其宜於播種之土質，而從事耕作；觀於四時，知其次第而可從事於役作；觀於陰陽，知其調和變化，而可修治人事。君子所知於天者，必與為政之人事有關者，外此者，有司守之，君子自為守道而已。《呂氏春秋‧貴公篇》云：「處大官者，不欲小察，不欲小智，故曰：大匠不斲，大庖不豆，大勇不鬥，大兵不寇。」〔註261〕即此之謂也。

聖人不求知天，反之，則庶人是否「求知天」乎？《荀子‧天論篇》：

> 物之已至者，人祅則可畏也：楛耕傷稼，楛耨失歲，政險失民；田薉稼惡，糴貴民飢，道路有死人：夫是之謂人祅。政令不明，舉錯不時，本事不理，勉力不時，則牛馬相生，六畜作祅：夫是之謂人祅。禮義不脩，內外無別，男女淫亂，則父子相疑，上下乖離，寇難並至：夫是之謂人祅。祅是生於亂。三者錯，無安國。其說甚爾，其菑甚慘。勉力不時，則牛馬相生，六畜作祅，可怪也，而亦可畏也。傳曰：「萬物之怪書不說。」無用之辯，不急之察，棄而不治。若夫君臣之義，父子之親，夫婦之別，則日切瑳而不舍也。〔註262〕

政令不修，禮義之愆，舉錯不時，道有死人，國則有三人祅。此乃最為可畏者，為政者當勉力於此。若「牛馬相生，六畜作祅」等怪事，皆為人之勉力不時所致，可怪可畏，然「萬物之怪書不說」，此為無用之辯，不急之察，故棄之而不顧。所當務者，為君臣、父子、夫婦等禮義之道，則須日切瑳而不可止息者也。

（三）制天命而用之

君子知天，故敬其在己者，而不慕其在天者，《荀子‧天論篇》：

> 楚王後車千乘，非知也；君子啜菽飲水，非愚也；是節然也。若夫志意脩，德行厚，知慮明，生於今而志乎古，則是其在我者也。故君子敬其在己者，而不慕其在天者；小人錯其在己者，而慕其在天者。君子敬其在己者，而不慕其在天者，是以日進也；小人錯其在己者，而慕其在天者，是以日退也。故君子之所以日進，與小人之所以日退，一也。君子小人之所以相縣者，在此耳。〔註263〕

君子知天之道與人之道，故操之在己而不慕其在天者，《荀子‧天論篇》：

> 大天而思之，孰與物畜而制之！從天而頌之，孰與制天命而用之！

〔註261〕民國‧陳奇猷：《呂氏春秋校釋》，頁45。
〔註262〕清‧王先謙：《荀子集解》，頁290～292。
〔註263〕同上，頁289。

> 望時而待之，孰與應時而使之！因物而多之，孰與騁能而化之！思
> 物而物之，孰與理物而勿失之也！願於物之所以生，孰與有物之所
> 以成！故錯人而思天，則失萬物之情。〔註264〕

思天何如物畜而裁制之；頌天何如裁制萬物而為我用；望時而待年穀豐收，何
如應天時而耕作；任物類之自然生成，何如使能而化萬物。荀子以為勿一味寄
於天命，應使能而操之在己，若棄己之能而思慕於天，則錯失理萬物之機。

五、儒 效

孔子時已有論儒之言，《論語・雍也篇》云：「子謂子夏曰：『女為君子儒，
無為小人儒。』」〔註265〕可見當時之儒，虛有其表者存矣。

荀子以為儒者必知禮，《荀子・禮論篇》云：「大象其生以送其死，使死
生終始莫不稱宜而好善，是禮義之法式也，儒者是矣。」〔註266〕儒者須為禮
儀之法式，使養生送死之事曲得其宜。又《荀子・王霸篇》云：「論德使能而
官施之者，聖王之道也，儒之所謹守也。」〔註267〕考論人材之德行，任其官
而使其能，此為聖王之道，是乃儒者所謹守者。

儒者之極何在？荀子以為止於大儒。《荀子・儒效篇》云：

> 人論：志不免於曲私，而冀人之以己為公也；行不免於汙漫而冀人
> 之以己為脩也；其愚陋溝瞀而冀人之以己為知也——是眾人也。志
> 忍私，然後能公，行忍情性，然後能脩，知而好問，然後能才，公、
> 脩而才，可謂小儒矣。志安公，行安脩，知通統類，如是則可謂大
> 儒矣。大儒者，天子三公也；小儒者，諸侯、大夫、士也；眾人者，
> 工農商賈也。禮者，人主之所以為群臣寸尺尋丈檢式也。人倫盡矣。
>
> 〔註268〕

荀子以為人之等類有分：自私自利，行為穢汙，而欲人之以己為公為脩潔者——
——是眾人也。必強忍其情性而後行為脩潔，智而好問，後有才能，志行雖公，
行為雖潔，然出於勉為，可謂小儒也；若大儒者，心志致於公，行為致於脩
潔，智足以通於各類事物之原則。大儒者，可為天子之三公也；小儒者，可

〔註264〕清・王先謙：《荀子集解》，頁 293。
〔註265〕宋・朱熹《四書集注》，頁 96。
〔註266〕同註 264，頁 342。
〔註267〕同上，頁 192。
〔註268〕同上，頁 125～126。

爲諸侯、大夫、士也；若衆人者，祗可爲工農商賈而已。荀子是以學問道德能力來劃分人之等級，其以爲學者當爲大儒，足以爲開國輔社稷之大臣，如周公、孔子等即是，大儒亦即是聖人，於盛世亦足以輔聖王，如文王、武王等，於平世，亦足以輔明王，如成王等。次如爲小儒，亦足以爲士大夫、諸侯者。大儒爲内聖之最高德業，上足以爲大臣，下足以爲百世師，是荀子之最高理想形象。

（一）良儒之類

儒者亦有層級之分，《荀子‧儒效篇》云：「故有俗人者，有俗儒者，有雅儒者，有大儒者。」〔註269〕現分說如下：

俗儒者，《荀子‧儒效》云：

> 逢衣淺帶，解果其冠，略法先王而足亂世術，繆學雜舉，不知法後王而一制度，不知隆禮義而殺〔註270〕詩書；其衣冠行僞，已同於世俗矣，然而不知惡；其言議談說已無以異於墨子矣，然而明不能別；呼先王以欺愚者而求衣食焉，得委積足以揜其口，則揚揚如也；隨其長子，事其便辟，舉其上客，億然若終身之虜而不敢有他志。
> 〔註271〕

俗儒之行乃略法王之道，適足淆亂治世之術，所學乖違雜博，不知法後王而齊一禮法制度，不知尊崇禮義而敦厚《詩》、《書》之義。其衣冠雖有儒者之容，然口稱先王之道以欺惑世人而求衣食，交接權貴，以求容身，不敢稍有他志者，此爲俗儒之形也。荀子於此似指孟子、墨子之流者也。〔註272〕

雅儒者，《荀子‧儒效》云：

> 法後王，一制度，隆禮義而殺詩書；其言行已有大法矣，然而明不能齊法教之所不及，聞見之所未至，則知不能類也；知之曰知之，不知曰不知，内不自以誣，外不自以欺，以是尊賢畏法而不敢怠傲。
> 〔註273〕

雅儒爲與俗儒相對言者：法後王，齊一禮法制度，尊崇禮義而敦厚《詩》、《書》。

〔註269〕清‧王先謙：《荀子集解》，頁119。
〔註270〕郝注：「殺蓋敦字之誤。」，同上，頁120。
〔註271〕同上，頁119～120。
〔註272〕《孟子‧滕文公下》云：「彭更問（孟子）曰：『後車數十乘，從者數百人，以傳食於諸侯，不以泰乎？』」（宋‧朱熹：《四書集註》）頁287。
〔註273〕同註269，頁121。

其言行雖已有大法之度，然明智尚不能濟法教之所未及，聞見之所未知者，由其智不能推其統類故也。然其態度誠款不欺，〔註274〕尊賢畏法而不敢怠惰傲慢。

大儒者，《荀子‧儒效》云：

> 法先王，統禮義，一制度，以淺持博，以古持今，以一持萬，苟仁義之類也，雖在鳥獸之中，若別白黑；倚物怪變，所未嘗聞也，所未嘗見也。卒然起一方，則舉統類而應之，無所儗怎，張法而度之，則晻然若合符節。〔註275〕

法先王、根本於禮義之道，齊一制度，由淺推知廣博，由今推知遠古（據楊注說），見一類而推知萬種，辨仁義之類，若辨黑白然，所未見未聞者，猝然而起，應之自如，持法而度量之，若合符節，毫無差池，此為大儒者也。

各良儒之效，《荀子‧儒效》云：

> 故人主用俗人，則萬乘之國亡；用俗儒，則萬乘之國存；用雅儒，則千乘之國安；用大儒，則百里之地久，而後三年，天下為一，諸侯為臣；用萬乘之國，則舉錯而定，一朝而伯。〔註276〕

若人主用俗儒，則僅能存續萬乘之國；用雅儒，雖千乘之國亦能安定之；若用大儒者，則雖方百里之小國，三年之久，可一統天下，臣服諸侯；若持大國之政者，則舉措之間定天下，一朝之內而為天下之長。若墨、孟之流，荀子亦以為其可存萬乘之國，非一味排斥之，由此可見出荀子於諸子百家之高度責備賢人之態度。

（二）劣儒之類

有陋儒者，《荀子‧勸學篇》云：「上不能好其人，下不能隆禮，安特將學雜志、順《詩》、《書》而已耳。則末世窮年，不免為陋儒而已。」〔註277〕不能好人、隆禮，知識雜多而死守《詩》、《書》之義，不知變通，是為陋儒也。

有散儒者，《荀子‧勸學篇》云：「故隆禮，雖未明，法士也；不隆禮，雖察辯，散儒也。」〔註278〕不隆禮，其言雖明察辯捷，是散儒也。

有腐儒，《荀子‧非相篇》云：「好其實不恤其文，是以終身不免埤汙傭

〔註274〕《論語‧為政篇》云：「子曰：『由！誨女知之乎？知之為知之，不知為不知，是知也。』」（宋‧朱熹：《四書集注》）頁70。

〔註275〕清‧王先謙：《荀子集解》，頁121。

〔註276〕同上，頁122。

〔註277〕同上，頁12。

〔註278〕同上，頁13～14。

俗。故《易》曰：『括囊，無咎無譽。』腐儒之謂也。」〔註279〕好質實而不好言辯，是以終身不免於卑污庸俗，如腐朽之物，故為腐儒也。荀子以為君子必好言仁，逢邪說必辯，故有此謂也。

有賤儒者，《荀子‧非十二子篇》云：

> 弟佗其冠，神襌其辭，禹行而舜趨：是子張氏之賤儒也。正其衣冠，齊其顏色，嗛然而終日不言，是子夏氏之賤儒也。偷儒憚事，無廉恥而耆飲食，必曰君子固不用力，是子游氏之賤儒也。〔註280〕

美其冠服，或言語平淡無味，假禹舜之容以為高——是子張氏之賤儒；衣冠整齊，容貌端莊，終日不發一語〔註281〕——是子夏氏之賤儒；懶惰懦弱怕事，安於飲食而無廉恥之心，而必曰君子固不用勞者也〔註282〕——是子游氏之賤儒也。

（三）大儒之效

荀子以為，為儒者當為大儒，《荀子‧儒效篇》云：

> 大儒者，善調一天下者也，無百里之地則無所見其功。輿固馬選矣，而不能以至遠，一日而千里，則非造父也；弓調矢直矣，而不能以射遠中微，則非羿也；用百里之地，而不能以調一天下，制彊暴，則非大儒也。〔註283〕

大儒之效，必於小國而見其功，用方百里之小國，調一天下，制服強暴之國，以成聖業，是為大儒之功。《荀子‧儒效篇》云：

> 彼大儒者，雖隱於窮閻漏屋，無置錐之地，而王公不能與之爭名；（在一大夫之位，則一君不能獨畜，一國不能獨容。成名況乎諸侯，莫一願得以為臣）〔註284〕用百里之地，而千里之國莫能與之爭勝；笞棰暴國，齊一天下，而莫能傾也—是大儒之徵也。其言有類，其行

〔註279〕清‧王先謙：《荀子集解》，頁73。
〔註280〕同上，頁90～91。
〔註281〕《論語‧子張篇》云：「子夏曰：『君子有三變：望之儼然，即之也溫，聽其言也厲。』」（宋‧朱熹《四書集注》）頁192。
〔註282〕《孟子‧滕文公上》云：「勞心者治人，勞力者治於人；治於人者食人，治人者食於人：天下之通義也。」同上，頁277。
〔註283〕同註279，頁118。
〔註284〕盧文弨以為衍文，並以《韓詩外傳》卷五無此段，王念孫以此三十二字為涉〈非十二子篇〉而衍。同上，頁119。

有禮，其舉事無悔，其持險應變曲當；與時遷徙，與世偃仰，千舉
萬變，其道一也——是大儒之稽也。其窮也俗儒笑之，其通也英傑化
之，嵬瑣逃之，邪說畏之，眾人媿之。通則一天下，窮則獨立貴名，
天不能死，地不能埋，桀、跖之世不能汙，非大儒莫之能立，仲尼、
子弓是也。〔註285〕

大儒者，退居陋巷，自修德行，則王公大人不能與之爭名；用方百里之小國
為政，則方千里之大國不能與之爭勝；鞭笞暴國，齊一天下，而莫能傾危之——
——此為大儒之徵驗也。其言有理法，行有禮節，事無怨尤，持危應變，無往
而不適，隨時遷移，雖千舉萬變，其道一歸於治——此為大儒之成就也。此
大儒窮時自建名聲，達時能化天下，〔註286〕天不能使之死，地不能使之埋沒，
〔註287〕亂世不能汙其名，非大儒不得與於此，孔子、子弓足以當之。

　　戰國時代，學術紛亂，諸子百家以其異說，求合諸侯，致為亂世之因，
再者，秦國以吏為師，以法為教，故秦昭襄王有儒無益於人之國之問？《荀
子・儒效篇》云：

秦昭王問孫卿子曰：「儒無益於人之國。」孫卿子曰：「儒者法先王，
隆禮義，謹乎臣子而致貴其上者也。人主用之，則埶在本朝而宜；
不用，則退編百姓而愨，必為順下矣。雖窮困凍餒，必不以邪道為
貪。無置錐之地，而明於持社稷之大義。嗚呼而莫之能應，然而通
乎財萬物、養百姓之經紀。埶在人上，則王公之材也；在人下，則
社稷之臣，國君之寶也。雖隱於窮閻漏屋，人莫不貴之，道誠存也。
仲尼將為司寇，沈猶氏不敢朝飲其羊，公慎氏出其妻，慎潰氏踰境
而徙，魯之粥牛馬者不豫賈，脩正（據愈樾說改）以待之也。居於
闕黨，闕黨之子弟罔不分，有親者取多，孝弟以化之也。儒者在本
朝則美政，在下位則美俗。儒之為人下如是矣。」〔註288〕

儒者法先王之道，尊崇禮義之制，謹於臣子之分際而極尊貴於其君上者。進

〔註285〕清・王先謙：《荀子集解》，頁119。
〔註286〕《孟子・盡心上》云：「故士窮不失義，達不離道。窮不失義，故士得己焉；
　　　　達不離道，故民不失望焉。古之人，得志，澤加於民；不得志，脩身見於世。
　　　　窮則獨善其身，達則兼善天下。」（宋・朱熹：《四書集注》）頁394。
〔註287〕《論語・子罕篇》云：「子畏於匡。曰：『文王既沒，文不在茲乎？天之將喪
　　　　斯文也，後死者不得與於斯文也；天之未喪斯文也，匡人其如予何？』」同上，
　　　　頁116。
〔註288〕同註285，頁101〜104。

而可爲棟樑大臣，退而可爲順實之民。《論語・泰伯篇》云：「曾子曰：『可以託六尺之孤，可以寄百里之命，臨大節而不可奪也。君子人與？君子人也。』」〔註289〕此即儒者之志也。荀子此處之儒者，蓋指大儒而言也。

大儒之功，在於爲人上者，《荀子・儒效篇》云：

> 王曰：「然則其爲人上何如？」孫卿曰：「其爲人上也，廣大矣！志意定乎內，禮節脩乎朝，法則度量正乎官，忠信愛利形乎下。行一不義，殺一無罪，而得天下，不爲也。此若（據王念孫說改）義信乎人矣，通於四海，則天下應之如讙。是何也？則貴名白而天下治也。故近者歌謳而樂之，遠者竭蹶而趨之，四海之內若一家，通達之屬莫不從服。夫是之謂人師。《詩》曰：「自西自東，自南自北，無思不服。」此之謂也。夫其爲人下也如彼，其爲人上也如此，何謂其無益於人之國也！」〔註290〕

人儒在朝，能使朝廷之人修治禮節，使官訂之法則度量皆得以正，使百姓忠信愛利形乎外，《論語・顏淵篇》云：「君子之德風，小人之德草。草上之風，必偃。」〔註291〕即此之謂。行一不義，殺一無罪而得天下，不爲也。《孟子・公孫丑上》云：「得百里之地而君之，皆能以朝諸侯有天下。行一不義、殺一不辜而得天下，皆不爲也。」〔註292〕此義皆儒者所共持之。其仁義信於天下，萬民莫不從服。《論語・憲問篇》云：「子路問君子。子曰：『修己以敬。』曰：『如斯而已乎？』曰：『修己以安人。』曰：『如斯而已乎？』曰：『修己以安百姓。修己以安百姓，堯、舜其猶病諸！』」〔註293〕大儒之效，總括之，即爲「修己以安人」，「修己」即是內聖之工夫，「安人」即是外王之業。

大儒之功，荀子一以周公爲準，《荀子・儒效篇》云：

> 大儒之效：武王崩，成王幼，周公屛成王而及武王以屬天下，惡天下之倍周也。履天子之籍，聽天下之斷，偃然如固有之，而天下不稱貪焉。殺管叔，虛殷國，而天下不稱戾焉；兼制天下，立七十一國，姬姓獨居五十三人，而天下不稱偏焉。教誨開導成王，使諭於道，而能揜跡於文武。周公歸周，反籍於成王，而天下不輟事周，

〔註289〕宋・朱熹：《四書集注》，頁 111。
〔註290〕清・王先謙：《荀子集解》，頁 104～105。
〔註291〕同註289，頁 143。
〔註292〕同上，頁 246。
〔註293〕同上，頁 164。

> 然而周公北面而朝之。天子也者，不可以少當也，不可以假攝爲也；
> 能則天下歸之，不能則天下去之，是以周公屏成王而及武王以屬天
> 下，惡天下之離周也。成王冠，成人，周公歸周，反籍焉，明不滅
> 主之義也。周公無天下矣。鄉有天下，今無天下，非擅也；成王鄉
> 無天下，今有天下，非奪也；變執次序節然也。故以枝代主而非越
> 也，以弟誅兄而非暴也，君臣易位而非不順也。因天下之和，遂文、
> 武之業，明枝主之義，抑亦變化矣，天下厭然猶一也。非聖人莫之
> 能爲，夫是之謂大儒之效。〔註294〕

周公屏退成王，繼武王之業以維繫天下，蓋因天下之棄周也。周公雖實有周
之天下，而人莫以之貪；殺管叔、遷殷民而墟朝歌，人莫以其戾；兼制天下，
立姬姓之國，人莫以其私。成王既冠，周公還政，乃明不滅主上之意。周公
前有天下，後無天下，非爲禪讓；成王前無天下，後得天下，非爲奪取，權
變情勢次序當然也。周公因天下之和順，遂成文、武之基業，故以弟誅兄而
非暴，以枝子代主而非僭越也。政事多變，天下猶安和若一，非大儒者，不
能至此。故荀子特以周公之業，爲大儒之效也。

綜上所論，荀子上繼孔子之業，於內聖修養，亦有深刻之定義。學者如
有志於學，由士人而至君子，由君子而至聖人，其中有顯明之進階可循，使
塗之人可以爲堯舜，成爲一可能性。而內聖修養方法之明列，則使學者有所
持守。其進程首在於勤學修身，《大學》云：「自天子以至於庶人，壹是皆以
脩身爲本。」〔註295〕由此可知荀子學爲聖人之起點，何以定爲修身之故；其
次在解蔽辯惑，學有所偏，其偏則在於有蔽，君子必知其蔽，知其蔽而後除
之，學則無礙。知其所蔽，起而除之，故君子必辯其惑，以清思想之障；其
終在於制天、用天，君子欲將所學貢獻於世，則必知天，知天而後制天、用
天，如此則上得天時，中得人和，下得地利。君子之施行其志，無所不用其
極，是內聖修養之成就。

其中所可注意者：內聖修養之極致在於成爲聖賢，而其犖犖大者，即爲
孔子、周公之流；而二者尤以周公最爲代表，其功業爲「因天下之和，遂文、
武之業，明枝主之義，抑亦變化矣，天下厭然猶一也。」，此乃「非聖人莫之
能爲」也，亦正是所謂「大儒之效」。

〔註294〕清・王先謙：《荀子集解》，頁99～101。
〔註295〕宋・朱熹：《四書集注》，頁6。

第五章　荀子之外王思想

　　內聖之德業既備矣，則將外王之道是務。外王之道者，莫明於禮義，《荀子·天論篇》云：「在天者莫明於日月，在地者莫明於水火，在物者莫明於珠玉，在人者莫明於禮義。故日月不高，則光暉不赫，水火不積，則暉潤不博；珠玉不睹乎外，則王公不以爲寶；禮義不加於國家，則功名不白。」〔註1〕禮義不加於國家，則功名不大顯，《論語·八佾篇》云：「子曰：『夷狄之有君，不如諸夏之亡也。』」〔註2〕即是指中國之有禮義之故。《荀子·天論篇》云：「故人之命在天，國之命在禮。君人者，隆禮尊賢而王，重法愛民而霸，好利多詐而危，權謀傾覆幽險而亡矣。」〔註3〕故人之命在於天，而國之命在於禮。君主者，若尊崇禮制，重視賢人，則可王；若重法制而愛民者，則可霸；若好利多詐，國則危弱；若重權謀傾覆幽險則滅亡。《荀子·王霸篇》云：「故用國者，義立而王，信立而霸，權謀立而亡。三者明主之所謹擇也，仁人之所務白也。」〔註4〕用國者，欲王則立義，欲霸則立信，然立權謀則滅亡矣。《荀子·君子篇》云：「故尊聖者王，貴賢者霸，敬賢者存，慢賢者亡，古今一也。」〔註5〕國有聖人方能王，霸者貴賢，敬賢者國謹存也，若慢賢者，亡無口矣。

第一節　正名及非十二子

　　爲政者治國，正名爲先，《論語·子路篇》云：

〔註1〕　清·王先謙：《荀子集解》，頁 292～293。
〔註2〕　宋·朱熹：《四書集注》，頁 74。
〔註3〕　同註1，頁 293。
〔註4〕　同上，頁 181。
〔註5〕　同上，頁 417。

子路曰：「衛君待子而爲政，子將奚先？」子曰：「必也正名乎！」

子路曰：「有是哉，子之迂也！奚其正？」子曰：「野哉，由也！君子於其所不知，蓋闕如也。名不正，則言不順；言不順，則事不成；事不成，則禮樂不興；禮樂不興，則刑罰不中；刑罰不中，則民無所措手足。故君子名之必可言也，言之必可行也。君子於其言，無所苟而已矣！」〔註6〕

孔子此言，亦是荀子外王思想之脈絡。外王之始，在於正名，名正而後言順，言順而後事成，事成而後禮樂興，禮樂興而後刑罰中，刑罰中而後民可措其手足。荀子之外王思想，即是順此一理路而行，其中所可注意者，乃爲禮樂興之後，刑罰可中，是荀子言王者之用刑罰，必於禮樂教化之後，《論語·子路篇》云：「子曰：『善人教民七年，亦可以即戎矣。』」〔註7〕亦是以爲人民於教化之後，可驅之戰，此亦爲荀子王者之政所要求者。

一、正名之功用

（一）定　分

　　爲政者之正名，爲確定名分等級，名分等級一定，則各有其位，互不相陵。《商君書·定分篇》云：

一兔走，百人逐之，非以兔也。夫賣者滿市，而盜不敢取，由名分已定也。故名分未定，堯舜禹湯且皆如騖焉而逐之；名分已定，貪盜不取。……名分定，則大詐貞信，民皆愿愨，而各自治也。故夫名分定，勢治之道也；名分不定，勢亂之道也。故勢治者不可亂，勢亂者不可治。夫勢亂而治之愈亂，勢治而治之則治。故聖王治治不治亂。〔註8〕

名分未定，賢貪逐之；名分已定，大盜不取。《尹文子·大道上》亦云：「彭蒙曰：『雉兔在野，眾人逐之，分未定也，雞豕滿市，莫有志者，分定故也，物奢則仁智相屈，分定則貪鄙不爭』。」〔註9〕故爲國者定名分，其勢必將趨於治之道；名分不定，其勢必將趨於亂之道。名分正則勢治，勢治而治之，

〔註6〕　宋·朱熹：《四書集注》，頁146～147。

〔註7〕　同上，頁153。

〔註8〕　周公孫鞅：《商君書》卷五，頁16～17。

〔註9〕　民國·周立昇：《稷下七子捃逸·尹文子》，頁504。

則天下治，故聖人治治不治亂即此也。

春秋時，禮制衰頹，諸侯大夫僭禮時有所聞，《論語‧八佾篇》云：「孔子謂季氏：『八佾舞於庭，是可忍也，孰不可忍也？』」〔註 10〕八佾舞為天子所用，季平子為魯大夫，依禮祇可用四佾，故孔子以為不可忍也。《論語‧八佾篇》云：「三家者以雍徹。子曰：『相維辟公，天子穆穆』，奚取於三家之堂？」」〔註 11〕天子祭祀宗廟後，唱《詩經‧周頌‧雍篇》撤除祭品。今魯大夫孟孫氏、叔孫氏及季孫氏三家大夫，亦以天子之樂助祭，孔子則以為期期不可。此皆為名分紊亂之故。

孔子為實踐其正名論，故刊魯史而成《春秋》。《莊子‧天下篇》云：「《春秋》以道名分。」〔註 12〕《春秋》為孔子正名分之表現，《孟子‧滕文公下》云：「世衰道微，邪說暴行有作。臣弒其君者有之，子弒其父者有之。孔子懼，作《春秋》。《春秋》，天子之事也。是故孔子曰：『知我者，其惟《春秋》乎！罪我者，其惟《春秋》乎！』」〔註 13〕春秋時期，名分之道已失，故臣之弒君者有之，子之弒父者有之，孔子見此而懼，故作《春秋》以正名分，使欲有篡弒之心者戒。《孟子‧滕文公下》云：「聖王不作，諸侯放恣，處士橫議。楊朱、墨翟之言盈天下。天下之言，不歸楊則歸墨。楊氏為我，是無君也。墨氏兼愛，是無父也。無父無君，是禽獸也。」〔註 14〕至戰國時期，諸子異說如楊朱、墨子之流，顯於諸侯，故為孟子所懼，《孟子‧滕文公下》云：

> 楊墨之道不息，孔子之道不著，是邪說誣民、充塞仁義也。仁義充塞，則率獸食人，人將相食。吾為此懼，閑先聖之道，距楊墨、放淫辭，邪說者不得作。作於其心，害於其事；作於其事，害於其政。聖人復起，不易吾言矣。昔者禹抑洪水而天下平，周公兼夷狄、驅猛獸而百姓寧，孔子成《春秋》而亂臣賊子懼。《詩》云：『戎狄是膺，荊舒是懲；則莫我敢承。』無父無君，是周公所膺也。我亦欲正人心、息邪說、距詖行、放淫辭，以承三聖者。豈好辯哉？予不得已也。能言距楊墨者，聖人之徒也。〔註 15〕

〔註 10〕 宋‧朱熹：《四書集注》，頁 72。
〔註 11〕 同上，頁 73。
〔註 12〕 清‧郭慶藩：《莊子集釋》，頁 1067。
〔註 13〕 同註 10，頁 294。
〔註 14〕 同上，頁 294～295。
〔註 15〕 同上，頁 295～296。

「欲正人心、息邪說、距詖行、放淫辭，以承三聖者」，雖爲孟子之志，然亦爲荀子之志。故欲以先王之道一統天下，則必由正名始，正名即思想上之一統，爲政治上一統之先聲，此即荀了正名之目的。

（二）以實定名

名與實之不相符已久矣，《管子・宙合篇》云：「夫名實之相怨久矣，是故絕而無交。」〔註16〕名與實之相違已久，故相互排斥而不通。至春秋初年時，爵位與其實不副，行禮與其名分不符，故時有僭禮非禮之事起，《左傳》桓公二年云：「夏，四月，取郜大鼎于宋，戊申，納于大廟，非禮也。」〔註17〕又《左傳》桓公十五年云：「春，天王使家父來求車，非禮也，諸侯不貢車服，天子不私求財。」〔註18〕諸侯及天王皆不知禮，徒有其名位，所行之禮與之不符，名不正則言不順，言不順則事不成，是故孔子欲正其名。《尹文子・大道上》云：「大道無形，稱器有名，名也者，正形者也，形正由名，則名不可差，故仲尼云：『必也，正名乎！名不正則言不順也。』」〔註19〕以名正形，形由名定，則有其名必有其形，有其爵必有其位，有其位必有其禮，《管子・九守篇》云：「修名而督實，按實而定名。名實相生，反相爲情，名實當則治，不當則亂。」〔註20〕以名而督察實際，按實際確立名稱，名稱與實際互相生成，相互說明，名與實相吻合必治，不吻合即紊亂，故名實必相副，此爲孔子所致力者，亦爲荀子所遵循者。

以名定實者，周代有其官職，《周禮・春官宗伯・小宗伯》云：「毛六牲，辨其名物而頒之于五官，使共奉之。辨六齍之名物與其用，使六宮之人共奉之。辨六彝之名物，以待果將。辨六尊之名物，以待祭祀、賓客。」〔註21〕辨其名物以爲官用，乃就實用性而言。而名位之分，爲就政治而言，《論語・顏淵篇》云：「齊景公問政於孔子。孔子對曰：『君君，臣臣，父父，子子。』公曰：『善哉！信如君不君，臣不臣，父不父，子不子，雖有粟，吾得而食諸？』」〔註22〕君臣、父子之道定，各不相陵，禮義之道由是而行，故能政安人和。

〔註16〕唐・尹知章：《管子注》卷四，頁4。
〔註17〕唐・孔穎達：《春秋左傳注疏》，頁91。
〔註18〕同上，頁127。
〔註19〕民國・周立昇：《稷下七子揖逸・尹文子》，頁494。
〔註20〕同註16。
〔註21〕唐・賈公彥：《周禮注疏》，頁291～292。
〔註22〕宋・朱熹：《四書集注》，頁142。

二、後王之成名

治名形之要，名形不可雜，亦不可兩替，《尹文子・大道上》云：「名者，名形者也。形者，應名者也，然形非正名也，名非正形也，則形之與名，居然別矣，不可相亂，亦不可相無。無名，故大道無稱，有名，故名以正形。今萬物具存，不以名正之則亂；萬名具列，不以形應之則乖，故形、名者，不可不正也。」〔註23〕名以呼形，形以應名者也，然形自身不能辨名之是非；名自身亦不能辨形之是非。名與形為二，不可相亂，亦不可相替代。若無名，則大道不可稱量；有名，則可以之正形。今萬物並列於世，如不以名正之則亂；萬名具列於世，若不以形與其相應，則萬名自差。故形與名二者，不可不辨。

名與形之要如此，則制名者不可不慎，故必以後王之成名為準，《荀子・正名篇》云：

> 後王之成名：刑名從商，爵名從周，文名從禮。散名之加於萬物者，則從諸夏之成俗曲期，遠方異俗之鄉，則因之而為通。散名之在人者：生之所以然者謂之性；性之和所生，精合感應，不事而自然謂之性。性之好惡喜怒哀樂謂之情。情然而心為之擇謂之慮，心慮而能為之動謂之偽。慮積焉，能習焉，而後成謂之偽。正利而為謂之事，正義而為謂之行。所以知之在人者謂之知，知有所合謂之智。所以能之在人者謂之能，能有所合謂之能。性傷謂之病，節遇謂之命。是散名之在人者也，是後王之成名也。〔註24〕

後王既定之名有四：刑名、爵名、文名、散名等，茲分述如下：

（一）刑名從商

商之有刑者，《尚書・商書・伊訓》云：「敷求哲人，俾輔于爾後嗣，制官刑，儆于有位。……臣下不匡，其刑墨，具訓于蒙士。」〔註25〕湯制官刑法以儆戒文武百官，其中已有墨刑之存在，又《孟子・萬章上》云：「太甲顛覆湯之典刑。」〔註26〕其後太甲毀壞湯所作之常刑。又《左傳》昭公六年云：「商有亂政而作湯刑。」〔註27〕紂時有炮格之法，《史記・殷本紀》：「於是紂乃重辟刑，

〔註23〕民國・周立昇：《稷下七子揖逸・尹文子》，頁 498。
〔註24〕清・王先謙：《荀子集解》，頁 379～381。
〔註25〕唐・孔穎達：《尚書正義》，頁 115。
〔註26〕宋・朱熹：《四書集注》，頁 340。
〔註27〕唐・孔穎達：《春秋左傳注疏》，頁 750。

有炮格之法。」〔註28〕而《呂氏春秋‧孝行覽》云:「《商書》曰:『刑三百,罪莫重於不孝。』」〔註29〕又《韓非子‧內儲說上》云:「殷之法,棄灰于公道者斷其手。」〔註30〕又《墨子‧非樂上》云:「湯之官刑有之曰:『其恆舞于宮,是謂巫風。其刑君子出絲二衛,小人否,似二伯黃徑。』」〔註31〕商代之刑法蓋自虞、夏二代而來,如《尚書‧夏書‧胤征》云:「邦有常刑。」〔註32〕又《尚書‧虞書‧舜典》云:「象以典刑:流宥五刑,鞭作官刑,扑作教刑,金作贖刑。」〔註33〕商代之刑,據以上各典籍所引觀之,實屬嚴刑一類者。

(二)爵名從周

「爵名從周」者,楊注云:「謂五等諸侯及三百六十官也。」〔註34〕如《周禮‧春官宗伯‧大宗伯》云:「以九儀之命,正邦國之位,壹命受職,再命受服,三命受位,四命受器,五命賜則,六命賜官,七命賜國,八命作牧,九命作伯。」〔註35〕又云:「以玉作六瑞,以等邦國,王執鎮圭,公執桓圭,侯執信圭,伯執躬圭,子執穀璧,男執蒲璧;以禽作六摯,以等諸臣,孤執皮帛,卿執羔,大夫執鴈,士執雉,庶人執鶩,工商執雞。」〔註36〕又如《周禮》中之「六官」制:「天官冢宰」,設六十三職;「地官司徒」,設七十八職;「春官宗伯」,設七十職;「夏官司馬」,設七十職;「秋官司寇」,設六十六職;「冬官(《考工記》)」,有工匠三十職,共三百七十七職。其中除去有名無實之職外,共有三百六十六職。

(三)文名從禮

「文名從禮」者,楊注云:「文名謂節文威儀;禮即周之《儀禮》也。」〔註37〕古有五禮:「吉禮」,《儀禮》十七篇中,〈有司徹〉、〈少牢饋食禮〉、〈特牲饋食禮〉等三篇屬之;「凶禮」,〈喪服〉、〈士喪禮〉、〈既夕禮〉、〈士虞禮〉

〔註28〕 日‧瀧川資言:《史記會注考證》,頁221~222。

〔註29〕 民國‧陳奇猷:《呂氏春秋校釋》,頁732。

〔註30〕 民國‧陳奇猷:《韓非子新校注》,頁585。

〔註31〕 清‧孫詒讓:《墨子閒詁》,頁235。

〔註32〕 唐‧孔穎達:《尚書正義》,頁102。

〔註33〕 同上,頁40。

〔註34〕 清‧王先謙:《荀子集解》,頁379。

〔註35〕 唐‧賈公彥:《周禮注疏》,頁278~280。

〔註36〕 同上,頁280~281。

〔註37〕 同註34,頁379。

等四篇屬之；「賓禮」，〈士相見禮〉、〈聘禮〉、〈覲禮〉等三篇屬之；「嘉禮」，〈士冠禮〉、〈士昏禮〉、〈鄉飲酒禮〉、〈鄉射禮〉、〈燕禮〉、〈大射禮〉、〈公食大夫禮〉七篇屬之；「軍禮」，《儀禮》無之，而《左傳》隱公五年則云：「故春蒐，夏苗，秋獮，冬狩，皆於農隙以講事也，三年而治兵，入而振旅，歸而飲至，以數軍實昭文章。」〔註38〕為政者利用農閒講武，三年而後治兵，歸國整理軍容，至宗廟飲酒致祭告捷。又如《周禮・夏官・司馬》云：「中春教振旅：司馬以旗致民，平列陳，如戰之陳。辨鼓鐸鐲鐃之用，王執路鼓，諸侯執賁鼓，軍將執晉鼓，師帥執提，旅帥執鼙，卒長執鐃，兩司馬執鐸，公司馬執鐲。以教坐作、進退、疾徐、疏數之節。遂以蒐田，有司表貉，誓民，鼓，遂圍禁，火弊，獻禽以祭社。」〔註39〕中春時節，司馬以旗招致百姓講武。由王以下至兵卒各有所執，以教軍旅行陣之節。卒以田獵，歸而獻所獲之禽以祭社神。

（四）散　名

「散名」者，日人豬飼彥博《荀子補遺》云：「散如閒散之散。爵名、刑名、文名，皆出王制，而官之所專用也。萬物之名則不然，故曰散名也。」〔註40〕散名可分為二：一者，「散名之加以萬物者」（《荀子・正名篇》）；〔註41〕若予萬物命名者，「則從諸夏之成俗曲期」（同前），〔註42〕即仿照中原地區已有之舊俗方言及要約周遍者，如此，則遠方異俗之人，即可取則於此，因而意志可為之相互溝通；二者，《荀子・正名篇》云：

> 散名之在人者：生之所以然者謂之性；性之和所生，精合感應，不事而自然謂之性；性之好、惡、喜、怒、哀、樂謂之情；情然而心為之擇謂之慮；心慮而能為之動謂之偽；慮積焉，能習焉，而後成謂之偽；正利而為謂之事；正義而為謂之行；所以知之在人者謂之知；知有所合謂之智；所以能之在人者謂之能；能有所合謂之能；性傷謂之病；節遇謂之命。〔註43〕

荀子對於人倫日常所用之辭，給予一定之名稱。

〔註38〕唐・孔穎達：《春秋左傳注疏》，頁59。
〔註39〕唐・賈公彥：《周禮注疏》，頁442。
〔註40〕收於日服部宇之吉：《荀子集釋》卷16，頁1。
〔註41〕清・王先謙：《荀子集解》，頁379。
〔註42〕同上，頁379。
〔註43〕同上，頁379～381。

以上為荀子之對散名之在人者之定義。然正名之處，荀書隨文可見，如下表：

《荀子・勸學篇》	1. 故不問而告謂之傲，問一而告二謂之囋。〔註44〕 2. 故未可與言而言謂之傲；可與言而不言謂之隱；不觀氣色而言謂之瞽。〔註45〕
〈不苟篇〉	1. 變化代興，謂之天德。〔註46〕
〈非相篇〉	1. 凡言不合先王，不順禮義，謂之姦言。〔註47〕
〈非十二子篇〉	1. 故勞力而不當民務，謂之姦事；勞知而不律先王，謂之姦心；辯說譬諭，齊給便利，而不順禮義，謂之姦說。〔註48〕
〈儒效篇〉	1. 旦暮積謂之歲，至高謂之天，至下謂之地，宇中六指謂之極，涂之人百姓，積善而全盡，謂之聖人。〔註49〕 2. 道過三代謂之蕩，法二後王謂之不雅。〔註50〕

荀子於此正名之中，顯出其隆禮義，法後王，律先王之意圖。

三、王者之制名

《荀子・正名篇》云：「故王者之制名，名定而實辨，道行而志通，則慎率民而一焉。」〔註51〕王者之制名，使名定而實辨，制名之道行，則意志可通，於是謹慎率民人齊一而遵守之。《荀子・正名篇》云：

> 故析辭擅作名，以亂正名，使民疑惑，人多辨訟，則謂之大姦。其罪猶為符節度量之罪也。故其民莫敢託為奇辭以亂正名，故其民慤；慤則易使，易使則公。其民莫敢託為奇辭以亂正名，故壹於道法，而謹於循令矣。如是則其跡長矣。跡長功成，治之極也。是謹於守名約之功也。〔註52〕

故辯析其辭，擅自作名而亂正名者，如公孫龍、惠施、鄧析者流，使民疑惑，

〔註44〕清・王先謙：《荀子集解》，頁11。
〔註45〕同上，頁14。
〔註46〕同上，頁39。
〔註47〕同上，頁72。
〔註48〕同上，頁84。
〔註49〕同上，頁124。
〔註50〕同上，頁127。
〔註51〕同上，頁381。
〔註52〕同上。

人民增多辯訟，此謂之「大姦」，其罪與假造符節者相等，《禮記‧王制篇》云：「析言破律，亂名改作，執左道以亂政，殺。」〔註53〕荀子以爲，重刑守禁之下，人民不敢託爲奇詭之辭以亂正名，故民誠謹而易使。人民齊一於從法而謹於循令，如此則國家之治有功績，爲治之極也，此乃嚴守名約之功。荀子以爲謹守名約之效，則在於思想之統一，一歸於先王之名約之下。「今聖王沒，名守慢，奇辭起，名實亂，是非之形不明，則雖守法之吏，誦數之儒，亦皆亂也」（《荀子‧正名篇》）。〔註54〕今聖王不再，人民輕忽名約，飾奸說之徒起，名與實相爲亂，是非善惡之標準失，雖守法條之吏，誦讀經書之儒，亦失其所習，相互迷亂。故荀子以爲，當務之急乃在於正名。

（一）正三標

正名之法奈何？《荀子‧正名篇》云：「若有王者起，必將有循於舊名，有作於新名。然則『所爲有名』，與『所緣以同異』，與『制名之樞要』，不可不察也。」〔註55〕先王之道有其常規，不可日亡，必將有循於既有之舊名；然世異時移，舊名亦有所不可規範者，故當有新名之作。然制名之義不可不知，不可不慎，故而有所謂之「三標」：

1. 所為有名

「所爲有名」即制名之起因及目的爲何？《荀子‧正名篇》云：「異形離心交喻，異物名實玄紐，貴賤不明，同異不別；如是，則志必有不喻之患，而事必有困廢之禍。」〔註56〕此可分爲二段論之：

一曰「異形離心交喻」。「異形」者，兩不同形之物；「離」者，背離之意。「交喻」者，指兩物各自作爲「喻依」而譬喻表達意志。此句之意爲：兩種不同形狀之物件，其各自作爲「喻依」，而來顯示「喻體」，因其「喻依」及「喻體」間之關係，背離一般心之認知，「則志必有不喻之患」，如此則心中之意志，必有無法經由譬喻來表達之缺點。如《詩經‧小雅‧蓼莪篇》云：「缾之罄矣，維罍之恥，鮮民之生，不如死之久矣。」〔註57〕朱熹《集註》云：「缾小罍大，皆酒器也。……言缾資於罍，而罍資缾，猶父母與子相依

〔註53〕唐‧孔穎達：《禮記正義》，頁 260。
〔註54〕清‧王先謙：《荀子集解》，頁 381～382。
〔註55〕同上，頁 382。
〔註56〕同上。
〔註57〕宋‧朱熹：《詩經集註》，頁 115。

爲命也。」〔註58〕其中「餠」與「罍」皆爲「喻依」，「父母」與「兒子」皆爲「喻體」。「餠」爲小者，「罍」爲大者。餠喻父母，而罍喻兒子，然就一般認知者，應爲「罍」大喻父母，「餠」小喻兒子。此詩之喻，有背離一般認知心之處，兩者之喻無法立即使人明瞭；若以「罍」大喻父母，「餠」小喻兒子，酒由罍注之餠，猶父母之恩澤，注及兒子，如此之譬，「喻依」及「喻體」之間關係明白，不違背一般心之認知，故「志無不喻之患。」

二曰「異物名實玄紐」。「玄」者，《說文》云：「幽遠也。」〔註59〕此處借爲「暗中」之意。「紐」者，楊注云：「紐，結也。」〔註60〕指糾結之意。「異物」者，指兩種不同之物件，「名實玄紐」者，指此兩種物件，其名雖不同，然實體卻有關係，於是名實便有暗中糾結之處，若以此辯說，「而事必有困廢之禍」，所言之事必有困廢之害。此說乃針對公孫龍之「白馬非馬說」者，白馬、黃馬名雖不同，然其實同爲馬。公孫龍利用白馬如等於馬，黃馬也等於馬，則有白馬等於黃馬之矛盾出現。然名雖不同，而實卻相同，於是名實暗中糾結，此辯說便出現不通之實。《韓非子・外儲說左上》云：「兒說，宋人，善辯者也。持白馬非馬也服齊稷下之辯者，乘白馬而過關，則顧白馬之賦。故籍之虛辭則能勝一國，考實按形不能謾於一人。」〔註61〕兒說爲齊稷下學者之一，亦以持白馬非馬說聞名，雖其辯爲白馬非馬，然其乘白馬過關時，亦得取馬賦後得過關，故其名雖不同，而其實卻同。則「白馬非馬」說爲「名實玄紐」之論，故「事必有困廢之禍」。若持爲「黃牛非馬」說，名爲不同，實亦不同，則無「名實玄紐」之處，若兒說騎黃牛過關，便不賦稅，故事必無困廢之禍矣。

名家之辯，善於利用譬喻，以明其志。譬喻者，《墨子・小取篇》云：「辟也者，舉也（他）物而以明之也。」〔註62〕墨子以爲藉他物說明此物，即爲譬喻之效。王符《潛夫論・釋難篇》云：「夫譬喻也者，生於直告之不明，故假物之然否以彰之。」〔註63〕直告不明時，可借他物以彰明之，此爲譬喻之用。《荀子・非相篇》云：「談說之術，矜莊以蒞之，端誠以處之，堅彊以

〔註58〕宋・朱熹：《詩經集註》，頁115。
〔註59〕清・段玉裁：《說文解字注》，頁161。
〔註60〕清・王先謙：《荀子集解》，頁382。
〔註61〕民國・陳奇猷：《韓非子新校注》，頁674。
〔註62〕清・孫詒讓：《墨子閒詁》，頁379。
〔註63〕清・汪繼培：《潛夫論箋校正》，頁326。

持之，分別以喻之，譬稱以明之。」〔註64〕荀子亦以為譬喻為談說之要術。然譬喻者，「喻依」及「喻體」雙方必有明顯之關聯性，此關聯性必不得越於一般心之認知，若越於一般心之認知，則此譬喻必不達說者之意。而名家之辯說，正具有此缺，為達辯說之目的，全然不顧譬喻稱說之常規，使聽者不知其意，而說者卻以為高。若措於實際之地，常有困廢之禍，《荀子‧天論篇》云：「無用之辯，不急之察，棄而不治。」〔註65〕故荀子批評名家之辯說，有亂名之弊，而無益於治國，理當止息之。

名、分二者，不可不察，《尹文子‧大道上》云：

> 名稱者，別彼此而檢虛實者也。自古至今，莫不用此而得，用彼而失。失者由名、分混，得者由名、分察。今親賢而疏不肖，賞善而罰惡，賢、不肖、善、惡之名宜在彼，親、疏、賞、罰之稱宜屬我，我之與彼，各得（據陶鴻慶說改）一名，名之察者也，名賢、不肖為親、疏，名善、惡為賞罰，合彼、我之一稱而不別之。名之混者也，故曰：名稱者，不可不察也。〔註66〕

名稱者，用以區別不同之事物，並檢驗事物之真假虛實。故君主必別賢不肖、善惡、親疏、賞罰等相異之名；並察其名分，以別賢、不肖；檢其虛實，以作賞罰，故名稱者，不可不察也。

針對名家譬說之患，荀子提出先王之法為之鍼砭，《荀子‧正名篇》云：「故知者為之分別制名以指實，上以明貴賤，下以辨同異。貴賤明，同異別，如是則志無不喻之患，事無困廢之禍，此『所為有名』也。」〔註67〕先王分別對萬物制其名以指其實，使上者得以顯明其貴賤，下者得以辨別其同異。使名與實相符而不相妨，如此則人皆可喻其志，事皆無困廢之禍，此即「所為有名」之目的。

2. 所緣以同異

所為有名既已辨明，然則同名與異名之所由起為何？《荀子‧正名篇》云：「然則『何緣而以同異』？曰：『緣天官』。凡同類同情者，其天官之意物

〔註64〕清‧王先謙：《荀子集解》，頁75。
〔註65〕同上，頁292。
〔註66〕民國‧周立昇：《稷下七子捃逸‧尹文子》，頁499，清陶鴻慶《讀諸子札記‧十六‧尹文子》云：「『又復』，疑『各得』二字之誤。」頁434。
〔註67〕同註64，頁382。

也同。故比方之疑似而通,是所以共其約名以相期也。」〔註68〕事物之異同,乃由感官感覺而來。人之感官同,其於同類同情之事物,感受亦同。故以各種譬喻將事物比擬至相似之程度,即可相互通曉。是則必以共同約定之名,與所指之物兩相符合。如此,溝通始為完成。

然則辨別萬物之異同,可分為外部感官及內部感官二者:外部感官者,《荀子・正名篇》云:「形體、色理以目異;聲音清濁、調竽、奇聲以耳異;甘、苦、鹹、淡、辛、酸、奇味以口異;香、臭、芬、鬱、腥、臊、漏庮(據王念孫説改)、奇臭以鼻異;疾、癢、凔、熱、滑、鈒(據楊注改)、輕、重以形體異」〔註69〕又《荀子・正名篇》云:「說、故、喜、怒、哀、樂、愛、惡、欲以心異。」〔註70〕形色、音聲、甘苦、香臭、疾癢各以目、耳、口、鼻、體而異,此為外部感官之異;七情六欲以心異,此為內部感官之異。至於心,則統合五官,《荀子・正名篇》云:「心有徵知。徵知,則緣耳而知聲可也,緣目而知形可也。然而徵知必將待天官之當簿其類,然後可也。五官簿之而不知,心徵知而無說,則人莫不然謂之不知。此『所緣而以同異』也。」〔註71〕心有徵知萬物之能。心徵知,則因耳而知聲,因目而知形。然心必待五官之主掌其類,然後能徵知。若五官感受外物而不覺,心有徵知而無說,則人皆謂之不知。此謂之人因官能而有同異之理也。

3. 制名之樞要

然則制名用名之原則為何?荀子共分之為四點:

一曰「單名、兼名」。此為同實及異實之問題,《荀子・正名篇》云:「然後隨而命之,同則同之,異則異之。單足以喻則單,單不足以喻則兼;單與兼無所相避則共;雖共不為害矣。知異實者之異名也,故使異實者莫不異名也,不可亂也,猶使同實(據楊注改)者莫不同名也。」〔註72〕既已「緣而以同異」,則隨之為事物制名:

首先,同類之事物即給予相同之名稱;異類者,即給予不同之名稱。其次,物之單名足以喻之者,則用單名命之;若單名不足以曉喻之者,則用複名命之。楊注云:「謂若止喻其物,則謂之馬;喻其毛色,則謂之白馬、黃馬

〔註68〕 清・王先謙:《荀子集解》,頁382～383。
〔註69〕 同上,頁383～384。
〔註70〕 同上,頁384。
〔註71〕 同上。
〔註72〕 同上,頁385。

之比也。」〔註73〕單名者，如馬、牛等；兼名者，如白馬、黃馬等。再者，若單名與兼名所指爲同一物而無法避免時，則單、兼二名共用。如命一物爲「馬」，若兼及其毛色者，則稱「白馬」，如此單名「馬」及兼名「白馬」同指一物，而兩不相妨者。不同之事物予以不同之命名，猶如相同之事物莫不給予相同名稱一般，不可相亂也。

　　二曰「共名、別名」。此乃言及大類之命名，《荀子・正名篇》云：「故萬物雖眾，有時而欲徧舉之，故謂之物；物也者，大共名也。推而共之，共則有共，至於無共然後止。有時而欲偏（據俞樾說改）舉之，故謂之鳥獸。鳥獸也者，大別名也。推而別之，別則有別，至於無別然後止。」〔註74〕此可分爲二者說明之：

　　「共名」者，萬物雖多，有時欲盡舉之，故謂之「物」，物者，爲「大共名」也。依其類而上推，給予共名，共名之上又推其大共名，如此至於無共名爲止。如推白馬、黃馬而共爲「馬」；推牛、馬而共爲「獸」；推鳥、獸而共爲「動物」；推動、植物而共爲「生物」；推生物、無生物而共爲「物」之大共名。

　　「別名」者，有時欲偏舉之，故謂之鳥獸，鳥獸者，乃「大別名」也。由此類而下推，給予別名，別名之下又推其別名，如此至於無別名而後止。如推「物」而別爲「生物」、「無生物」；推「生物」而別爲「動物」、「植物」，推「動物」而別爲「鳥」、「獸」；推「獸」而別爲「牛」、「馬」；推「馬」別爲「白馬」、「黃馬」等小別名。

　　荀子此共、別名與墨派之說法有異曲同工之妙，《墨子・經說上》云：「名：達、類、私。」〔註75〕荀子之「物」爲大共名，即《墨辯》所謂之「達」；而「鳥」、「獸」等之大別名，上推爲共名，下推爲別名者，即《墨辯》所謂之「類」；而如「白馬」等小別名，即《墨辯》所謂之「私」。

　　三曰「約定俗成」。以上制名之方法，爲求其同類同理者，然亦有不同理者，《荀子・正名篇》云：「名無固宜，約之以命，約定俗成謂之宜，異於約則謂之不宜。名無固實，約之以命（據王念孫說改），約定俗成，謂之實名。名有固善，徑易而不拂，謂之善名。」〔註76〕此則有三：「名無固宜」者，名

〔註73〕清・王先謙：《荀子集解》，頁384。
〔註74〕同上，頁385。
〔註75〕清・孫詒讓：《墨子閒詁》，頁358。
〔註76〕同註73，頁386。

稱之於一物，本無所謂之定名，經人相約而命之以定名，約定俗成故爲定宜，若此名違於俗約則謂之不宜。「名無固實」者，名稱本無相對之實體，經人相約以此名定此實，約定俗成而謂之實名。「名有固善」者，名雖無故宜，卻有固善。若一名直接平易而不違拂於俗，直謂而人皆可曉喻者，即爲善名。

名之類別，《尹文子·大道上》以爲「名有三科」，其云：「一曰命物之名，方、圓、白、黑是也。二曰毀譽之名，善、惡、貴、賤是也。三曰況謂之名，賢、愚、愛、憎是也。」〔註77〕方、圓、白、黑爲命物之名；善、惡、貴、賤爲毀譽之名；賢、愚、愛、憎爲比況說明之名。此三類者皆爲約定俗成者，如聞方、圓即知指物之外狀，聞者即可曉知，則爲善名。《尹文子·大道上》云：

> 善名命善，惡名命惡，故善有善名，惡有惡名。聖賢仁智，命善者
> 也，頑嚚凶愚，命惡者也，今即聖賢仁智之名，以求聖賢仁智之實，
> 未之或盡也；即頑嚚凶愚之名，以求頑嚚凶愚之實，亦未或盡也。
> 使善惡盡然有分，雖未能盡物之實，猶不患其差也，故曰：「名不可
> 不辯也。」〔註78〕

今雖以聖賢仁智之名命善者，若即名求其實者，實未必符名；以頑嚚凶愚之名命惡者，若即名求其實者，實未必符名。故君子必定其名，使善惡之名，各能符其實，而不患其名實之差別，此爲善於定名者也。

四曰「稽實定數」。有一實二實之問題者，《荀子·正名篇》云：「物有同狀而異所者，有異狀而同所者，可別也。狀同而爲異所者，雖可合，謂之「二實」。狀變而實無別而爲異者，謂之化。有化而無別，謂之「一實」。此事之所以稽實定數也。此『制名之樞要』也。後王之成名，不可不察也。」〔註79〕物有同一形狀而處於不同之處所者；有不同形狀而同一處所者，此可加以區別：形狀相同而在不同處所者，名雖可合一，然其實體仍實爲二，謂之「二實」。如兩馬同狀，而各處一所，其形雖同，其名同爲馬，然其數爲二。外形雖有變化，然其實體則無別居於異所者，謂之「化」，雖有化而實體無別，故謂之「一實」。如蠶化而爲蛹，蛹化而爲蛾，雖其外狀有異，而所處則無別所，故其數仍爲一。

定名應與事實符合，《尹文子·大道上》云：「有形者必有名，有名者未必有形，形而不名，未必失其方圓白黑之實。名而不可不尋，名以檢其差，

〔註77〕民國·周立昇：《稷下七子捃逸·尹文子》，頁497。
〔註78〕同上，頁499。
〔註79〕清·王先謙：《荀子集解》，頁386。

故亦有名以檢形，形以定名，名以定事，事以檢名，察其所以然，則形名之與事物，無所隱其理矣。」〔註80〕有形體者，必有一名與其相應；然有名稱，卻未必有形體與其相應。有其形體而無其定名，未必失其原有之方、圓、黑、白之實質；反之，若有其名，未必即有相對應之形，因此名不可不慎。故必以定名檢其所定之實體，以所定之實體檢其所以定之名。如此，則形名事物，則無所隱其理，而邪人無所亂其辭者。

　　以上爲制名之樞要。此後王所創作之既成之名，不可不察。若立於此制名之三標，則諸子百家之僻說，即可逐一破解。

（二）破三惑

　　制名之三標已立，則有所對治者，即所謂之「三惑」。《荀子・正名篇》云：

> 「見侮不辱」、「聖人不愛己」、「殺盜非殺人也」，此惑於「用名以亂名」者也。驗之所爲有名而觀其孰行，則能禁之矣；「山淵平」、「情欲寡」、「芻豢不加甘，大鐘不加樂」，此惑於「用實以亂名」者也。驗之所緣（無）以同異而觀其孰調，則能禁之矣；「非而謁楹」，「有牛馬非馬也」，此惑於「用名以亂實」者也。驗之名約，以其所受悖其所辭，則能禁之矣。〔註81〕

此可分爲三部份述之：

1. 用名以亂名

　　所謂「用名以亂名」者，荀子舉有三例：

　　一曰「見侮不辱」。此爲宋鈃之學說，《荀子・正論篇》云：「子宋子曰：『明見侮之不辱，使人不鬥。人皆以見侮爲辱，故鬥也；知見侮之爲不辱，則不鬥矣。』」〔註82〕人之被侮，爲在外者，而辱爲在內，爲心之所感。荀子以爲，侮爲辱之成因之一，如不當得之譽，亦有以爲辱者，如許由、務光之逃堯之擅讓者，其二者不以得天下爲榮，而以爲辱，故逃而不受。是「辱」爲共名，「侮」爲別名，今「見侮不辱」，是以「侮」之別名亂「辱」之共名。

　　二曰「聖人不愛己」。《墨子・大取篇》云：「愛人不外己，己在所愛之中。己在所愛，愛加於己。倫列之愛己，愛人也。」〔註83〕無差等之愛己，即是

〔註80〕民國・周立昇：《稷下七子招逸・尹文子》，頁496。
〔註81〕清・王先謙：《荀子集解》，頁387～388。
〔註82〕同上，頁315。
〔註83〕清・孫詒讓：《墨子閒詁》，頁369。

愛人。荀子以爲，「人」爲共名，「聖人」（己）與「眾人」爲別名，以爲「聖人不愛己」，是以「聖人」（己）之別名，亂「人」之共名。

　　三曰「殺盜非殺人」。《墨子・小取篇》云：「盜人，人也，多盜，非多人也；無盜，非無人也。奚以明之？惡多盜，非惡多人也；欲無盜，非欲無人也。世相與共是之。若若是，則雖盜人（人）也，愛盜非愛人也，不愛盜非不愛人也，殺盜人非殺人也，無難（盜無難）矣。」〔註84〕「人」爲共名，「盜」爲別名，今言「殺盜非殺人」者，是以「盜」之別名亂「人」之共名。

　　荀子以爲，以上三者皆爲「異物名實玄紐」之類，故事有困廢之禍，此皆惑於「用名以亂名」者也，若以「所爲有名」徵驗之，觀此三說或「見侮爲辱」、「聖人愛己」、「殺盜即殺人」三說，孰可行者，即可禁此惑矣。

2. 用實以亂名

　　「用實以亂名」者，荀子亦舉有三例：

　　一曰「山淵平」。此爲惠施之學說，《莊子・天下篇》云：「天與地卑，山與澤平。」〔註85〕《荀子・不苟篇》云：「『山淵平』、『天地比』、『齊秦襲』、『入乎耳，出乎口』、『鉤有須』、『卵有毛』，是說之難持者也，而惠施鄧析能之。」〔註86〕〈正名篇〉楊注云：「古人以山爲高，以泉爲下，原其實亦無定。但在當時所命耳。後世遂從而不改。亂名之人，既以高下是古人之一言，未必物之實也；則我以山、泉爲平，奚爲不可哉？」〔註87〕楊倞以爲：古之定名，山爲高，泉爲下，名無固宜，約定俗成，即成定名。亂名之人，以爲高下者，未必定於山、泉者，故我言山、泉爲平，亦屬不妄。

　　二曰「情欲寡」。此爲宋鈃之學說，《荀子・正論篇》云：「子宋子曰：『人之情，欲寡，而皆以己之情，爲欲多，是過也。』」〔註88〕又《莊子・天下篇》云：「以禁攻寢兵爲外，以情欲寡淺爲內。」〔註89〕是以爲人之情欲寡，若以己情爲欲多，是過也。《荀子・正論篇》云：「以人之情爲欲多而不欲寡，故賞以富厚，而罰以殺損也。是百王之所同也。」〔註90〕是荀子以爲人之情爲

〔註84〕清・孫詒讓：《墨子閒詁》，頁 381～382。
〔註85〕清・郭慶藩：《莊子集釋》，頁 1102。
〔註86〕清・王先謙：《荀子集解》，頁 32。
〔註87〕同上，頁 387。
〔註88〕同上，頁 318。
〔註89〕同註85，頁 1084。
〔註90〕同註86，頁 319。

欲多，而不欲寡，故百王以富厚賞之，以減損罰之。道家主張寡欲，而荀子則主張導欲，以為以禮義導之，則欲雖多亦不為亂。

三曰「芻豢不加甘，大鐘不加樂」。一般以為此乃墨子之言，然觀《墨子·非樂上》云：

> 是故子墨子之所以非樂者，非以大鐘、鳴鼓、琴瑟、竽笙之聲，以為不樂也；非以刻鏤華文章之色，以為不美也；非以犓豢煎炙之味，以為不甘也；非以高臺厚榭邃野之居，以為不安也。雖身知其安也，口知其甘也，目知其美也，耳知其樂也，然上考之不中聖王之事，下度之不中萬民之利，是故子墨子曰：「為樂非也。」〔註91〕

墨子非以樂為不樂、犓豢為不甘也，為其上考之不中聖王之事，下度之不中萬民之利，故不以之為樂為甘。荀子此說是否指墨家之主張，或當時之道家有此說，因史料不足，故不可明指。然就其言論之，人情以為犓豢為甘，大鐘為樂，今此說違背一般之認知。

以上之三例，荀子以為係「用實以亂名」者，若「驗之所緣以同異」，如緣目而知山之高、淵之深；緣心而知情欲之多；緣口而知犓豢之甘；緣耳而知大鐘之樂。而觀其孰為可行，則能禁之矣。

3. 用名以亂實

「用名以亂實」者，荀子舉有二例：一為「非而謁楹」，觀《墨子·經說上》云：「止，無久之不止，當牛非馬，若矢過楹。有久之不止，當馬非馬，若人過梁。」〔註92〕其中「若矢過楹」是否與「非而謁楹」有關，存疑；二為「有牛馬非馬也」。楊注云：「非而謁，楹有牛，未詳所出。馬非馬，是公孫龍「白馬之說」也。」〔註93〕今若以「馬非馬」為公孫龍之「白馬非馬者」，則應為「以名亂名」，即以「白馬」之別名，亂「馬」之共名。故此斷句不合「用名以亂實」之命題。今觀《墨子·經下》云：「牛馬之非牛，與可之同，說在兼。」〔註94〕「可之」孫詒讓以為當作「不可。」其意為：若兼言「牛馬」一詞，則不可謂之「牛」，亦不可謂之「馬」。又《墨子·經說下》云：「故曰：『牛馬非牛也』，未可，『牛馬牛也』，未可。則或可或不可，而曰：『牛馬牛也未可』亦不可。且

〔註91〕清·孫詒讓：《墨子閒詁》，頁227。
〔註92〕同上，頁309～310。
〔註93〕清·王先謙：《荀子集解》，頁387。
〔註94〕同註91，頁297。

牛不二，馬不二，而牛馬二。則牛不非牛，馬不非馬，而牛馬非牛非馬，無難。」〔註95〕《墨辯》此說為針對名家之論而言，〔註96〕名家云：「牛馬非牛也」，此與荀子所舉之「有牛馬非馬」為同一命題，意指「牛馬」羣之中，不得有「馬」，亦不得有「牛」，而《墨辯》亦歸結為：「牛馬」一詞中，非有「牛」亦非有「馬」，是無可辯難者。又《墨子·經說下》云：「俱，俱一，若牛馬四足。惟是，當牛馬。數牛，數馬，則牛馬二；數牛馬，則牛馬一。若數指，指五而五一。」〔註97〕「俱」者，乃俱於一之謂。若牛有四足，俱於一牛；若馬有四足，俱於一馬。是「俱」之義為「俱於一」。如此，數牛，數馬，則牛一，馬一，合「牛」、「馬」為二。然若數「牛馬」一詞者，則「牛馬」之數為一。若數手指者，合數之為五指，分數之則為一指，如一大姆指，一食指等。

針對此說，荀子以為：「牛馬」羣為一實體，其中有「牛」之存在，亦有「馬」之存在；今名家及墨徒均以「牛」及「馬」等別名之存在，排除於「牛馬」羣之實體外，是為以「名」（牛、馬）亂「實」（牛馬羣）者。欲破此惑，為「驗之名約」，即以「約定俗成謂之宜，異於約謂之不宜」之原則，知「牛馬」羣之中，必有「牛」及「馬」二者，驗之以其所受之理（「牛馬非馬」），與其所辭之事（「牛馬羣有牛有馬」）乃相互悖亂，則能禁之矣。

（三）聖人與辯說

明君對於三惑為用法禁止之，《荀子·正名篇》云：「凡邪說辟言之離正道而擅作者，無不類於三惑者矣。故明君知其分而不與辨也。夫民易一以道，而不可與共故。故明君臨之以埶，道之以道，申之以命，章之以論，禁之以刑。故民之化道也如神，辨說（據盧文弨說改）惡用矣哉！」〔註98〕荀子以為治民以道齊一之易，而不可與之共論事之所以然。《論語·泰伯篇》云：「子曰：『民可使由之，不可使知之。』」〔註99〕故明君以勢臨之，以道導之，以

〔註95〕 清·孫詒讓：《墨子閒詁》，頁351。

〔註96〕 《公孫龍子·通變論》云：「羊牛有角，馬無角；馬有尾，羊牛無尾。故曰：『羊合牛非馬也。』非馬者，無馬也。無馬者，羊不二，牛不二，而羊牛二。是而羊，而牛，非馬，可也。」（收於楊家駱：《名家六書》）頁68。

〔註97〕 同註95，頁329，《公孫龍子·通變論》云：「牛羊有毛，雞有羽。謂雞足，一。數雞足，二。二而一，故三。謂牛羊足，一。數足，四。四而一，故五。牛、羊足五，雞足三。故曰：牛合羊、非雞。非有以非雞也。」同上，頁69。

〔註98〕 清·王先謙：《荀子集解》，頁388。

〔註99〕 宋·朱熹：《四書集注》，頁112。

令申之，以論章之，以刑禁之，凡諸子百家邪說僻言而析辭亂言者，「其罪猶為符節度量之罪也」，〔註100〕必先誅之。

　　聖王已沒，君子出而辯說，《荀子‧正名篇》云：「今聖王沒，天下亂，姦言起，君子無埶以臨之，無刑以禁之，故辨說也。」〔註101〕若聖王存，以法制之，姦言不起；今聖不存，天下大亂，姦言並起，而「君子無埶以臨之，無刑以禁之，故辨說也。」楊注云：「荀卿自述正名及辨說之意也。」〔註102〕

　　辯說之方有所謂之「期、命、辨、說」者，《荀子‧正名篇》云：「實不喻，然後命，命不喻，然後期，期不喻，然後說，說不喻，然後辨。故期命辨說也者，用之大文也，而王業之始也。」〔註103〕今有一實體，無法喻之於人，則命之以名；命之名而不可喻知，「則以形狀大小會之，使人易曉也。謂若白馬，但言馬則未喻，故更以白會之；若是事多，會亦不喻者，則說其所以然；若說亦不喻者，則反覆辨明之也。」（《荀子‧正名篇》楊注）〔註104〕楊注此說正足以說明「期、命、辨、說」之推進次序。荀子以為，若無「期、命、辨、說」者，則萬事因之而廢，故其為事用之大文節也；而王業之始在於思想之一統，思想之一統，在於正名，故為「王業之始也」也。

　　荀子進而析論辯說之樞要，《荀子‧正名篇》云：「名聞而實喻，名之用也。累而成文，名之麗也。用麗俱得，謂之知名。名也者，所以期累實也。辭也者，兼異實之名以論一意也。辨說也者，不異實名以喻動靜之道也。期命也者，辨說之用也。辨說也者，心之象道也。」〔註105〕名之用，在於使人易知，累名而成文辭，文辭所以為名之附儷者。名之用顯，名累成文而當，是謂知用名者。「名」用於與實體期會；而名之用有窮，故「辭」則濟名之窮，用於兼明異實之名者也。「辯說」者，其所以闡明事理之名，其義終始如一，不可更易。《墨子‧小取篇》云：「夫辯者，將以明是非之分，審治亂之紀，明同異之處，察名實之理，處利害，決嫌疑。」〔註106〕此為名辯功用；「期命」也者，所期約而命之名，為辯說之用；「辯說」也者，心之效法於道，故欲明之也。「心也者，道之工宰

〔註100〕清‧王先謙：《荀子集解》，頁381。
〔註101〕同上，頁388。
〔註102〕同上。
〔註103〕同上。
〔註104〕同上。
〔註105〕同上，頁388～389。
〔註106〕清‧孫詒讓：《墨子閒詁》，頁379。

也。道也者，治之經理也。心合於道，說合於心，辭合於說。正名而期，質請而喻，辨異而不過，推類而不悖。聽則合文，辨則盡故」（《荀子‧正名篇》）。〔註107〕心爲道之主宰；道者，爲治國不變之常理。心之所知合於道，辯說合於心意，所用之言辭能表達欲辯說之內容。辯說時所用之名易爲人所通曉，所舉之實易爲人所共知。辯論同異不出所命題，推類說理不相違背。其要於聽人言辯須合於文禮，自我辯說能理由盡說，此爲辯說之樞要。

聖人之辯者，《荀子‧正名篇》云：「以正道而辨姦，猶引繩以持曲直。是故邪說不能亂，百家無所竄。有兼聽之明，而無矜奮之容；有兼覆之厚，而無伐德之色。說行則天下正，說不行則白道而冥窮。是聖人之辨說也。」〔註108〕聖人以禮義之道與姦說論辯，若引繩墨以定曲直，是以聖人之辯說有廓清邪說淫辭，一統百家之言之功——此爲聖人辯說之功用。然聖人有察鑒百家言說之明，有教誨諸子之厚德，而無矜伐之容色——此爲聖人辯說之德容。

四、非十二子

君子有止息邪說之志，《荀子‧大略篇》云：「語曰：『流丸止於甌、臾，流言止於知者。』此家言邪學之所以惡儒者也。是非疑，則度之以遠事，驗之以近物，參之以平心，流言止焉，惡言死焉。」〔註109〕儒者之見惡於諸子百家者，以其能爲智者而止息流言。儒者見是非二者疑不明，則以遠古之事裁度之，以當近之事物徵驗之，以公平之心參互明之。如此，則流言止息，惡言不行也。

（一）對十二子之批評

1. 它囂、魏牟

《荀子‧非十二子篇》云：「縱情性，安恣睢，禽獸行，不足以合文通治；然而其持之有故，其言之成理，足以欺惑愚衆；是它囂、魏牟也。」〔註110〕它囂，楊注云：「未詳何代人。《世本》，楚平王孫有田公它成，豈同族乎？」〔註111〕魏牟者，楊注云：「《韓詩外傳》作范魏牟。牟魏公子，封於中山。《漢書‧藝文志》道家有《公子牟》四篇。班固曰：『先莊子，莊子稱之。』今《莊

〔註107〕清‧王先謙：《荀子集解》，頁389。
〔註108〕同上，頁389～390。
〔註109〕同上，頁467。
〔註110〕同上，頁79。
〔註111〕同上，頁79。

子》有公子牟，稱莊子之言，以折公孫龍，據即與莊子同時也。又《列子》稱：公子牟解公孫龍之言。」〔註112〕魏牟爲貴生重死者，近於道家之言。荀子以此二者爲放縱情性，恣意妄爲，不知禮義，則如禽獸，其學說不足以合於文禮，通於治道，然其持論有理，言之有物，故足以欺詐迷惑眾人。

2. 陳仲、史鰌

《荀子·非十二子篇》云：「忍情性，綦谿利跂，苟以分異人爲高，不足以合大眾，明大分，然而其持之有故，其言之成理，足以欺惑愚眾；是陳仲史鰌也。」〔註113〕陳仲者，《荀子·不苟篇》云：「人之所惡者，吾亦惡之。夫富貴者，則類傲之；夫貧賤者，則求柔之。是非仁人之情也，是姦人將以盜名於晻世者也，險莫大焉。故曰：『盜名不如盜貨。』田仲史鰌不如盜也。」〔註114〕人之所惡惡之，人之所好好之，傲富貴而寬容貧賤，是求名者也。史鰌者，《論語·衛靈公篇》云：「子曰：『直哉史魚！邦有道，如矢；邦無道，如矢。』」〔註115〕朱註云：「史，官名，魚，衛大夫，名鰌。」〔註116〕春秋時代，衛靈公爲無道之君，史鰌爲能守道者，故孔子稱之；時至戰國，以進取爲勝，故荀子給予史鰌之評價，爲守舊不知變通，生不能輔君，徒以死干君者，是空有直臣之虛名者也。故荀子以爲此二者皆爲強抑其性情，以爲正直，而不能以禮義之道導欲，其志行深峻，違俗自潔，自求異於眾人，以爲高行。此爲不足合於羣眾，顯明貴賤之大分，是以深非之。

3. 墨翟、宋鈃

《荀子·非十二子篇》云：「不知壹天下建國家之權稱，上功用，大儉約，而僈差等，曾不足以容辨異，縣君臣；然而其持之有故，其言之成理，足以欺惑愚眾：是墨翟宋鈃也。」〔註117〕墨翟者，《史記·孟子荀卿列傳》云：「蓋墨翟，宋之大夫，善守禦，爲節用。或曰並孔子時，或曰在其後。」〔註118〕其爲宋之大夫，在孔子之前後。《淮南子·要略篇》云：「墨子學儒者之業，受孔子之術，以爲其禮煩擾而不說，厚葬靡財而貧民，久（據王念孫說增）

〔註112〕清·王先謙：《荀子集解》，頁79。
〔註113〕同上，頁79～80。
〔註114〕同上，頁44。
〔註115〕宋·朱熹：《四書集注》，頁166～167。
〔註116〕同上，頁167。
〔註117〕同註112，頁80。
〔註118〕日·瀧川資言：《史記會注考證》，頁4007～4008。

服傷生而害事，故背周道而用夏政。」〔註119〕墨子學派其先學儒者之業，受孔子之術，後因儒家之禮煩、厚葬、久服而棄去之，改行夏禹勤苦爲天下之道，自成一派。荀子則就儒家之立場非之，《荀子・樂論篇》云：「墨子曰：『樂者，聖王之所非也，而儒者爲之過也。』」〔註120〕又《荀子・天論篇》云：「墨子有見於齊，無見於畸。」〔註121〕墨子以爲人無等差，然不識禮樂等級之重要性；《荀子・解蔽篇》云：「墨子蔽於用而不知文。」〔註122〕又《荀子・樂論篇》云：「窮本極變，樂之情也；著誠去僞，禮之經也。墨子非之，幾遇刑也。」〔註123〕是墨子倡節用而不知禮樂之功用，應處之以刑；《荀子・樂論篇》云：「先王之道，禮樂正其盛者也。而墨子非之。故曰：『墨子之於道也，猶瞽之於白黑也，猶聾之於清濁也，猶欲之楚而北求之也。』」〔註124〕先王之道爲禮樂制度，其爲教化人民之大本，而墨子非之，其於道也猶盲者之不辨白黑，聾者之不聞音聲，欲適南而往北者。《荀子・禮論篇》云：「故人一之於禮義，則兩得之矣；一之於情性，則兩喪之矣。故儒者將使人兩得之者也，墨者將使人兩喪之者也，是儒墨之分也。」〔註125〕儒者以禮義化人情性，一則人性得禮義之化而歸於正，一則禮義化人而得其彰，是爲兩得之者也；墨者非禮非樂，故使人兩喪之也。是以荀子非墨者之學爲不知以禮義齊一天下人心，建立國家之權衡，凡事以中功用爲先，〔註126〕太過儉約，說兼愛而無差等，其學說實不足以分別人倫之貴賤，懸隔君臣上下。

墨子之尚儉，荀子亦非之，《荀子・富國篇》云：

> 墨子之言昭昭然爲天下憂不足。夫不足非天下之公患也，特墨子之私憂過計也。今是土之生五穀也，人善治之，則畝數盆，一歲而再獲之。然後瓜桃棗李，一本數以盆鼓；然後葷菜百疏以澤量；然後

〔註119〕民國・何寧：《淮南子集釋》，頁1459。

〔註120〕清・王先謙：《荀子集解》，頁351。

〔註121〕同上，頁295。

〔註122〕同上，頁362。

〔註123〕同上，頁353。

〔註124〕同上，頁350。

〔註125〕同上，頁323～324。

〔註126〕《墨子・非命上》云：「子墨子言曰：『有本之者，有原之者，有用之者。於何本之？上本之於古者聖王之事。於何原之？下原察百姓耳目之實。於何用之？廢以爲刑政，觀其中國家百姓人民之利。此所謂言有三表也。』」是墨子尚功用之證。（清・孫詒讓：《墨子閒詁》）頁240～241。

> 六畜禽獸，一而剸車；黿、鼉、魚、鱉、鰌、鱣以時別，一而成羣；
> 然後飛鳥、鳧、雁若煙海；然後昆蟲萬物生其閒，可以相食養者，
> 不可勝數也。夫天地之生萬物也，固有餘，足以食人矣；麻葛繭絲、
> 鳥獸之羽毛齒革也，固有餘，足以衣人矣。夫有餘不足，非天下之
> 公患也，特墨子之私憂過計也。〔註127〕

人民力務，則萬物不可勝用，不可勝食，是有餘、不足二者，非天下之公患
也，故墨子尚儉，是私憂過計者。

天下之公患不在有餘、不足，則安在哉？在於亂傷之也。《荀子・富國篇》
云：

> 天下之公患，亂傷之也。胡不嘗試相與求亂之者誰也？我以墨子之
> 「非樂」也，則使天下亂；墨子之「節用」也，則使天下貧，非將
> 墮之也，說不免焉。墨子大有天下，小有一國，將蹙然衣粗食惡，
> 憂戚而非樂。若是則瘠，瘠則不足欲；不足欲則賞不行。墨子大有
> 天下，小有一國，將少人徒，省官職，上功勞苦，與百姓均事業，
> 齊功勞。若是則不威；不威則罰不行。賞不行，則賢者不可得而進
> 也；罰不行，則不肖者不可得而退也。賢者不可得而進也，不肖者
> 不可得而退也，則能不能不可得而官也。若是，則萬物失宜，事變
> 失應，上失天時，下失地利，中失人和，天下敖然，若燒若焦，墨
> 子雖為之衣褐帶索，嚽菽飲水，惡能足之乎？既以伐其本，竭其原，
> 而焦天下矣。〔註128〕

墨子之「非樂」使天下亂，其「節用」使天下貧。「非樂」則瘠，瘠則不足於
欲，如此則賞不行；「節用」則國少人徒，官職精省，則不威，不威則罰不行
於民。賞罰不行於民，賢者不可得而進，不肖者不可得而退，是能不能者不
可得而官也。如此，則天時、地利、人和皆不可得。使天下之人不得資用，
而墨子惡衣惡食，何能足之？

欲天下平治，必去墨進儒。《荀子・富國篇》云：

> 故儒術誠行，則天下大而富，使而功，撞鐘擊鼓而和。《詩》曰：「鐘
> 鼓喤喤，管磬瑲瑲，降福穰穰，降福簡簡，威儀反反。既醉既飽，
> 福祿來反。」此之謂也。故墨術誠行，則天下尚儉而彌貧，非鬬而

〔註127〕清・王先謙：《荀子集解》，頁 163～164。
〔註128〕同上，頁 164～165。

日爭，勞苦頓萃，而愈無功，愀然憂戚非樂，而日不和。〔註129〕
若用儒術，則天下富足，使民有功，禮樂鼎盛，鐘鼓和樂；若行墨道，天下
勞苦，日憂不足，人民日鬥，世無寧日。故荀子必非墨子之術。

宋鈃者，《莊子·逍遙遊篇》云：「故夫知效一官，行比一鄉，德合一君，
而徵一國者，其自視也亦若此矣。而宋榮子猶然笑之。且舉世而譽之而不加
勸，舉世而非之而不加沮，定乎內外之分，辯乎榮辱之境，斯已矣。」〔註130〕
舉世之毀譽皆不能動其心，是亦道家者流。然因此派亦禁攻寢兵，為世奔走，
有學者以為是墨家者流，如清俞正燮及近人顧頡剛等皆主此說。〔註131〕

關於宋鈃之評，可分為二者論之：

一曰「欲少不為多」者，《荀子·天論篇》云：「宋子有見於少，無見於
多。」〔註132〕又《荀子·解蔽篇》云：「宋子蔽於欲而不知得。」〔註133〕荀
子以為宋鈃祇見少欲，而不知欲多之可以禮義化之。又《荀子·正論篇》云：

> 子宋子曰：「人之情，欲寡，而皆以己之情，為欲多，是過也。」故
> 率其羣徒，辨其談說，明其譬稱，將使人知情之欲寡也。應之曰：「然
> 則亦以人之情為目不欲綦色，耳不欲綦聲，口不欲綦味，鼻不欲綦
> 臭，形不欲綦佚──此五綦者，亦以人之情為不欲乎？」〔註134〕

宋鈃以為人之情欲寡，實則人之耳目口鼻皆欲極美之感受，如是者，理有所
不通矣。《荀子·正論篇》又云：

> 曰：「人之情，欲是已。」曰：「若是，則說必不行矣。以人之情
> 為欲，此五綦者而不欲多，譬之，是猶以人之情為欲富貴而不欲
> 貨也，好美而惡西施也。古之人為之不然。以人之情為欲多而不
> 欲寡，故賞以富厚而罰以殺損也。是百王之所同也。故上賢祿天
> 下，次賢祿一國，下賢祿田邑，愿慤之民完衣食。今子宋子以是

〔註129〕清·王先謙：《荀子集解》，頁166～167。
〔註130〕清·郭慶藩：《莊子集釋》，頁16～17。
〔註131〕俞正燮〈墨學論〉云：「墨子實宋大夫，其後宋牼亦墨徒，欲止秦楚之兵，言
　　　　戰不利，有是君則有是臣，姈此見墨學實君師所授。」（《癸巳類稿》卷十四）
　　　　頁480～481。顧頡剛〈從《呂氏春秋》推測《老子》之成書年代〉云：「所
　　　　以他（宋鈃）的學說，很分明地以楊朱之說治身而以墨子之說救世。」（《古
　　　　史辨》第四冊）頁496。
〔註132〕同註129，頁295。
〔註133〕同上，頁362。
〔註134〕同上，頁318～319。

之情爲欲寡而不欲多也，然則先王以人之所不欲者賞，而以人之
欲者罰邪？亂莫大焉。今子宋子嚴然而好說，聚人徒，立師學，
成文典（據王念說改），然而說不免於以至治爲至亂也，豈不過甚
矣哉！」〔註135〕

人之五官欲極美之感受，爲其自然本性，而今宋鈃以爲人之情欲寡，是猶人
欲富貴而不好財貨，好美而惡西施之美色，爲不通之理。古之人以人之欲爲
多而不爲少，故可行之以賞罰，是百王之所同道者。如此之故，可以爵祿治
天下之民，而宋鈃以人之欲少，是亂先王賞罰以治民之道，亂政者莫大於此。

　　二曰「見侮不辱」者，《荀子・正論篇》云：「子宋子曰：『明見侮之不
辱，使人不鬥。人皆以見侮爲辱，故鬥於也；知見侮之爲不辱，則不鬥矣。』」
〔註136〕宋鈃以爲若人之被侮不以爲辱，則鬥不生。荀子則辯之云：

几人之鬥也，必以其惡之爲說，非以其辱之爲故也。今俳優、侏儒、
狎徒詈侮而不鬥者，是豈鉅知見侮之爲不辱哉。然而不鬥者，不惡
故也。今人或入其央瀆，竊其豬彘，則援劍戟而逐之，不避死傷。
是豈以喪豬爲辱也哉！然而不憚鬥者，惡之故也。雖以見侮爲辱也，
不惡則不鬥；雖知見侮爲不辱，惡之則必鬥。然則鬥與不鬥邪，亡
於辱之與不辱也，乃在於惡之與不惡也。夫今子宋子不能解人之惡
侮，而務說人以勿辱也，豈不過甚矣哉！金舌弊口，猶將無益也。
不知其無益，則不知；知其無益也，直以欺人，則不仁。不仁不知，
辱莫大焉。將以爲有益於人，則與無益於人也，則得大辱而退耳！
說莫病是矣。（《荀子・正論篇》）〔註137〕

凡人之相鬥者，皆以相互見惡也，而不爲受辱之故。何以知其然，俳優、侏
儒、狎徒等，日以相羞辱爲樂，其不鬥者，豈爲其皆知「見侮不辱」之理而
不鬥哉？其所以不鬥者，乃相互不以爲惡也。雖我見侮爲辱，然不惡則不與
人鬥；雖我知「見侮不辱」之理，然心惡則必鬥之。故鬥與不鬥不在辱之與
不辱之感也，而在於心之惡與不惡也。宋鈃不能解人之惡侮，而祇務於勸說
人之勿以爲辱也，是無用之言也。

　　有榮辱之分者，《荀子・正論篇》云：「凡議必先立隆正，然後可也。無

〔註135〕清・王先謙：《荀子集解》，頁319。
〔註136〕同上，頁315。
〔註137〕同上，頁315～316。

隆正則是非不分，而辨訟不決，故所聞曰：『天下之大隆，是非之封界，分職名象之所起，王制是也。』故凡言議期命是非，以聖王爲師。而聖王之分，榮辱是也。」〔註138〕凡是議論期約者，必先立一標準，方可辯別是非，此一標準爲先王之禮制。是故議論期約命物之名，皆必以聖王爲師法，而聖王之大分，則在於榮與辱之差別。

榮辱各有內外之分，《荀子・正論篇》云：

> 有義榮者，有埶榮者；有義辱者，有埶辱者。志意脩，德行厚，知慮明，是榮之由中出者也，夫是之謂義榮。爵列尊，貢祿厚，形埶勝，上爲天子諸侯，下爲卿相士大夫，是榮之從外至者也，夫是之謂埶榮。流淫汙僈，犯分亂理，驕暴貪利，是辱之由中出者也，夫是之謂義辱。詈侮捽搏，捶笞臏腳，斬斷枯磔，藉靡后縛（據孫詒讓說改），是辱之由外至者也，夫是之謂埶辱。是榮辱之兩端也。〔註139〕

榮者有二：在內者爲「義榮」，個人之志意潔，德行美厚，智慮明達，此爲內之榮者也；在外者爲「勢榮」，勢高位重，上爲天子、諸侯，下爲卿相士大夫者，其勢由外而來，是外之榮者也。辱者亦有二：在內者爲「義辱」，行爲流淫汙漫，犯分亂理，態度驕暴貪利，是內在之辱也；在外者爲「勢辱」，遭人辱罵，抓髮拳打，鞭擊砍足，斬首車裂，拘執反縛，是外在之辱者。

榮辱者，君子、小人之大分，《荀子・正論篇》云：

> 故君子可以有埶辱，而不可以有義辱；小人可以有埶榮，而不可以有義榮。有埶辱無害爲堯，有埶榮無害爲桀。義榮埶榮，唯君子然後兼有之；義辱埶辱，唯小人然後兼有之。是榮辱之分也。聖王以爲法，士大夫以爲道，官人以爲守，百姓以成俗，萬世不能易也。〔註140〕

君子自許極高，故可有外在之辱，而不可有內在之辱；小人反之，可有外在之榮，而不可以有內在之榮。有外在之辱者，無害爲聖人，雖有外在之榮者，無害爲暴君。義榮及勢榮唯君子兼之，義辱及勢辱唯小人兼之。聖王以此爲法則，士大夫以此爲正道，官司以此爲信守，百姓以此爲習俗，乃萬世不更者。「今子宋子則不然，獨詘容爲己，慮一朝而改之，說必不行矣。譬之，是猶以塼涂塞江海也，以焦僥而戴太山也，蹎跌碎折，不待頃矣。二三子之

〔註138〕清・王先謙：《荀子集解》，頁316。
〔註139〕同上，頁316～317。
〔註140〕同上，頁317。

善於子宋子者，殆不若止之，將恐得傷其體也」(《荀子・正論篇》)。〔註141〕
今宋鈃以道爲內在之修養，行墨家刻苦爲世之行，而欲世人行己之說，是行
法於世人者。以道爲內在之修，刻苦爲世，必皆聖人能爲之，以法行己說，
必爲有司之責，此三者皆不能行一於民。其學爲內道外墨者，實非一貫，且
所說皆非爲常人之所能行，故宋鈃之說，人在說在，人去說息，必屬自然。

4. 慎到、田駢

　　《荀子・非十二子篇》云：「尚法而無法，下脩而好作，上則取聽於上，下
則取從於俗，終日言成文典，反紃察之，則偶然無所歸宿，不可以經國定分；
然而其持之有故，其言之成理，足以欺惑愚眾，是慎到、田駢也。」〔註142〕慎
到、田駢者，爲稷下先生，《史記・孟子荀卿列傳》云：「自騶衍與齊之稷下先
生，如淳于髡、慎到、環淵、接子、田駢、騶奭之徒，各著書言治亂之事，以
干世主，豈可勝道哉！」〔註143〕又云：「慎到，趙人。田駢、接子，齊人。環
淵，楚人。皆學黃老道德之術，因發明序其指意。故慎到著十二論，環淵著上
下篇，而田駢、接子皆有所論焉。」〔註144〕慎到爲趙人，田駢爲齊人，二人皆
學黃老道德之術，有著書傳世。

　　荀子之非慎到者，《荀子・解蔽篇》云：「慎子蔽於法而不知賢。」〔註145〕
慎子齊一萬物，公而不黨，易而不私，非賢譏聖，爲前期法家守道持法之典
型，故荀子非其蔽於法而不知賢。《荀子・天論篇》云：「慎子有見於後，無
見於先。」〔註146〕慎到其說欲棄智去己，無知無患，是以進退周旋，未嘗有
罪，故荀子非其知退而不知進。田駢者，《漢書・藝文志・道家類》收《田子》
二十五篇，班固注云：「名駢，齊人，游稷下，號天口駢。」〔註147〕其說齊之
道術爲因任其國之政而治之，以爲任物之性而用之，則萬物莫不得其當也。

　　荀子以爲，慎到、田駢雖尚法而不以禮爲本，是無本之法，其不循於先
王之制而好作新法，使君臣上下所聽從；雖終日所言，似成法度，然反覆循
察其所爲法，則離疏於聖王之法，而無所歸宿，故不可以爲經國濟世，定分

〔註141〕清・王先謙：《荀子集解》，頁 318。
〔註142〕同上，頁 80～81。
〔註143〕日・瀧川資言：《史記會注考證》，頁 4000。
〔註144〕同上，頁 4002。
〔註145〕同註141，頁 362。
〔註146〕同上，頁 295。
〔註147〕民國・楊家駱：《新校本漢書》，頁 1730。

別異之法度。

5. 惠施、鄧析

《荀子・非十二子篇》云：「不法先王，不是禮義，而好治怪說，玩琦辭，甚察而不惠，辯而無用，多事而寡功，不可以爲治綱紀；然而其持之有故，其言之成理，足以欺惑愚眾；是惠施、鄧析也。」〔註148〕惠施者，《漢書・藝文志・名家類》載《惠子》一篇，班固注云：「名施，與莊子並時。」〔註149〕鄧析者，《漢書・藝文志》載《鄧析》二篇。班固注云：「鄭人，與子產並時。」〔註150〕顏師古注云：「《列子》及《孫卿》並云子產殺鄧析。據《左傳》昭公二十年子產卒，定公九年駟歂殺鄧析而用其竹刑，則非子產所殺也。」〔註151〕據《左傳》記載：昭公二十年子產卒，子太叔嗣子產爲政。定公八年，太叔卒，駟歂嗣子大叔爲政。明年乃殺鄧析，而用其《竹刑》。

關於鄧析、惠施之論辯，《荀子・不苟篇》云：「『山淵平』、『天地比』，『齊秦襲』、『入乎耳，出乎口』、『鉤有須』、『卵有毛』，是說之難持者也，而惠施、鄧析能之。」〔註152〕此六種辯說命題，據《莊子・天下篇》所載，乃爲惠施日與辯者相與爲樂者，鄧析是否爲此類論說之開端，今史料所缺，無法證實。然《列子・力命篇》云：「鄧析操兩可之說，設無窮之辭。當子產執政，作竹刑，鄭國用之。數難子產之治，子產屈之，子產執而戮之，俄而誅之。然則子產非能用竹刑，不得不用。鄧析非能屈子產，不得不屈。子產非能誅鄧析，不得不誅也。」〔註153〕鄧析操是非兩可之說，設循環無窮之辭，以此相與辯論，是乃與惠施等名家同流者。故荀子非其爲不法先王之制，不以禮義爲從，專治琦異瑰怪之說，雖明察於事，然不切時用，多辯於辭而於事無功，是不可以爲治國之綱紀者也。

6. 子思、孟軻

《荀子・非十二子篇》云：「略法先王而不知其統，猶然而材劇志大，聞見雜博。案往舊造說，謂之五行，甚僻違而無類，幽隱而無說，閉約而無解。案飾其辭，而祇敬之，曰：此眞先君子之言也。子思唱之，孟軻和之。世俗

〔註148〕清・王先謙：《荀子集解》，頁81。
〔註149〕民國・楊家駱：《新校本漢書》，頁1736。
〔註150〕同上。
〔註151〕同上，頁1737。
〔註152〕同註148，頁31～32。
〔註153〕民國・楊伯峻：《列子集釋》，頁201～202。

之溝猶瞀儒，嚾嚾然不知其所非也，遂受而傳之，以爲仲尼、子弓爲茲厚於後世；是則子思、孟軻之罪也。」〔註154〕子思者，《漢書·藝文志·儒家類》載有《子思》二十三篇。班固注云：「名伋，孔子孫，爲魯繆公師。」〔註155〕《子思》一書現已佚，又相傳《中庸》爲子思所作。《鹽鐵論·相刺篇》云：「昔魯穆公之時，公儀爲相，子思、子柳爲之卿，然北削於齊，以泗爲境，南畏楚人，西賓秦國。」〔註156〕是子思曾於魯穆公時爲卿。孟子者，《史記·孟子荀卿列傳》云：

> 孟軻，騶人也。受業子思之門人。道既通，游事齊宣王，宣王不能用。適梁，梁惠王不果所言，則見以爲迂遠而闊於事情。當是之時，秦用商君，富國彊兵；楚、魏用吳起，戰勝弱敵；齊威王、宣王用孫子、田忌之徒，而諸侯東面朝齊。天下方務於合從連衡，以攻伐爲賢，而孟軻乃述唐、虞、三代之德，是以所如者不合。退而與萬章之徒序《詩》、《書》，述仲尼之意，作《孟子》七篇。〔註157〕

孟子爲子思門人之弟子，曾游齊事宣王，適梁，見梁惠王，其言必稱堯舜，故不合於當世之君，於是退而與弟子萬章等人序《詩》、《書》，追述孔子之說，而成《孟子》七篇。

　　荀子非子思、孟子之說，有所謂「案往舊造說，謂之五行」一句，歷來頗有爭議。「五行」，楊注云：「五行，五常，仁義禮智信是也。」〔註158〕關於此點，近代學者眾說紛紜，如梁啓超〈陰陽五行說之來歷〉一文云：

> 此五行不知作何解。若謂即《洪範》之五行耶？子思、孟軻書中隻字未嘗道及。《中庸》以君臣、父子、兄弟、夫婦、朋友五者爲天下之達道，道有行義，五行或指此耶？然此爲儒常言，非思、軻所創，且無所謂『僻違、幽隱、閉約。』楊倞注釋爲仁、義、禮、智、信之五常，或者近是；然子思說雖無可考（或《中庸》外尚有著述），孟子則恒言仁、義、禮、智，未嘗以信與之並列也。此文何指，姑勿深論，但決非如後之五行說則可斷言耳。〔註159〕

〔註154〕清·王先謙：《荀子集解》，頁81～82。
〔註155〕民國·楊家駱：《新校本漢書》，頁1724。
〔註156〕民國·王利器：《鹽鐵論校注》，頁254。
〔註157〕日·瀧川資言：《史記會注考證》，頁3992～3994。
〔註158〕同註154，頁81。
〔註159〕民國·顧頡剛：《古史辨》第五冊，頁351。

梁氏此說頗有見地，然亦斷言此「五行」非爲戰國至漢代常用之「水、火、木、金、土」等五行。更有甚者，以爲此乃荀子誤批，如顧頡剛〈五德終始說下的政治和歷史〉一文云：

> 騶衍是齊彩色的儒家，他把儒家的仁義加上齊國的怪誕，遂成了這一個新學派。給人傳訛，即以騶衍之說爲孟子之說，因以騶衍的五行說爲孟子的五行說。又因孟子受業子思之門人（《史記》說）遂又以孟子的五行說爲子思的五行說。於是荀子遂有『子思倡之，孟軻和之』的話。此等事情，在現在看來固然荀子太糊塗，或者可說荀子必不至這樣糊塗；但在當時，則口說之力甚強而筆札之用頗弱，孟子與騶衍因地方的接近和思想的一部分類同，因而在傳說中誤合爲一人，也是很可能的。〔註160〕

子思、孟子五行說，因現無史料可證，故顧氏作如此之論證。

　　一九七三年十二月，長沙馬王堆第三號漢墓出土一批帛書。其中有《老子》二部，現稱甲本及乙本。甲本卷後有四篇佚書，第一篇及第四篇，其內容與五行有關，近人龐樸定其名爲〈五行〉。後一九九三年十月，湖北省荊門市沙洋區四方鄉郭店村之戰國墓葬中，出土一批楚文字竹簡，定名爲《郭店楚簡》。其中一篇定名爲〈五行〉篇者，其於馬王堆之〈五行〉篇而言，郭店〈五行〉爲「經」之部份，而馬王堆〈五行〉則有「經」及「說」二部份。現觀竹帛〈五行〉篇中，有所謂之「四行」及「五行」者：

> 仁形於內，謂之德之行；不形於內，謂之行。智（義）形於內，謂之德之行；不形於內，謂之行。義（禮）形於內，謂之德之行，不形於內，謂之行。禮（智）形於內，謂之德之行；不形於內，謂之行。聖形於內，謂之德之行，不形於內謂之行。德之行五，和謂之德；四行和，謂之善。善，人道也。德，天道也。君子無（亡）中心之憂則無（亡）中心之智，無（亡）中心之智則無（亡）中心之悅，無（亡）中心之悅則不安，不安則不樂，不樂則無德。〔註161〕

其中之「五行」即爲「仁、義、禮、智、聖」五者。以德道項目稱「五行」者，自古有之，如《禮記・鄉飲酒義》云：「貴賤明，隆殺辨，和樂而不流，弟長而無遺，安燕而不亂，此五行者，足以正身安國矣，彼國安而天下安，故曰，吾

〔註160〕民國・顧頡剛：《古史辨》第五冊，頁 410。
〔註161〕民國・龐樸：《竹帛〈五行〉篇校注及研究》，頁 29～31。

觀於鄉，而知王道之易易也。」〔註162〕此「五行」爲「貴賤明，隆殺辨，和樂而不流，弟長而無遺，安燕而不亂」五者，又《呂氏春秋‧孝行篇》云：「曾子曰：『身者，父母之遺體也。行父母之遺體，敢不敬乎？居處不莊，非孝也。事君不忠，非孝也。蒞官不敬，非孝也。朋友不篤，非孝也。戰陳無勇，非孝也。五行不遂，災及乎親，敢不敬乎？』」〔註163〕是以「行父母之遺體，敢不敬乎？居處不莊，非孝也。事君不忠，非孝也。蒞官不敬，非孝也。朋友不篤，非孝也。戰陳無勇，非孝也」等爲「五行」，是乃明證。

據傳子思所作《中庸》云：「唯天下至聖，爲能聰明睿知，足以有臨也；寬裕溫柔，足以有容也；發強剛毅，足以有執也；齊莊中正，足以有敬也；文理密察，足以有別也。溥博淵泉，而時出之。溥博如天，淵泉如淵。見而民莫不敬，言而民莫不信，行而民莫不說。是以聲名洋溢乎中國，施及蠻貊；舟車所至，人力所通；天之所覆，地之所載，日月所照，霜露所隊；凡有血氣者，莫不尊親，故曰配天。」〔註164〕其中「聰明睿知」是爲「聖」，「寬裕溫柔」是爲「仁」，「發強剛毅」是爲「義」，「齊莊中正」是爲「禮」，龐樸《竹帛〈五行〉篇校注及研究》云：「《五行》篇裏說，這五種行，形於人心之內，謂之德行；行於天，謂之天道。現在《中庸》裏說，全備此五德行，是爲配天；凡有血氣者，無不尊之親之，二者一唱一和，相互呼應，再清楚也不過了。」〔註165〕今觀《孟子‧盡心下》云：「口之於味也，目之於色也，耳之於聲也，鼻之於臭也，四肢之於安佚也，性也，有命焉，君子不謂性也。仁之於父子也，義之於君臣也，禮之於賓主也，智之於賢者也，聖人之於天道也，命也，有性焉，君子不謂命也。」〔註166〕其中「聖人於天道也」，朱熹註云：「或曰：『者』當作『否』，『人』衍字。」〔註167〕則是其中亦有「仁、義、禮、智、聖」五者，又《孟子‧萬章下》云：「孔子之謂集大成。集大成也者，金聲而玉振之也。金聲也者，始條理也；玉振之也者，終條理也。始條理者，智之事也；終條理者，聖之事也。」〔註168〕此爲稱讚孔子爲集大成者，竹帛

〔註162〕唐‧孔穎達：《禮記正義》，頁 1008。
〔註163〕民國‧陳奇猷：《呂氏春秋校釋》，頁 732。
〔註164〕宋‧朱熹：《四書集注》，頁 51～52。
〔註165〕民國‧龐樸：《竹帛〈五行〉篇校注及研究》，頁 102。
〔註166〕同註 164，頁 414。
〔註167〕同上，頁 415。
〔註168〕同上，頁 346。

《五行篇・經9》云：「金聲而玉振之，有德者也。金聲，善也；王言（玉音）〈玉振〉，聖也。善，人道也；德，天道也。唯有德者然後能金聲而玉振之。」〔註169〕此處「金聲而玉振之」句祇見於《孟子》一文。

　　荀子非子思及孟子為疏略法先王之禮義，而不知其統類，而猶逞其好辯之才，平定天下之大志，聞見雖博然雜駁不純。就前古之往事，而謂之「五行」，此「五行」為聖人為能具備，使常人無成聖之可能性，是以其說甚為僻邪而無類，幽微閉結而不得其解，又文飾其辭，推高其說，自以為孔子之遺說。《孔叢子・公儀篇》云：

> 穆公謂子思曰：「子之書所記夫子之言，或者以謂子之辭。」子思曰：「臣所記臣祖之言，或親聞之者，有聞之於人者。雖非正其辭，然猶不失其意焉，且君之所疑者何？」公曰：「於事無非？」子思曰：「無非所以得臣祖之意也。就如君言以為臣之辭，臣之辭無非，則亦所宜貴矣。事既不然，又何疑焉？」〔註170〕

由魯穆公之問子思一事，知當時有疑子思之述孔子之言，為子思所自言而託為孔子者，故魯穆公有此之問。

7. 聖人之不得勢者

　　若論孰能止十二子之說者，唯聖人為能。《荀子・非十二子篇》云：「若夫總方略，齊言行，壹統類，而羣天下之英傑，而告之以大古，教之以至順，奧窔之間，簟席之上，斂然聖王之文章具焉，佛然平世之俗起焉，六說者不能入也，十二子者不能親也。無置錐之地，而王公不能與之爭名，在一大夫之位，則一君不能獨畜，一國不能獨容，成名況乎諸侯，莫不願以為臣，是聖人之不得埶者也，仲尼、子弓是也。」〔註171〕子弓者，《荀子・非相篇》楊注云：「子弓，仲弓也。言子者，著其為師也。」〔註172〕仲弓，《史記・仲尼弟子列傳》云：「冉雍字仲弓。」〔註173〕荀子以為如孔子、仲弓者，能總攝治國之大道，齊一言行，一貫禮義之統類，會合天下之英俊豪傑，而告之以治國大道，教之以世間之至理。於一室之內，能具聖王禮義之度，太平盛世之風俗沛然而起，上十二子不得近，其說不得行，窮則王公不得與之爭，

〔註169〕龐樸：《竹帛〈五行〉篇校注及研究》，頁43。
〔註170〕民國・楊家駱：《家語等五十七種》，頁17。
〔註171〕清・王先謙：《荀子集解》，頁82～83。
〔註172〕同上，頁64。
〔註173〕日・瀧川資言：《史記會注考證》，頁3746。

達則一君不能獨用，諸侯莫不願得以爲臣，是大儒之類，是聖人之不得勢者。

8. 聖人之得勢者

聖王亦得止十二子之學，《荀子‧非十二子篇》云：「一天下，財萬物，長養人民，兼利天下，通達之屬莫不從服，六說者立息，十二子者遷化，則聖人之得埶者，舜、禹是也。」〔註174〕能一統天下，裁成萬物，長養百姓，天下皆蒙其利，舟車所至之處，莫不服從。故能止息十二子之學說，而隨遷化，歸於禮義之道者，是爲聖人之得勢者。

如荀子所言，則知能一統當時諸子百家思想，而歸於禮義之道者有二，一爲聖人之不得勢者；二爲聖人之得勢者，此即以先王之道爲準則之故。然聖人典型已遠，不可復得，當今志士仁人應何所務？《荀子‧非十二子篇》云：「今夫仁人也，將何務哉？上則法舜、禹之制，下則法仲尼、子弓之義，以務息十二子之說。如是則天下之害除，仁人之事畢，聖王之跡著矣。」〔註175〕志士仁人者，當上法舜禹之制度，下法仲尼子弓之道，以止息十二子亂世之學說，如是則天下之害盡去，諸侯者盡歸禮義之教化，是仁人事畢，而聖王之跡復著矣，此爲荀子法後王之眞義也。

（二）非十二子之目的

戰國末年，邪說姦言四起，迷惑君主以亂天下者有之，故荀子直指當時之學者而非之，《荀子‧非十二子篇》云：「假今之世，飾邪說，文姦言，以梟亂天下，矞宇嵬瑣使天下混然不知是非治亂之所存者，有人矣。」〔註176〕假借當今聖王不作，世局昏亂之時，文飾邪說姦言，以撓亂天下，其學說詭詐、誇大、怪誕、瑣屑，能使天下之人一片昏亂，而不知是非治亂之所在者，正有此等之人。於是荀子爲掃除此一思想學術上之陰霾，故直斥當時之名士。此十二子之所言者，當合於所謂之「三姦」，爲聖王之所必禁，《荀子‧非十二子篇》云：「故勞力而不當民務，謂之姦事；勞知而不律先王，謂之姦心；辯說譬諭，齊給便利，而不順禮義，謂之姦說。此三姦者，聖王之所禁也。」〔註177〕凡勞其力而不合於百姓當務者，是謂「姦事」；勞其心智而所爲不合先王之法度者，是謂「姦心」；巧於言說，善於譬喻，言辭調利，而所言皆不順

〔註174〕清‧王先謙：《荀子集解》，頁83～84。
〔註175〕同上，頁84。
〔註176〕同上，頁78。
〔註177〕同上。

於禮義者，是謂「姦說」，此為「三姦」，是聖王之所必禁者也。

　　荀子以為，君主皆有心於治，因不得民心則不能有其國，不得其國則不能有其位。然君主有不善治其國者，其原在於君主欲治其國而求賢，而游說之士以其學說干人主，人主信其說而行其治法。游說之士本為謀求利祿，故賣國之利以為自重之資，國乃不治。人主惑於游說之士之邪說，而拒有術之士之進言，於是人主蔽於游說之士之說而國不治，是以君子必正名，而正名首在非當時諸子之學說，以歸於先王之道，此為外王之業之首，即思想上之統一。

第二節　重法愛民而霸

　　一統天下之道，必先總攝百家之言，齊一思想，使歸於儒術，以儒術治國，即以禮樂制度治國。然以禮樂制國之先，必先使民齊一於法制之中，則民力其務，民力其務，而後國富，國富而後致力於外，威強諸侯，以成霸業；若繼以禮樂教化，則入於王者之域。

　　為政必以禮義之道，《荀子・大略篇》云：「子產惠人也，不如管仲；管仲之為人，力功不力義，力知不力仁，野人也，不可為天子大夫。」〔註178〕故為政者力為功而不以德，是霸者之類，不足為王者之臣也。《荀子・王制篇》云：「成侯、嗣公聚斂計數之君也，未及取民也。子產取民者也，未及為政也。管仲為政者也，未及脩禮也。故脩禮者王，為政者彊，取民者安，聚斂者亡。」〔註179〕為政者彊，取民者安，聚斂者亡，此三者是王、霸皆同也，而脩明禮義之道，是王者與霸者之大分也。

一、國之所由起

（一）羣則必分

　　國自何起？起於除患避禍。《荀子・富國篇》云：

　　萬物同宇而異體，無宜而有用為人，數也。人倫並處，同求而異道，同欲而異知，生也。皆有可也，知愚同；所可異也，知愚分。埶同而知異，行私而無禍，縱欲而不窮，則民心奮而不可說也。如是，則知者未得治也；知者未得治，則功名未成也；功名未成，則羣眾

〔註178〕清・王先謙：《荀子集解》，頁455。
〔註179〕同上，頁133～134。

未縣也；羣眾未縣，則君臣未立也。無君以制臣，無上以制下，天

下害生縱欲。〔註180〕

萬物同處於宇宙之中，各有其宜，若人善加利用，可以利民生。人類並存於
世，欲望皆同，而滿足欲望之方法及知識則因人而異，此乃天性也。「心生而
有知，知而有異」(《荀子・解蔽篇》)，〔註181〕心有所可不可，是智、愚同也；
心之所可不可中理，是智、愚所分也，故《荀子・脩身篇》云：「是是、非非
謂之知；非是、是非謂之愚。」〔註182〕人之勢相同，而其智不齊，若縱欲行
私，而不得其禍，則民無所忌憚，必羣起奮奪，必失其序。如此，則其中之
智者不能行其治道，不能行其治道則功名不成，功名不成則人羣未能有上下
之別。若無功名，其勢一也，則無君臣上下之政。於是無君以制臣，無上以
制下，則天下之人縱於欲而相害。

欲去害而相利，則必待分也。《荀子・富國篇》云：

欲惡同物，欲多而物寡，寡則必爭矣。故百技所成，所以養一人也。
而能不能兼技，人不能兼官。離居不相待則窮，羣居而無分則爭；
窮者患也，爭者禍也，救患除禍，則莫若明分使羣矣。彊脅弱也，
知懼愚也，民下違上，少陵長，不以德為政：如是，則老弱有失養
之憂，而壯者有分爭之禍矣。事業所惡也，功利所好也，職業無分：
如是，則人有樹事之患，而有爭功之禍矣。男女之合，夫婦之分，
婚姻娉內，送逆無禮：如是，則人有失合之憂，而有爭色之禍矣。
故知者為之分也。〔註183〕

人追求物之欲同，然物有限而欲不止，則必爭。人之能有窮，不能兼技，不
能兼官，不能索居，故必羣居，而羣居無分則必爭。是窮及爭為人之兩大患。
欲免於此，莫如明其貴賤之分而使其羣也；強陵弱，眾暴寡，人情如此。為
政者若不以德教化之，則老無所養，壯有相爭之患；人之性，好逸惡勞，若
不使職業各有所定，則人人必以樹立己事之苦，而有爭人之功之患，故必待
智者而分；男女之配合，夫婦之定分，婚姻納聘嫁娶，如無禮節，則人有失
偶之憂，而有逐色之禍。故智者必為之分。

〔註180〕清・王先謙：《荀子集解》，頁 155～156。
〔註181〕同上，頁 365。
〔註182〕同上，頁 20。
〔註183〕同上，頁 156～157。

（二）君為管分之樞要

有分者，天下之大利，《荀子‧富國篇》云：

> 人之生不能無羣，羣而無分則爭，爭則亂，亂則窮矣。故無分者，
> 人之大害也；有分者，天下之本利也；而人君者，所以管分之樞要
> 也。故美之者，是美天下之本也；安之者，是安天下之本也；貴之
> 者，是貴天下之本也。〔註184〕

欲除人之大害，得天下之本利者，必於分，而人君為管分之樞要。故美君、安
君、貴君皆尊其為天下之大本也。此為荀子尊君之論也。《荀子‧王制篇》云：

> 水火有氣而無生，草木有生而無知，禽獸有知而無義，人有氣、有
> 生、有知，亦且有義，故最為天下貴也。力不若牛，走不若馬，而
> 牛馬為用，何也？曰：人能羣，彼不能羣也。人何以能羣？曰：分。
> 分何以能行？曰：義。故義以分則和，和則一，一則多力，多力則
> 彊，彊則勝物；故宮室可得而居也。故序四時，裁萬物，兼利天下，
> 無它故焉，得之分義也。〔註185〕

人能羣故能使萬物為己役，能羣則以分，分則以義。能分使羣則強而多力，
多力則能勝物，故能裁之，兼利天下。

（三）善羣者君

何謂君？《荀子‧王制篇》云：「君者，善羣也。羣道當，則萬物皆得其
宜，六畜皆得其長，羣生皆得其命。故養長時，則六畜育；殺生時，則草木
殖；政令時，則百姓一，賢良服。」〔註186〕君主者，能善羣也，羣道得當，
則天地萬物皆得其宜。君主治國之政，《荀子‧富國篇》云：

> 古者先王分割而等異之也，故使或美或惡，或厚或薄，或佚或樂，或
> 劬或勞，非特以為淫泰夸麗之聲，將以明仁之文，通仁之順也。故為
> 之雕琢刻鏤、黼黻文章，使足以辨貴賤而已，不求其觀；為之鐘鼓管
> 磬、琴瑟竽笙，使足以辨吉凶、合歡、定和而已，不求其餘；為之宮
> 室、臺榭，使足以避燥溼、養德、辨輕重而已，不求其外。〔註187〕

古者先王以禮割制，以等差分別貴賤上下，使美惡、厚薄、佚樂劬勞等，皆

〔註184〕清‧王先謙：《荀子集解》，頁159。
〔註185〕同上，頁143～144。
〔註186〕同上，頁144。
〔註187〕同上，頁159～160。

有其分。其目的非求淫泰誇麗，是將要彰明仁道之文采。故雕琢刻鏤黼黻文章，不求美觀，使足以辨貴賤而已；為鐘鼓琴瑟之樂，非求享樂，使足以辨別吉凶，聯情和諧而已；作宮室臺榭，非為壯觀，使足以防燥濕，涵仁德，別卑而已。《呂氏春秋・重己篇》云：

> 昔先聖王之為苑囿園池也，足以觀望勞形而已矣；其為宮室臺榭也，足以辟燥溼而已矣；其為輿馬衣裘也，足以逸身煖骸而已矣；其為飲食酏醴也，足以適味充虛而已矣；其為聲色音樂也，足以安性自娛而已矣。五者，聖王之所以養性也，非好儉而惡費也，節乎性也。〔註188〕

昔先聖王之為苑囿園池、宮室臺榭、輿馬衣裘、飲食酏醴、聲色音樂等五者，祇為觀望勞形、辟燥溼、逸身煖骸、適味充虛、安性自娛而已，之所以如此者，重在節性，非為好儉惡費也。此為先王制作宮室器物，禮樂制度之目的。

二、霸者之政

何謂霸者？《荀子・王霸篇》云：

> 德雖未至也，義雖未濟也，然而天下之理略奏矣，刑賞已諾信乎天下矣，臣下曉然皆知其可要也。政令已陳，雖睹利敗，不欺其民；約結已定，雖睹利敗，不欺其與。如是，則兵勁城固，敵國畏之；國一綦明，與國信之。雖在僻陋之國，威動天下，五伯是也。〔註189〕

霸者，於德雖未至盡善，於義雖未成濟，然於天下之治道已大略齊備，刑賞二者，已昭信於天下，臣下皆知其可要約。政令信於民，與鄰國結盟，信實不欺。兵勁城固，威震敵國。雖國在遠鄙，亦可威動天下，春秋五霸即是其例。五霸之治國，《荀子・王霸篇》云：

> 非本政教也，非致隆高也，非綦文理也，非服人之心也，鄉方略，審勞佚，謹畜積，脩戰備，齺然上下相信，而天下莫之敢當。故齊桓、晉文、楚莊、吳闔閭、越勾踐，是皆僻陋之國也，威動天下，彊殆中國，無它故焉，略信也，是所謂信立而霸也。〔註190〕

政教、禮義、行事之文理、民心之招致，皆非霸者所致力者。其意所向者在

〔註188〕民國・陳奇猷：《呂氏春秋校釋》，頁 34～35。
〔註189〕清・王先謙：《荀子集解》，頁 183～184。
〔註190〕同上，頁 184。

於進取方略，能審度勞佚，謹嚴蓄積，修治戰備所需，君民上下皆相應能信，故天下莫敢與之相抗。五霸之強，在於取信天下。

聖人之門羞言霸者，《荀子・仲尼篇》云：

> 仲尼之門（人），五尺之豎子，言羞稱乎五伯。是何也？曰：然！彼誠可羞稱也。齊桓，五伯之盛者也，前事則殺兄而爭國；內行則姑姊妹之不嫁者七人，閨門之內，般樂奢汰，以齊之分，奉之而不足；外事則詐邾襲莒，并國三十五。其事行也若是其險汙淫汏也。彼固曷足稱乎大君子之門哉！〔註191〕

為政者在德，若齊桓公者，內務不修，外事不正，故不足以稱譽於聖者之門。《荀子・仲尼篇》云：

> 若是而不亡，乃霸，何也？曰：於乎！夫齊桓公有天下之大節焉，夫孰能亡之？倓然見管仲之能足以託國也，是天下之大知也。安忘其怒，出忘其讎，遂立為仲父，是天下之大決也。立以為仲父，而貴戚莫之敢妒也；與之高國之位，而本朝之臣莫之敢惡也；與之書社三百，而富人莫之敢距也；貴賤長少，秩秩焉，莫不從桓公而貴敬之，是天下之大節也。諸侯有一節如是，則莫之能亡也；桓公兼此數節者而盡有之，夫又何可亡也！其霸也，宜哉！非幸也，數也。
> 〔註192〕

齊桓公雖為政如此，然其有大節義，故天下不能亡之。桓公見管仲之可用，是大智也；能忘管仲射鉤之仇而立為仲父，有過人之果斷；與管仲高官厚祿而國人莫敢以為非，此為齊桓公之大節義。其過於諸侯多矣，為霸者，乃理所當然，非為徼幸也。

然五霸之為，不見稱於聖人之門，《荀子・仲尼篇》云：

> 然而仲尼之門（人），五尺之豎子，言羞稱五伯，是何也？曰：然！彼非本政教也，非致隆高也，非綦文理也，非服人之心也。鄉方略，審勞佚，畜積修鬥，而能顛倒其敵者也。詐心以勝矣。彼以讓飾爭，依乎仁而蹈利者也，小人之傑也，彼固曷足稱乎大君子之門哉！〔註193〕

〔註191〕清・王先謙：《荀子集解》，頁91～92。

〔註192〕同上，頁92～93。

〔註193〕同上，頁93。

聖王之政，乃在於本政教，致禮義，極有文章條理，能服天下人之心也。而霸者則趨於方策謀略，畜財物，修戰備，而以尅敵制勝爲能事。其以詐術取勝於敵國，以謙讓文飾爭奪，假依於仁德而得利也，是小人中之雄者，《孟子・公孫丑上》云：「以力假仁者霸，霸必有大國，以德行仁者王，王不待大。湯以七十里，文王以百里。以力服人者，非心服也，力不贍也；以德服人者，中心悅而誠服也，如七十子之服孔子也。」〔註194〕憑武力而假託仁義者爲霸，人心不服，故必待大國而後霸，如齊、晉等是；憑道德施行仁義者可稱王治天下，人心悅服，故國不待大而後王，如商湯及文王以百里之地爲王治天下是也。

霸者不足爲治國之極則，須王者方是。《荀子・仲尼篇》云：

> 彼王者則不然：致賢而能以救不肖，致彊而能以寬弱，戰必能殆之，而羞與之鬥，案然成文，以示之天下，而暴國安自化矣。有災繆者，然後誅之。故聖王之誅也甚省矣。文王誅四，武王誅二，周公卒業，至於成王，則安以無誅矣。故道豈不行矣哉！文王載百里地，而天下一：桀、紂舍之，厚於有天下之埶，而不得以匹夫老。故善用之，則百里之國足以獨立矣；不善用之，則楚六千里而爲讎人役。故人主不務得道，而廣有其埶，是其所以危也。〔註195〕

王者乃極其賢能以救不賢能者，極強大而能寬容弱小，以義服人，而不以力服，如禹之行德，而三苗服是也。〔註196〕聖王以武誅暴者少，以周之例可知，成王教化行而刑法措，皆禮義之功。如楚王身死秦國，乃不力行禮義之故。此爲王者與霸者之大分。

（一）君　道

君主欲治國，莫徑如取相。《荀子・君道篇》云：「爲人主者，莫不欲彊而惡弱，欲安而惡危，欲榮而惡辱，是禹桀之所同也。要此三欲，辟此三惡，果何道而便？曰：在愼取相，道莫徑是矣。故知而不仁，不可；仁而不知，不可；既知且仁，是人主之寶也，王霸之佐也。」〔註197〕人主之治國有三欲：「強、安、榮」；有三惡：「弱、危、辱」，是聖王暴君皆同也。欲得此三欲，

〔註194〕宋・朱熹：《四書集注》，頁247。
〔註195〕清・王先謙：《荀子集解》，頁93～94。
〔註196〕《呂氏春秋・上德篇》云：「三苗不服，禹請攻之。舜曰：『以德可也。』行德三年，而三苗服。孔子聞之曰：『通乎德之情，則孟門、太行不爲險矣。故曰德之速，疾乎以郵傳命。』」（民國・陳奇猷：《呂氏春秋校釋》），頁1256。
〔註197〕同註195，頁219。

除此三惡者，莫速於慎取相國之人。取相有道：既仁且智，是爲相材。《荀子・
君道篇》云：

> 不急得，不知；得而不用，不仁。無其人而幸有其功，愚莫大焉。
> 今人主有大（據俞樾説改）患：使賢者爲之，則與不肖者規之；使
> 知者慮之，則與愚者論之；使脩士行之，則與汙邪之人疑之，雖欲
> 成功，得乎哉！譬之，是猶立直木而恐其景之枉也，惑莫大焉！語
> 曰：「好女之色，惡者之孽也；公正之士，眾人之痙也；脩道之人，
> 汙邪之賊也。」今使汙邪之人，論其怨賊，而求其無偏，得乎哉！
> 譬之，是猶立枉木而求其景之直也，亂莫大焉。〔註198〕

人主雖得賢者，然日與不肖者督責之；使智者謀國，而與愚者評議之；與脩
潔之士爲政，而與汙邪之人干擾之，雖欲國治，不可得焉，是人主之大患也。

人主取人必以正道，《荀子・君道篇》云：

> 故古之人爲之不然：其取人有道，其用人有法。取人之道，參之以
> 禮；用人之法，禁之以等。行義動靜，度之以禮；知慮取舍，稽之
> 以成；日月積久，校之以功，故卑不得以臨尊，輕不得以縣重，愚
> 不得以謀知，是以萬舉而不過也。故校之以禮，而觀其能安敬也；
> 與之舉措遷移，而觀其能應變也；與之安燕，而觀其能無流慆也；
> 接之以聲色、權利、忿怒、患險，而觀其能無離守也。彼誠有之者，
> 與誠無之者，若白黑然，可詘邪哉！故伯樂不可欺以馬，而君子不
> 可欺以人，此明王之道也。〔註199〕

取人之道，在於以禮法驗證其行爲舉止是否表裏如一；用人之道，在於以等
級限制之，智慮取舍，皆以成效稽考之。如此則不肖不能使賢，其能不能，
以事試之，驗其所效，若辨白黑。

卿相輔佐之取必公，《荀子・君道篇》云：

> 欲治國馭民，調壹上下，將內以固城，外以拒難，治則制人，人不
> 能制也；亂則危辱滅亡，可立而待也。然而求卿相輔佐，則獨不若
> 是其公也，案唯便嬖親比己者之用也，豈不過甚矣哉！故有社稷者，
> 莫不欲彊，俄則弱矣；莫不欲安，俄則危矣；莫不欲存，俄則亡矣。
> 古有萬國，今有十數焉，是無他故，莫不失之是也。故明主有私人

〔註198〕清・王先謙：《荀子集解》，頁219～220。
〔註199〕同上，頁220。

以金石珠玉，無私人以官職事業，是何也？曰：本不利於所私也。
彼不能而主使之，則是主闇也；臣不能而誣能，則是臣詐也。主闇
於上，臣詐於下，滅亡無日，俱害之道也。〔註200〕

人君欲治國馭民，調一臣下百姓，使內足以固城，外足以拒敵，必有輔弼之
士與共，《孟子‧告子下》云：「入則無法家拂士，出則無敵國外患者，國恆
亡」，〔註201〕此謂輔士之重要。然人主於取卿相者，非以公心，而盡用親信便
嬖之人。是以欲治而終亂，欲存而終亡者也。《詩經‧大雅‧蕩》云：「靡不
有初，鮮克有終」，〔註202〕其此之謂也。故人君取相必以公心。

人主兼知之術，《荀子‧君道篇》云：

牆之外，目不見也；里之前，耳不聞也；而人主之守司，遠者天下，
近者境內，不可不略知也。天下之變，境內之事，有弛易齵差者矣，
而人主無由知之，則是拘脅蔽窨之端也。耳目之明，如是其狹也；
人主之守司，如是其廣也；其中不可以不知也，如是其危也。〔註203〕

耳目之官有其聞見之限制，然天下之大，境內之事變易非常，人主不能不知。「然
則人主將何以知之？曰：便嬖左右者，人主之所以窺遠收眾之門戶牖嚮也，不
可不早具也。故人主必將有便嬖左右足信者，然後可。其知惠足使規物，其端
誠足使定物，然後可；夫是之謂國具」（《荀子‧君道篇》）。〔註204〕人主必有左
右近習，將以為耳目以探遠方，以為門戶以收眾情。左右近習，其智足以規正
事物，其端誠足以安定事物，此之謂「國具」。《荀子‧君道篇》云：

人主不能不有遊觀安燕之時，則不得不有疾病物故之變焉。如是，
國者，事物之至也如泉原，一物不應，亂之端也。故曰：人主不可
以獨也。卿相輔佐，人主之基杖也，不可不早具也。故人主必將有
卿相輔佐足任者，然後可。其德音足以塡撫百姓，其知慮足以應待
萬變，然後可；夫是之謂國具。〔註205〕

人主必有卿相輔佐，以備燕樂、亡故等不時之需。故人主不可獨自行事。「四
鄰諸侯之相與，不可以不相接也，然而不必相親也，故人主必將有足使喻志

〔註200〕清‧王先謙：《荀子集解》，頁221～222。
〔註201〕宋‧朱熹：《四書集注》，頁391。
〔註202〕宋‧朱熹：《詩經集註》，頁159。
〔註203〕同註200，頁223。
〔註204〕同上。
〔註205〕同上，頁223～224。

決疑於遠方者，然後可。其辯說足以解煩，其知慮足以決疑，其齊斷足以距難，不還秩，不反君，然而應薄扞患，足以持社稷，然後可，夫是之謂國具」（《荀子·君道篇》）。〔註206〕與四鄰諸侯國之相往來，非必皆相親友好也，故人主必有足以令使遠方，其智慮足以決斷，辯才足以表意之才者。其智慮辯說之能，足以為國排難解紛，折衝於千里之外，不營私，任務不成，不反面君。然其應迫排患之能，足以持定社稷，是為「國具」者也。「故人主無便嬖左右足信者，謂之闇；無卿相輔佐足任使者，謂之獨；所使於四鄰諸侯者非其人，謂之孤；孤獨而晻，謂之危。國雖若存，古之人曰亡矣」（同前）。〔註207〕故人主無左右近習為耳目者，謂之「闇」；無卿相輔佐之材，足以任使外國者，謂之「獨」；所派使於四鄰諸侯之國而不得其人者，謂之「孤」。如此，國雖存，而必謂之亡也。

（二）臣　道

人臣之類者有四，《荀子·臣道篇》云：「人臣之論：有態臣者，有篡臣者，有功臣者，有聖臣者。」〔註208〕有所謂之態臣、篡臣、功臣、聖臣者。

態臣者，《荀子·臣道篇》云：「內不足使一民，外不足使距難，百姓不親，諸侯不信；然而巧敏佞說，善取寵乎上，是態臣者也。」〔註209〕於內足不以齊一下民，於外不足以抗敵拒難，百姓不親之，諸侯不信之；然而偏能巧言佞色，善於取悅於上。若齊之蘇秦，楚之州侯，秦之張儀，可謂「態臣」也。

篡臣者，《荀子·臣道篇》云：「上不忠乎君，下善取譽乎民，不卹公道通義，朋黨比周，以環主圖私為務，是篡臣者也。」〔註210〕於上不忠其君，於下善取人民之稱譽，不顧一切公理，阿黨營私，日以營惑人主，貪圖私利為急，若韓之張去疾，趙之奉陽，齊之孟嘗，可謂「篡臣」也。

功臣者，《荀子·臣道篇》云：「內足使以一民，外足使以距難，民親之，士信之，上忠乎君，下愛百姓而不倦，是功臣者也。」〔註211〕於內足以一統人民，於外足以抵拒寇難，士民親之信之，上忠於君主，下親愛百姓而不倦，齊之管仲，晉之咎犯，楚之孫叔敖，可謂「功臣」也。

〔註206〕清·王先謙：《荀子集解》，頁224。
〔註207〕同上。
〔註208〕同上，頁227。
〔註209〕同上。
〔註210〕同上。
〔註211〕同上，頁227。

聖臣者，《荀子‧臣道篇》云：「上則能尊君，下則能愛民，政令教化，刑下如影，應卒遇變，齊給如響，推類接譽，以待無方，曲成制象，是聖臣者也。」〔註212〕上能尊崇君主，下能愛撫人民，政令教化，下之法上，如影隨形，卒然變故，應之如響，善於推類，以待非常之事，無不得其宜，皆成制度法象，殷之伊尹，周之太公，可謂「聖臣」也。

四臣之功過，各有其類，「故用聖臣者王，用功臣者彊，用篡臣者危，用態臣者亡。態臣用則必死，篡臣用則必危，功臣用則必榮，聖臣用則必尊」（同前）。〔註213〕國家之政，若用聖臣治理必王天下，用功臣者威強天下；若用篡臣者國勢危殆，用態臣社稷必亡。君主若以態臣佐政者必死，用篡臣者必危殆；若用功臣者必榮其身，用聖臣者必尊大。觀其人佐政之事蹟，則可知臣子才德之等級矣。

人臣之等第者，《荀子‧臣道篇》云：「從命而利君謂之『順』，從命而不利君謂之『諂』；逆命而利君謂之『忠』，逆命而不利君謂之『篡』；不卹君之榮辱，不卹國之臧否，偷合苟容以持祿養交而已耳，謂之『國賊』。」〔註214〕為人臣者，從君之命而行，其事利君者謂之「順」；不利君者謂之「諂」；若違逆君上之命而行，其事利君者謂之「忠」；不利君者謂之「篡」。其甚者，不顧君主之榮辱，不顧家國之善否，一味偷合苟且取容於人，取俸祿養賓客者，謂之「國賊」。有所謂「諫諍輔拂」，是人臣之極者，《荀子‧臣道篇》云：

> 君有過謀過事，將危國家隕社稷之懼也；大臣父兄，有能進言於君，用則可，不用則去，謂之『諫』；有能進言於君，用則可，不用則死，謂之『爭』；有能比知同力，率羣臣百吏而相與彊君撟君，君雖不安，不能不聽，遂以解國之大患，除國之大害，成於尊君安國，謂之『輔』；有能抗君之命，竊君之重，反君之事，以安國之危，除君之辱，功伐足以成國之大利，謂之『拂』。故諫爭輔拂之人，社稷之臣也，國君之寶也，明君之所尊厚也，而闇主惑君以為己賊也。〔註215〕

君有不當之計謀及行事，將危及社稷者，有人能進言於君上，不用則去之，是謂能「諫」，如伊尹、箕子可謂諫矣；能進言於君上，不用者死其事者，是

〔註212〕清‧王先謙：《荀子集解》，頁227～228。
〔註213〕同上，頁228。
〔註214〕同上，頁229。
〔註215〕同上，頁229～230。

謂能「爭」，如比干、子胥可謂爭矣；有能糾合眾智眾力，率羣臣百官相強而矯君主之失者，遂除國之大害，尊君安國者，是謂能「輔」，如平原君之於趙可謂輔矣；有能抗拒君令，竊用君主之重權，違反君主之行事，以救社稷之危，免除君主之恥辱者，是謂能「拂」，如信陵君之於魏可謂拂矣。

明主之用臣有類，《荀子‧臣道篇》云：「故正義之臣設，則朝廷不頗；諫爭輔拂之人信，則君過不遠；爪牙之士施，則仇讎不作；邊境之臣處，則疆垂不喪，故明主好同而闇主好獨，明主尚賢使能而饗其盛，闇主妒賢畏能而滅其功，罰其忠，賞其賊，夫是之謂至闇，桀紂所以滅也。」〔註216〕正義之臣用，能正朝廷；諫爭輔弼之臣信，則君無大過；勇力之臣用，則仇人無所起；封疆大吏用設，則國無寸土之喪。故明主尚賢使能而有其功；闇主妒賢畏能而滅其大功。故用臣者不可不慎也。

臣之事君亦有其方，《荀子‧臣道篇》云：「恭敬而遜，聽從而敏，不敢有以私決擇也，不敢有以私取與也，以順上為志，是事聖君之義也。」〔註217〕聖君之德義崇高，聰明睿智，非常人可及。故事聖君之方，在於態度恭敬，行事敏捷，不敢有私志，以從命為職。《荀子‧臣道篇》云：「忠信而不諛，諫爭而不諂，撟然剛折端志而無傾側之心，是案曰是，非案曰非，是事中君之義也。」〔註218〕中君之智足以守成，故事中君之方，應忠言而不諂諛，態度剛直，以是是非非之道規範之。《荀子‧臣道篇》云：

> 調而不流，柔而不屈，寬容而不亂，曉然以至道而無不調和也，而能化易，時關內之，是事暴君之義也。若馭樸馬，若養赤子，若食餒人。故因其懼也而改其過，因其憂也而辨其故，因其喜也而入其道，因其怒也而除其怨，曲得所謂焉。〔註219〕

國有暴君，國勢堪危，民命堪慮。故事暴君之方，其容雖調和而不流涵，其意雖柔從而不曲全，其心雖寬容而不昏亂。必以無為之至道曉喻之，不違逆其意而能開導之，並以善道啟發君心。暴君之心難以至道喻知，如未調順之馬不可遽以牽制，若未有知之嬰兒不可猝加驚懼，似久饑之人不可急於飽食。暴君之難說，愛則見親，憎則見疏而獲罪，如彌子瑕有寵於衛君之事，「故有

〔註216〕清‧王先謙：《荀子集解》，頁 230～231。
〔註217〕同上，頁 232。
〔註218〕同上。
〔註219〕同上，頁 232～233。

愛於主則智當而加親，有憎於主則智不當見罪而加疏。故諫說談論之士，不可不察愛憎之主而後說焉。夫龍之為蟲也，柔可狎而騎也，然其喉下有逆鱗徑尺，若人有嬰之者則必殺人。人主亦有逆鱗，說者能無嬰人主之逆鱗則幾矣。」〔註220〕故必因其懼危而改其過失，藉其憂思而去其故行，乘其欣喜而納之以道，伺其怨怒而除其憤懣，是所謂多方委曲而達致化易暴君之性，此乃臣下規君之要。

　　事君之忠，亦有等級。《荀子・臣道篇》云：

> 以德覆君而化之，大忠也；以德調君而輔之，次忠也；以是諫非而怒之，下忠也；不卹君之榮辱，不卹國之臧否，偷合苟容以持祿養交而已耳，國賊也。若周公之於成王也，可謂大忠矣；若管仲之於桓公，可謂次忠矣；若子胥之於夫差，可謂下忠矣；若曹觸龍之於紂者，可謂國賊矣。〔註221〕

臣下以德被其君而化於善，是大忠者，如周公之於成王是也；以德調伏君上而輔其成功業，是次忠者，如管仲之於齊桓公是也；以正道直諫君主而犯其怒，而危其身，是下忠者，如子胥之於吳王夫差是也；若不顧君主之榮辱良否，偷情求合苟且取容，祇知取俸祿以養賓客，是國賊者，如曹觸龍之於紂王是也。

　　故事君者，以德為主，《荀子・臣道篇》云：「事人而不順者，不疾者也；疾而不順者，不敬者也；敬而不順者，不忠者也；忠而不順者，無功者也；有功而不順者，無德者也。故無德之為道也，傷疾、墮功、滅善（依王念孫說改），故君子不為也。」〔註222〕事君而不順其志者，為不勤也；勤而不順上志者，為不敬也；敬而不順上志者，為不忠也；忠而不順上志者，為無功也；功而不順上志者，由無德故也。君子之事君，蓋以德為主，若無德則傷勤、墮功、滅善，必遭凶而不能善處其功名。

（三）威強之道

　　威強之道有三，《荀子・王制篇》云：「王奪之人，霸奪之與，彊奪之地。奪之人者臣諸侯，奪之與者友諸侯，奪之地者敵諸侯。臣諸侯者王，友諸侯者霸，敵諸侯者危。」〔註223〕取民者王天下，可臣服諸侯，如文、武二王之

〔註220〕民國・陳奇猷：《韓非子新校注・說難》，頁 269。
〔註221〕清・王先謙：《荀子集解》，頁 233～234。
〔註222〕同上，頁 233。
〔註223〕同上，頁 134。

得天下；取友邦者霸天下，可友好於諸侯，如齊桓、晉文二公之爲霸主；取地者強天下，使諸侯與我爲敵，如戰國末之秦國是也。

強者之道，《荀子‧王制篇》云：

> 用彊者：人之城守，人之出戰，而我以力勝之也，則傷人之民必甚矣；傷人之民甚，則人之民惡我必甚矣；人之民惡我甚，則日欲與我鬭。人之城守，人之出戰，而我以力勝之，則傷吾民必甚矣；傷吾民甚，則吾民之惡我必甚矣；吾民之惡我甚，則日不欲爲我鬭。人之民日欲與我鬭，吾民日不欲爲我鬭，是彊者之所以反弱也。地來而民去，累多而功少，雖守者益，所以守者損，是以大者之所以反削也。諸侯莫不懷交接怨，而不忘其敵，伺彊大之間，承彊大之敝，此彊大之殆時也。〔註224〕

強者欲威強於天下，在於攻城略地，傷其人民，反使敵國人民，同仇敵愾，日與我爲敵；而我之人民，力戰而傷，亦以爲爲惡，是強者之所以反爲弱也。《孫子兵法‧謀攻篇》云：「是故百戰百勝，非善之善者也；不戰而屈人之兵，善之善者也。」〔註225〕故戰者非服人之道。《荀子‧王制篇》云：「知彊大者不務彊也，慮以王命，全其力，凝其德。力全則諸侯不能弱也，德凝則諸侯不能削也，天下無王霸主，則常勝矣：是知彊道者也。」〔註226〕知致強之道不務以力求人者，爲計以王命而行之，若法齊桓公之以「尊王攘夷」爲號，征伐不服者，故其實力全，德望凝聚，諸侯無有不推之者，若此時無王者及霸者存，則常勝無敵，是知強道者也。

霸者與強者相異，《荀子‧王制篇》云：

> 彼霸者不然：辟田野，實倉廩，便備用，案謹募選閱材伎之士，然後漸慶賞以先之，嚴刑罰以糾之。存亡繼絕，衛弱禁暴，而無兼并之心，則諸侯親之矣。修友敵之道，以敬接諸侯，則諸侯說之矣。所以親之者，以不并也；并之見，則諸侯疏矣。所以說之者，以友敵也；臣之見，則諸侯離矣。故明其不并之行，信其友敵之道，天下無王霸主，則常勝矣。是知霸道者也。〔註227〕

〔註224〕清‧王先謙：《荀子集解》，頁 134～135。
〔註225〕民國‧郭化若：《十一家注孫子》，頁 34。
〔註226〕同註224，頁 135～136。
〔註227〕同註224，頁 136～137。

霸者務力於農耕，以實倉廩，充府庫，修繕兵備，選材伎之士，加強兵力。《商君書・農戰》云：「夫國危主憂也者，彊敵、大國也。人君不能服彊敵、破大國也，則修守備，便地形，摶民力，以待外事，然後患可以去，而王可致也。是以明君修政作壹，去無用，止浮學，事淫之民壹之農，然後國家可富，而民力可摶也。」〔註228〕後重賞嚴罰以驅其兵，《商君書・說民》云：「罰重，爵尊；賞輕，刑威。爵尊，上愛民；刑威，民死上。故興國行罰則民利，用賞則上重。」〔註229〕又云：「民勇則賞之以其所欲；民怯則殺之以其所惡。故怯民使之以刑，則勇；勇民使之以賞，則死。怯民勇，勇民死，國無敵者，必王。」〔註230〕與國之交，存亡國、繼絕嗣，衛弱國、禁強暴，皆以公心而無併人之舉，如此，則諸侯親之。以友之道友之，則諸侯悅之。若此時無王者及霸者並存，則常勝無敵，是知霸者之道也。

二、霸者之治

（一）治國之徵

治國之徵驗在定分，《荀子・王霸篇》云：「治國者分已定，則主相臣下百吏，各謹其所聞，不務聽其所不聞；各謹其所見，不務視其所不見。所聞所見誠以齊矣。則雖幽閒隱辟，百姓莫敢不敬分安制，以化其上，是治國之徵也。」〔註231〕治國在定分，分已定則君主、宰相、臣下、百官，各謹守其分內之所聞見，其所不當聞者，則不求知。如此，百姓雖處幽僻之地也，莫不安分守制，受上之教化。

觀國之治亂有術，《荀子・富國篇》云：「觀國之治亂臧否，至於疆易而端已見矣。」〔註232〕欲觀一國之治亂及君主之良否，一至其境，已見其端倪。觀其惡者有三：「其候徼支繚，其竟關之政盡察——是亂國已。」（《荀子・富國篇》）〔註233〕其國多疑，斥候巡邏，支分繚繞，其邊關無所不察，是為亂國者；「入其境，其田疇穢，都邑露——是貪主已」（同前）。〔註234〕

〔註228〕民國・貝遠辰：《新譯商君書》，頁 35。
〔註229〕同上，頁 55。
〔註230〕同上，頁 56。
〔註231〕清・王先謙：《荀子集解》，頁 201。
〔註232〕同上，頁 171。
〔註233〕同上。
〔註234〕同上。

其國田野荒穢，都邑破敗，是國有貪利之主者；「觀其朝廷，則其貴者不賢；觀其官職，則其治者不能；觀其便嬖，則其信者不愨——是闇主已」（同前）。〔註235〕入觀其朝廷，凡朝中貴顯者不爲賢人；觀其官職，治政者無能；觀其寵幸小臣，所親信者非謹愼之人，此爲國有闇主者。「凡主相臣下百吏之屬（據俞樾說改），其於貨財取與計數也，順（據俞樾說改）孰盡察；其禮義節奏也，芒軔僈楛——是辱國已」（同前）。〔註236〕觀君主百官之屬，於貨財之取與計算，皆精熟苛察；而於禮義節奏，則茫昧怠忽者，是爲遭辱之國者。《國語・周語中》云：

> 定王使單襄公聘於宋。遂假道於陳，以聘於楚。火朝覿矣，道茀不可行，候不在疆，司空不視塗，澤不陂，川不梁，野有庾積，場功未畢，道無列樹，墾田若藝，膳宰不致餼，司里不授館，國無寄寓，縣無施舍，民將築臺於夏氏。及陳，陳靈公與孔寧、儀行父南冠以如夏氏，留賓不見。〔註237〕

陳國之政，蕪穢不堪，故其道路不修，疆場不候，故單襄公告定王，言陳國其將亡乎！單襄公以爲：

> 周制有之曰：「列樹以表道，立鄙食以守路。國有郊牧，疆有寓望，藪有圃草，囿有林池，所以禦災也。其餘無非穀土，民無懸耜，野無奧草。不奪民時，不蔑民功。有優無匱，有逸無罷。國有班事，縣有序民」今陳國道路不可知，田在草間，功成而不收，民罷於逸樂，是棄先王之法制也。〔註238〕

周之制有列樹表道以盛國容，立鄙食以供行李之往來，有郊牧、林池以養國財，而陳國田蕪功不收，是棄先王之法制也。《國語・周語中》云：

> 故先王之教曰：「雨畢而除道，水涸而成梁，草木節解而備藏，隕霜而冬裘具，清風至而修城郭宮室。」故夏令曰：「九月除道，十月成梁。」其時儆曰：「收而場功，待而畚梮，營室之中，土功其始。火之初見，期於司里。」此先王所以不用財賄，而廣施德於天下者也。今陳國火朝覿矣，而道路若塞，野場若棄，澤不陂障，川無舟梁，

〔註235〕清・王先謙：《荀子集解》。
〔註236〕同上。
〔註237〕《國語》，頁67。
〔註238〕同上，頁70。

　　　　是廢先王之教也。〔註239〕

先王之教有開墾田野，修建舟梁以利交通，今陳國不爲，是廢先王之教。《國
語・周語中》云：

　　　周之秩官有之曰：「敵國賓至，關尹以告，行理以節逆之，候人爲導，
　　　卿出郊勞，門尹除門，宗祝執祀，司里授館，司徒具徒，司空視塗，
　　　司寇詰姦，虞人入材，甸人積薪，火師監燎，水師監濯，膳宰致饔，
　　　廩人獻餼，司馬陳芻，工人展車，百官以物至，賓入如歸。是故小
　　　大莫不懷愛。其貴國之賓至，則以班加一等，益虔。至於王吏，則
　　　皆官正蒞事，上卿監之。若王巡守，則君親監之。」今雖朝也不才，
　　　有分族於周，承王命以爲過賓於陳，而司事莫至，是蔑先王之官也。

　　　〔註240〕

周之官秩有使者來國，百官各司其職，使賓至如歸，〔註241〕今陳國不爲，是
蔑先王之官也。入其國境，觀國之治亂，故單襄公言陳國其亡乎！

　　　其次，觀其良者有四：「其耕者樂田，其戰士安難，其百吏好法，其朝廷
隆禮，其卿相調議——是治國已」（《荀子・富國篇》）。〔註242〕其耕者樂於田
事，戰士安於犯難，百官好守法度，朝廷尊崇禮制，卿相調協於事，是治國
者；「觀其朝廷，則其貴者賢；觀其官職，則其治者能；觀其便嬖，則其信者
愨——是明主已」（同前）。〔註243〕觀其朝廷，貴顯者皆爲賢人，其在官者，
皆爲治能之人，觀其親近寵信之人，皆爲誠謹之人，是國有明主者；「凡主相
臣下百吏之屬，其於貨財取與計數也，寬饒簡易；其於禮義節奏也，陵謹盡
察——是榮國已」（同前）。〔註244〕其主相百官之屬，於貨財之取與計算，皆
寬易不苟，於禮義節奏，皆嚴明謹慎而詳察，是受尊榮之國者；「賢齊則其親

〔註239〕《國語》，頁 68～69。
〔註240〕同上，頁 71～72。
〔註241〕《左傳・襄公三十一年》：「僑聞文公之爲盟主也，宮室卑庳，無觀臺榭，
　　　以崇大諸侯之館，館如公寢，庫廄繕修，司空以時平易道路，圬人以時塓
　　　館宮室，諸侯賓至，甸設庭燎，僕人巡宮，車馬有所，賓從有代，巾車脂
　　　轄，隸、人、牧、圉各瞻其事，百官之屬各展其物，公不留賓，而亦無廢
　　　事，憂樂同之，事則巡之，教其不知，而恤其不足，賓至如歸，無寧菑患，
　　　不畏寇盜，而亦不患燥濕。」（民國・楊伯峻：《春秋左傳注》）頁 1187～
　　　1188。
〔註242〕清・王先謙：《荀子集解》，頁 171～172。
〔註243〕同上，頁 172。
〔註244〕同上，頁 172。

者先貴，能齊則其故者先官，其臣下百吏，汙者皆化而脩，悍者皆化而愿，躁者皆化而愨——是明主之功已」（同前）。〔註245〕觀其朝廷之置官，賢良相等者，先貴其親；才能相等者，先官故舊。其臣下百官之屬，卑污者皆化而修正，凶悍者皆化而厚，狡猾者皆化而謹慎，此為明主教化之功也。《韓詩外傳・卷六》云：

> 子路治蒲三年，孔子過之。入境而善之，曰：「由恭敬以信矣。」入邑，曰：「善哉！由忠信以寬矣。」至庭，曰：「善哉！由明察以斷矣。」子貢執轡而問曰：「夫子未見由，而三稱善，可得聞乎？」孔子曰：「入其境，田疇草萊甚辟，此恭敬以信，故民盡力。入其邑，墉屋甚尊，樹木甚茂，此忠信以寬，其民不偷。其庭甚閑，此明察以斷，故民不擾也。」〔註246〕

由單襄公觀陳及孔子觀蒲之事二者可知，荀子觀國之治亂之真義者。

故持國有難易之分者，《荀子・富國篇》云：

> 事強暴之國難，使強暴之國事我易。事之以貨寶，則貨寶單，而交不結；約信盟誓，則約定而畔無日；割國之錙銖以賂之，則割定而欲無猒。事之彌煩，其侵人愈甚，必至於資單國舉然後已。……故非有一人之道也，直將巧繁拜請而畏事之，則不足以持國安身。故明君不道也。〔註247〕

事強暴之國難，如六國之事秦，割地賂之，地不盡而害不止；〔註248〕若使強暴之國事我則易，《荀子・富國篇》云：

> 必將脩禮以齊朝，正法以齊官，平政以齊民；然後節奏齊於朝，百事齊於官，眾庶齊於下。如是，則近者競親，遠方致願，上下一心，三軍同力，名聲足以暴炙之，威強足以捶笞之，拱揖指揮，而強暴之國莫不趨使，譬之是猶烏獲與焦僥搏也。故曰：事強暴之國難，使強暴之國事我易。此之謂也。〔註249〕

明主必修禮義以齊一朝廷，正法而一百官，平正而齊一民眾。於是朝廷皆有

〔註245〕清・王先謙：《荀子集解》。
〔註246〕民國・屈守元：《韓詩外傳箋疏》，頁 522～523。
〔註247〕同註245，頁 177～178。
〔註248〕《戰國策・魏策三》：「以地事秦，譬猶抱薪而救火也。薪不盡，則火不止。」（漢・劉向：《戰國策》）頁 863。
〔註249〕同註245，頁 178～179。

禮文，官府百事整齊，眾庶整齊於下。如是，則近悅遠來，國勢威強足以制敵，是使強暴之國事我易。

（二）重　法

今之世，人主失其道，故天下大亂，《荀子‧富國篇》云：

> 今之世而不然：厚刀布之斂，以奪之財；重田野之稅，以奪之食；苟關市之征，以難其事。不然而已矣：有掎挈伺詐，權謀傾覆，以相顛倒，以靡敝之。百姓曉然皆知其汙漫暴亂，而將大危亡也。是以臣或弒其君，下或殺其上，粥其城，倍其節，而不死其事者，無他故焉，人主自取之。〔註250〕

為人主者斂下以富上，不以信臨民，是以臣弒其君，下殺其上，皆自取也。

刑者起於今之亂世，《荀子‧正論篇》云：「凡刑人之本，禁暴惡惡，且懲其未也。殺人者不死，而傷人者不刑，是謂惠暴而寬賊也，非惡惡也。」〔註251〕刑設之本意，為禁暴止惡，且懲戒將來所欲犯者。如殺人者不死，傷人者不刑，為加惠於惡暴，而寬容盜賊也，此非禁止暴惡之道也。《荀子‧正論篇》云：

> 凡爵列、官職、賞慶、刑罰，皆報也，以類相從者也。一物失稱，亂之端也。夫德不稱位，能不稱官，賞不當功，罰不當罪，不祥莫大焉。昔者武王伐有商，誅紂，斷其首，縣之赤旆。夫征暴誅悍，治之盛也。殺人者死，傷人者刑，是百王之所同也，未有知其所由來者也。〔註252〕

古之治世者，凡是爵列、官職、賞慶、刑罰等，皆有善惡之報應也，並以類相從者。若善惡報應之不當，乃引發混亂之開端。殺人者死，傷人者刑，為百王之所同者，而不知其所從來。刑與罪必相當，「刑稱罪，則治；不稱罪，則亂。故治則刑重，亂則刑輕，犯治之罪固重，犯亂之罪固輕也。《書》曰：『刑罰世輕世重。』此之謂也。」（《荀子‧正論篇》）。〔註253〕刑罰之與罪過若相當，則安治；若不相當，則紊亂。治世之時，刑罰必行於民，而民不敢犯，故刑重，以刑期於無刑，《商君書‧開塞篇》云：「夫利天下之民者，莫大於治；而治莫康於立君；立君之道，莫廣於勝法；勝法之務，莫急於去姦；

〔註250〕清‧王先謙：《荀子集解》，頁162。
〔註251〕同上，頁303。
〔註252〕同上，頁303～304。
〔註253〕同上，頁304。

去姦之本，莫深於嚴刑。故王者以賞禁，以刑勸；求過不求善，藉刑以去刑。」〔註254〕是法家用刑之意，亦期在於無刑；亂世之時，刑罰不行於民，而民輕犯之，故輕其刑，以減人民之負擔。《商君書・開塞篇》云：「治國刑多而賞少，亂國賞多而刑少。故王者刑九而賞一，削國賞九而刑一。」〔註255〕此亦爲法家之主張者。

《左傳》昭公二十年載子產論政之寬猛云：「唯有德者，能以寬服民，其次莫如猛，夫火烈，民望而畏之，故鮮死焉，水懦弱，民狎而翫之，則多死焉。……仲尼曰：『善哉，政寬則民慢，慢則糾之以猛，猛則民殘，殘則施之以寬，寬以濟猛，猛以濟寬，政是以和。』」〔註256〕子產以爲唯有德者，其德能化人，故爲政寬可也；其次者，德不能化人，則必重刑，重刑則民畏之如火，不敢輕犯，此爲刑期無刑也。孔子則以爲寬猛相濟，則民從之如流，政以是而和。是儒家亦主張重刑以糾民慢。

如欲平治天下者，必重其法而歸於道德也。《荀子・議兵篇》云：「政令以定，風俗以一，有離俗不順其上，則百姓莫不敦惡，莫不毒孽，若被不祥，然後刑於是起矣。是大刑之所加也，辱孰大焉？將以爲利邪？則大刑加焉。身苟不狂惑戇陋，誰睹是而不改也哉？」〔註257〕政令於是而安，風俗隨之齊一，若有離俗不順君上之令者，則百姓莫不深惡之，若拔除不祥，必去之而後已，於是刑罰因之而起。大刑加之，辱莫大於此，孰敢不改。《荀子・議兵篇》云：

> 然後百姓曉然皆知循上之法，像上之志，而安樂之。於是有能化善、脩身、正行、積禮義、尊道德，百姓莫不貴敬，莫不親譽，然後賞於是起矣。是高爵豐祿之所加也，榮孰大焉？將以爲害邪？則高爵豐祿以持養之，生民之屬，孰不願也！雕雕焉縣貴爵重賞於其前，縣明刑大辱於其後，雖欲無化，能乎哉？故民歸之如流水，所存者神，所爲者順（依王先謙說改）。暴悍勇力之屬爲之化而愿，旁辟曲私之屬爲之化而公，矜糾收繚之屬爲之化而調，夫是之謂大化至一。
> 〔註258〕

刑罰爲除民之害，故民皆知循上之法，承上之志，而安樂之。若有正其身，

〔註254〕周公孫鞅：《商君書》卷二（四庫備要本）頁13。
〔註255〕同上，頁12。
〔註256〕唐・孔穎達：《春秋左傳注疏》，頁861。
〔註257〕清・王先謙：《荀子集解》，頁264。
〔註258〕同上，頁264～266。

積禮義，尊道德者，百姓莫不貴敬，莫不親譽，於是獎賞因之而起。高官貴爵在前，大刑在後，賞刑互用，民皆化之。

　　刑賞之用有則，《荀子・致士篇》云：「賞不欲僭，刑不欲濫。賞僭則利及小人，刑濫則害及君子。若不幸而過，寧僭勿濫。與其害善，不若利淫。」〔註259〕賞勿過，賞過則加利於小人；刑勿濫，刑濫則傷君子。然寧賞過於小人而勿刑濫於君子，愛賢故也。《左傳》襄公二十六年云：「善爲國者，賞不僭而刑不濫，賞僭則懼及淫人，刑濫則懼及善人，若不幸而過，寧僭無濫，與其失善，寧其利淫，無善人，則國從之，《詩》曰：『人之云亡，邦國殄瘁』，無善人之謂也，故《夏書》曰：『與其殺不辜，寧失不經』，懼失善也。」〔註260〕據此則知荀子之言刑賞，乃本於《左傳》之說。

（三）愛　民

　　君人者必愛民，《荀子・君道篇》云：

　　　　君者，民之原也，原清則流清，原濁則流濁。故有社稷者而不能愛
　　　　民，不能利民，而求民之親愛己，不可得也。民不親不愛，而求爲
　　　　己用，爲己死，不可得也。民不爲己用，不爲己死，而求兵之勁，
　　　　城之固，不可得也。兵不勁，城不固，而求敵之不至，不可得也。
　　　　敵至而求無危削，不滅亡，不可得也。〔註261〕

君主爲人民之本原，與民休戚與共，如不愛民利，而求民之愛己附己，不可得也。人民不親不愛，則兵不勁，城不固，敵至必危，危而必亡。「故人主欲彊固安樂，則莫若反之民；欲附下一民，則莫若反之政；欲脩政美俗，則莫若求其人。……是其人也，大用之，則天下爲一，諸侯爲臣；小用之，則威行鄰敵；縱不能用，使無去其疆域，則國終身無故。故君人者，愛民而安，好士而榮，兩者無一焉而亡」（《荀子・君道篇》）。〔註262〕故君主若欲強固安樂，則莫如反求於民；欲民之附合齊一，則莫如反求於政；欲修政美俗，則莫如求賢好士。君主大用賢者，則能一天下，能臣諸侯；小用之者，則威強於鄰國；縱不能用之，不使離境，則國終無故。故君主若愛民則能安定，好士則能顯榮，二者如無一者，國乃必亡。

〔註259〕清・王先謙：《荀子集解》，頁243。
〔註260〕唐・孔穎達：《春秋左傳注疏》，頁635。
〔註261〕同註259，頁213～214。
〔註262〕同上，頁214～215。

用國者，欲富、欲強、欲榮，則必得民。《荀子・王霸篇》云：「用國者，得百姓之力者富，得百姓之死者彊，得百姓之譽者榮。三得者具而天下歸之，三得者亡而天下去之；天下歸之之謂王，天下去之之謂亡。」〔註263〕治國者若得百姓之勤力者可以富，得百姓之死力者可以強，得百姓之稱譽者可以顯榮。君主得此三者，則可以王天下，若失此三者，則必亡。《孟子・離婁上》云：「桀紂之失天下也，失其民也；失其民者，失其心也。得天下有道：得其民，斯得天下矣；得其民有道：得其心，斯得民矣；得其心有道：所欲與之聚之，所惡勿施爾也。」〔註264〕民之所惡勿施其身，民之所欲與之聚之，如此則可得民心，得民心者則可得天下。《荀子・王霸篇》云：

> 湯武者，脩（據王先謙說改）其道，行其義，興天下同利，除天下同害，天下歸之。故厚德音以先之，明禮義以道之，致忠信以愛之，賞賢使能以次之，爵服賞慶以申重之，時其事，輕其任，以調齊之，潢然兼覆之，養長之，如保赤子。生民則致寬，使民則綦理，辯政令制度，所以接天下之人百姓，有非理者如豪末，則雖孤獨鰥寡，必不加焉。是故百姓貴之如帝，親之如父母，爲之出死斷亡而不愉者，無它故焉，道德誠明，利澤誠厚也。〔註265〕

聖王爲天下之民除害，爲天下之民興利，故天下之民歸之。以厚其德望化之，修明禮義以導之，盡其忠信以愛之，尚賢使能以次序其位，爵祿賞賜以示重之，長養人民，如育嬰兒。故人民親之如父母，爲君主出生入死而不悔，君主可得民之死力。此皆愛民之厚之故也。

（四）足國之道

欲使國富者有道，《荀子・富國篇》云：

> 足國之道：節用裕民，而善臧其餘。節用以禮，裕民以政。彼裕民，故多餘。裕民則民富，民富則田肥以易，田肥以易則出實百倍。上以法取焉，而下以禮節用之，餘若丘山，不時焚燒，無所臧之。夫君子奚患乎無餘？故知節用裕民，則必有仁聖賢良之名，而且有富厚丘山之積矣。此無他故焉，生於節用裕民也。不知節用裕民則民貧，民貧則田瘠以穢，田瘠以穢則出實不半；上雖好取侵奪，猶將

〔註263〕清・王先謙：《荀子集解》，頁302。
〔註264〕宋・朱熹：《四書集注》，頁305。
〔註265〕同註263，頁202～203。

寡獲也。而或以無禮節用之，則必有貪利糾譑之名，而且有空虛窮
乏之實矣。此無他故焉，不知節用裕民也。〔註266〕

足國之道在節省用度，富裕人民，而慎其用度之餘，以備不時之急。用不過
度，取之有道，爲富民之道。人民富足則農產百倍。在上位者依法取之於民，
在下位者按禮制節省用度，則餘積多而無處儲藏。故君主知節用以裕民，則
必有仁聖賢良之名聲，有富國之實。若不知節用裕民之道，則君主必有貪利
收取之惡名，且有空虛窮乏之實。

　　觀國之強弱貧富，有其徵驗，《荀子·富國篇》云：「上不隆禮則兵弱，上
不愛民則兵弱，已諾不信則兵弱，慶賞不漸則兵弱，將率不能則兵弱。」〔註267〕
國之強盛，於軍事方面，若君上隆禮、愛民、信諾、慶賞漸、將帥能，則兵強；
反之，則兵弱。「上好功則國貧，上好利則國貧，士大夫眾則國貧，工商眾則國
貧，無制數度量則國貧。下貧則上貧，下富則上富」（同前）。〔註268〕國之貧富，
君上好功、好利、士大夫、工商眾，無制數度量者，則國貧。國之貧富在於民，
下富則上富，下貧則上貧。《荀子·富國篇》云：

> 故田野縣鄙者，財之本也；垣窌倉廩者，財之末也。百姓時和，事
> 業得敘者，貨之源也；等賦府庫者，貨之流也。故明主必謹養其和，
> 節其流，開其源，而時斟酌焉。潢然使天下必有餘，而上不憂不足。
> 如是，則上下俱富，交無所藏之。是知國計之極也。〔註269〕

爲政者知此，則必藏富於民。田野縣鄙者，生財之本也；垣窌倉廩者，斂財
之用，財之末也。明主必開其源，節其流，時加以斟酌，則上下俱富，爲理
財之極則也。《荀子·富國篇》云：

> 故田野荒而倉廩實，百姓虛而府庫滿，夫是之謂國蹶。伐其本，竭
> 其源，而並之其末，然而主相不知惡也，則其傾覆滅亡可立而待也。
> 以國持之，而不足以容其身，夫是之謂至貧，是愚主之極也。將以
> 取富而喪其國，將以取利而危其身，古有萬國，今有十數焉，是無
> 它故焉，其所以失之一也。君人者亦可以覺矣。百里之國，足以獨
> 立矣。〔註270〕

〔註266〕清·王先謙：《荀子集解》，頁157～158。
〔註267〕同上，頁172。
〔註268〕同上，頁173。
〔註269〕同上。
〔註270〕同上，頁174。

若民貧而國富，生財之本竭，而財之末實，是國家覆亡之訊。如此，國雖大，無以容其身，是謂至貧，為愚主之算計也。若知取財有道，雖百里小國，亦足獨立矣。

第三節　隆禮尊賢而王

一、由霸入王

（一）具具而王

　　國者，為天下之重器，故須慎擇與政者，《荀子‧王霸篇》云：「國者，天下之大器也，重任也，不可不善為擇所而後錯之，錯險則危；不可不善為擇道然後道之，涂薉則塞，危塞則亡。彼國錯者，非封焉之謂也，何法之道，誰子之與也。」〔註271〕國者大器也，置諸危則危，故不可不善為擇處所而安之；國者重任也，道塗荒蕪則不通，故不可不善為擇其道而導之。措置國家者，非謂劃一疆土也，其在於以何法道國之正、之強，誰人堪與之政也。《荀子‧王霸篇》云：「故道王者之法，與王者之人為之，則亦王；道霸者之法，與霸者之人為之，則亦霸；道亡國之法，與亡國之人為之，則亦亡。三者明主之所以謹擇也，而仁人之所以務白也。」〔註272〕欲王天下者，由王者之道為之，政與王者之人，則必王，如成王之與周公為治；欲為霸者，由霸者之道為之，政與霸者之人，則必霸，如齊桓公之與管仲為治；由亡者之道為之，政與亡國之人為之，則必亡，如燕王噲之與子之為治。此三者乃明主之所以慎擇之也，而為志士仁人所務必顯白之理。

　　國必以信法持守之士為之，《荀子‧王霸篇》云：

　　故國者、重任也，不以積持之則不立。故國者，世所以新者也，是憚，憚、非變也，改王改行也。故一朝之日也，一日之人也，然而厭焉有千歲之國（據王念孫說改），何也？曰：援夫千歲之信法以持之也，安與夫千歲之信士為之也。人無百歲之壽，而有千歲之信士，何也？曰：以夫千歲之法自持者，是乃千歲之信士矣。故與積禮義之君子為之則王，與端誠信全之士為之則霸，與權謀傾覆之人為之

〔註271〕清‧王先謙：《荀子集解》，頁185～186。
〔註272〕同上，頁186。

　　則亡。三者明主之所以謹擇也，仁人之所以務白也。善擇之者制人，

　　不善擇之者人制之。〔註273〕

國為重任，故不以積久之法而持守之，則不立也。國君為世代更新，而國不更制，乃君臣位而已。然有千歲之國者，實與持千歲之法信守自持之士為治，故有千歲之國也。故與積禮義之君子為政，則可以王天下；與端誠信全之士為政者，則可霸天下；若與權謀傾覆之人為政，則必亡其國。

（二）國治在取相

　　國不可獨，必待賢相，《荀子・王霸篇》云：

　　彼持國者，必不可以獨也，然則彊固榮辱在於取相矣。身能相能，

　　如是者王，身不能，知恐懼而求能者，如是者彊；身不能，不知恐

　　懼而求能者，安唯便僻左右親比己者之用，如是者危削；綦之而亡。

　　國者，巨用之則大，小用之則小；綦大而王，綦小而亡，小巨分流

　　者存。巨用之者，先義而後利，安不卹親疏，不卹貴賤，唯誠能之

　　求，夫是之謂巨用之。小用之者，先利而後義，安不卹是非，不治

　　曲直，唯便僻親比己者之用，夫是之謂小用之。巨用之者若彼，小

　　用之者若此，小巨分流者，亦一若彼，一若此也。故曰：「粹而王，

　　駁而霸，無一焉而亡。」此之謂也。〔註274〕

君主身有能，而相亦有能，則可以王天下，如湯之與伊尹、文王之與太公；若君主身不能，知恐懼而求能者為相，則國可強，如燕昭王之與樂毅。若君主身不能，而又不知求賢能者為政，安於左右近習之人而用之，則至於滅亡，如楚襄王之與州侯、夏侯。國之大小，在於其所用，用大則大，用小則小，大小各半者存而已。治國以義而後利，不問親疏貴賤，唯求真才者，則為大用，大用之極則王天下；若先利而後義，不問是非曲直，衹用左右近習之人，此為小用，小用之極則亡。若治事義利各半，用人賢不肖各半，則半如大用，半如小用，如此者霸天下。

　　為國者欲為王者、霸者，或存或亡，皆操之在己。《荀子・王制篇》云：「具具而王，具具而霸，具具而存，具具而亡。用萬乘之國者，威彊之所以立也，名聲之所以美也，敵人之所以屈也，國之所以安危臧否也，制與在此，

〔註273〕清・王先謙：《荀子集解》，頁 186～187。
〔註274〕同上，頁 187～188。

亡乎人。王、霸、安存、危殆、滅亡，制與在我，亡乎人。」〔註275〕具王者之具者王，具霸者之具者霸，而存亡二者亦皆是也。用萬乘之國而建立威彊，傳美名，屈敵國，國家之所以安危善否，其關鍵皆在己而不在人。《荀子‧王制篇》云：「夫威彊未足以殆鄰敵也，名聲未足以縣天下也，則是國未能獨立也，豈渠得免夫累乎？天下脅於暴國，而黨為吾所不欲於是者，日與桀同事同行，無害為堯。是非功名之所就也，非存亡安危之所隨（據俞樾說改）也。」〔註276〕國之威強未足以危殆鄰國，名聲未足以懸衡平天下，國未能獨立，則不得不為暴國所脅迫，而與其為不欲為之事，如六國之脅於秦國之威而侵略盟國等。然吾國若欲為，則王者亦可就也。何故？因此非為功名之所就，安危存亡之所從之關鍵。《荀子‧王制篇》云：

> 功名之所就，存亡安危之所隨（說同前），必將於愉殷赤心之所。誠以其國為王者之所亦王，以其國為危殆滅亡之所亦危殆滅亡。殷之日，案以中立，無有所偏，而為縱橫之事，偃然案兵無動，以觀夫暴國之相卒也。案平政教，審節奏，砥礪百姓，為是之日，而兵剗天下勁矣。案然脩仁義，伉隆高，正法則，選賢良，養百姓，為是之日，而名聲剗天下之美矣。權者重之，兵者勁之，名聲者美之。
>
> 夫堯舜者一天下也，不能加毫末於是矣。〔註277〕

功名之所成就，存亡安危之所隨從，必將在於國家愉樂殷盛之時，其所作為若誠心於王者必王天下，若為危殆滅亡之事者，必危殆滅亡。荀子此論即為性惡論之由人而擴大至國家者。欲為王者當何所為？當國正處於殷盛之時，乃中立而無有所偏，不從事連橫合縱之結盟，而相互攻伐。安然抑兵不動，坐壁觀暴國之相鬥；而我則平政事，審明法度，砥礪百姓，當是之時，兵則可以專稱天下之強勁。安然修治仁義，崇高禮義之道，定正度，選用賢良，養育百姓，當此之時，名聲則可以專美於天下。如此，則王者不過也。

　　欲為王者，非大國而不可乎？然百里之地，可以取天下也。《荀子‧王霸篇》云：

> 其難者在人主之知之也。取天下者，非負其土地而從之之謂也，道足以壹人而已矣。彼其人苟壹，則其土地奚去我而適它？故百里之

〔註275〕清‧王先謙：《荀子集解》，頁149。

〔註276〕同上，頁149～150。

〔註277〕同上，頁150。

地，其等位爵服，足以容天下之賢士矣；其官職事業，足以容天下
之能士矣；循其舊法，擇其善者而明用之，足以順服好利之人矣。
賢士一焉，能士官焉，好利之人服焉，三者具而天下盡，無有是其
外矣。故百里之地，足以竭埶矣。致忠信，箸仁義，足以竭人矣。
兩者合而天下取，諸侯後同者先危。《詩》曰：「自西自東，自南自
北，無思不服。」一人之謂也。〔註278〕

百里之小國，可以齊一天下，其難在於人君不知其道而已。取天下者，在齊
一其民，其民齊一，雖百里小國，其爵足以容天下之賢士，其官職事業，足
以容天下之能士；遵循其舊法，擇其務本厚生之法法之，如此則好利之人順
服也。能齊一賢士，官任能士，順服好利之人，此三者具，則天下之勢盡歸
於我。故百里之地可以盡天下之勢，極我之忠信，著明仁義，足以使天下之
人歸心矣。盡勢、盡人二者合，則足以取天下也。

（二）以儒治國

有傷國者，《荀子・王霸篇》云：

傷國者，何也？曰：以小人尚民而威，以非所取於民而巧，是傷國
之大災也。大國之主也，而好見小利，是傷國。其於聲色、臺榭、
園囿也，愈厭而好新，是傷國。不好脩正其所以有，啖啖常欲人之
有，是傷國。三邪者在匈中，而又好以權謀傾覆之人，斷事其外，
若是，則權輕名辱，社稷必危，是傷國者也。大國之主也，不隆本
行，不敬舊法，而好詐故，若是，則夫朝廷羣臣，亦從而成俗於不
隆禮義而好傾覆也。朝廷羣臣之俗若是，則夫眾庶百姓亦從而成俗
於不隆禮義而好貪利矣。君臣上下之俗，莫不若是，則地雖廣，權
必輕；人雖眾，兵必弱；刑罰雖繁，令不下通。夫是之謂危國，是
傷國者也。〔註279〕

治國者不以賢人，在上位者好作威福，不以其道而取民之財，此為國之大災
也。身為大國之君，而好小利，好聲色游觀，不盡心修治其已有之地及財貨，
而好貪他人之所有者，如此是損傷其國者也。上有所好，下必甚之，臣下百
姓皆如其君之好利貪貨，不隆禮義，漸成風俗，則其國危殆，是損傷其國者。

　　儒者治國必將曲辨，《荀子・王霸篇》云：

〔註278〕清・王先謙：《荀子集解》，頁192～193。
〔註279〕同上，頁204～205。

儒者爲之不然，必將曲辨：朝廷必將隆禮義而審貴賤，若是，則士
大夫莫不敬節死制者矣。百官則將齊其制度，重其官秩，若是，則
百吏莫不畏法而遵繩矣。關市幾而不征，質律禁止而不偏，如是，
則商賈莫不敦愨而無詐矣。百工將時斬伐，佻其期日，而利其巧任，
如是，則百工莫不忠信而不楛矣。縣鄙則將輕田野之稅，省刀布之
歛，罕舉力役，無奪農時，如是，農夫莫不朴力而寡能矣。士大夫
務節死制，然而兵勁。百吏畏法循繩，然後國常不亂。商賈敦愨無
詐，則商旅安，貨通財，而國求給矣。百工忠信而不楛，則器用巧
便而財不匱矣。農夫朴力而寡能，則上不失天時，下不失地利，中
得人和，而百事不廢。是之謂政令行，風俗美，以守則固，以征則
彊，居則有名，動則有功。此儒之所謂曲辨也。〔註280〕

儒者之治國，將使朝廷崇高禮義而審於貴賤之別，如此，則士大夫將務死其
職守。百官則將齊一其制度，厚重其官祿，如此，則百官莫不畏法而遵循而
行。關市但稽查不法，而不征稅，商賈以實價交易，而人人誠實不欺。百工
制器精良，農人力作。如此，下不失天時，中得人和，下不失地利，百事興
作，政令行，風俗美，以此國力守則國固，以此征伐則威強於鄰國，居國則
有美名，外動則有事功，此謂儒者之周徧治理也。

由霸入王時，君臣、父子之道何如？《荀子·君道篇》云：

請問爲人君？曰：以禮分施，均徧而不偏。請問爲人臣？曰：以禮
侍君，忠順而不懈。請問爲人父？曰：寬惠而有禮。請問爲人子？
曰：敬愛而致文。請問爲人兄？曰：慈愛而見友。請問爲人弟？曰：
敬詘而不苟。請問爲人夫？曰：致功而不流，致臨而有辨。請問爲
人妻？曰：夫有禮則柔從聽侍，夫無禮則恐懼而自竦也。〔註281〕

爲人君者，以禮分施臣下，能均而不偏；爲人臣者，以禮事君，忠而不懈；爲
人父者，寬容惠愛而有禮；爲人子者，敬愛長上而有文理；君臣、父子、夫婦
三者，相待皆一歸於禮義之道，故自家至國，安和而齊一，自無變亂之故。

（四）義立而王

兼足天下之道，《荀子·富國篇》云：

兼足天下之道在明分：掩地表畝，刺屮殖穀，多糞肥田，是農夫眾

〔註280〕清·王先謙：《荀子集解》，頁 205～207。
〔註281〕同上，頁 211～212。

庶之事也。守時力民，進事長功，和齊百姓，使人不偷，是將率之
事也。高者不旱，下者不水，寒暑和節，而五穀以時孰，是天之事
也。若夫兼而覆之，兼而愛之，兼而制之，歲雖凶敗水旱，使百姓
無凍餒之患，則是聖君賢相之事也。〔註282〕

盡力於田務是農民之職分；守耕作之時，足民力作，齊一百姓，使民不怠者，
爲州官之職分；不旱不水，寒暑調和，此爲自然之事也；若論護庇、愛撫、
治理天下之人者，爲聖君賢相之職分。各各職分已盡，則天下富足。

如此，則將進於王，《荀子・王霸篇》云：

挈國以呼禮義而無以害之，行一不義，殺一無罪，而得天下，仁
者不爲也。櫟然扶持心國，且若是其固也。之所與爲之者之人，
則舉義士也；之所以爲布陳於國家刑法者，則舉義法也；主之所
極然帥羣臣而首鄉之者，則舉義志也。如是，則下仰上以義矣，
是綦定也。綦定而國定，國定而天下定。仲尼無置錐之地，誠義
乎志意，加義乎身行，箸之言語，濟之日，不隱乎天下，名垂乎
後世。〔註283〕

以禮義治國，以仁義而得天下，不行不義，不殺無罪，其持心固若盤石。與
其共治天下者，皆合於禮義之士；其所宣布於國之法，皆合於禮義法度；以
合於禮義之志向，而帥其羣臣上下；臣民皆以義仰奉在上位者，是立國之標
的已定，立國之標的已定則天下定。如孔子之無立錐之地，然其志意誠於義，
身行其義，著明之於言論。其功成之日，天下不能隱其名，而垂於後世。《荀
子・王霸篇》云：

今亦以天下之顯諸侯，誠義乎志意，加義乎法則度量，箸之以政事，
案申重之以貴賤殺生，使襲然終始猶一也。如是，則夫名聲之部發
於天地之間也，豈不如日月雷霆然矣哉！故曰：以國齊義，一日而
白，湯、武是也。湯以亳，武王以鄗，皆百里之地也，天下爲一，
諸侯爲臣，通達之屬，莫不從服，無它故焉，以濟義矣，是所謂義
立而王也。〔註284〕

今天下顯貴之諸侯，若志意誠於義，使國之法則度量皆合於義，又以義著明

〔註282〕清・王先謙：《荀子集解》，頁162～163。
〔註283〕同上，頁181～182。
〔註284〕同上，頁183。

於政事，申重貴賤之別、生殺之威，使君臣上下終始合一。如此，則名聲發揚於天地之間，而能一統天下，此即所謂之「義立而王」者。

二、王者之治

（一）能 羣

　　王者善羣者也，《荀子・君道篇》云：

　　　道者，何也？曰：君之所道也。君者，何也？曰：能羣也。能羣也者，何也？曰：善生養人者也，善班治人者也，善顯設人者也，善藩飾人者也。善生養人者人親之，善班治人者人安之，善顯設人者人樂之，善藩飾人者人榮之。四統者俱，而天下歸之，夫是之謂能羣。〔註285〕

能羣為王者一統天下之道，能羣者有四統：「生養」者，「省工賈，眾農夫，禁盜賊，除姦邪：是所以生養之也」（《荀子・君道篇》）。〔註286〕重農抑商工，以增加生產；禁止盜賊，剷除姦邪，以安定民生，是所以生養百姓之道也。「班治」者，「天子三公，諸侯一相，大夫擅官，士保職，莫不法度而公：是所以班治之也」（同前）。〔註287〕天子設三公總天下之事，諸侯國設相理一國之事，設大夫專領一官之事，士謹守其職，莫不循守法度而公正無私，是所以治理百官之道也。「顯設」者，「論德而定次，量能而授官，皆使人載其事，而各得其所宜，上賢使之為三公，次賢使之為諸侯，下賢使之為士大夫：是所以顯設之也」（同前）。〔註288〕論德之大小而定其位次，量能而授其官職，皆使各任其事，各得其當，上賢者使之居三公之位，次賢者使之為諸侯，下賢者使之為士大夫，此為顯設之道。「藩飾」者，「脩冠弁衣裳，黼黻文章，彫琢刻鏤，皆有等差：是所以藩飾之也」（同前）。〔註289〕修整弁衣裳，黼黻文章，彫琢刻鏤，各種衣著用具，皆有等差之別，是藩飾之道也。

　　王者之治，能齊一其民，使各得其所，「故由天子至於庶人也，莫不騁其能，得其志，安樂其事，是所同也；衣煖而食充，居安而游樂，事時制明而

〔註285〕清・王先謙：《荀子集解》，頁215～216。
〔註286〕同上，頁216。
〔註287〕同上。
〔註288〕同上。
〔註289〕同上，頁216～217。

用足，是又所同也」（同前）。〔註290〕自天子以至於庶人，各騁其能，各展所長，安享其所成，食足衣暖，是上下皆同也。《荀子・君道篇》云：

> 若夫重色而成文章，重味而成珍備，是所衍也。聖王財衍，以明辨異，上以飾賢良而明貴賤，下以飾長幼而明親疏。上在王公之朝，下在百姓之家，天下曉然皆知其所以爲異也，將以明分達治而保萬世也。故大子諸侯無靡費之用，士大夫無流淫之行，百吏官人無怠慢之事，眾庶百姓無姦怪之俗，無盜賊之罪，其能以稱義遍矣。故曰：治則衍及百姓，亂則不足及王公。此之謂也。〔註291〕

然多色而成文章之服，多味而成珍怪之食，乃聖王之所餘饒者。聖王裁制其所餘，以明上下之別，其作用則在於上以美飾賢良，而辨明貴賤，下以美飾長幼，而辨明親疏；天下皆知此非爲求異之故，將以明職分達治安，而保萬世之和也。於是君臣上下，無流淫之行，無靡費汰侈之用度，風俗美，盜賊不作，是爲大平盛世。《禮記・禮運篇》云：

> 大道之行也，天下爲公，選賢與能，講信脩睦，故人不獨親其親，不獨子其子，使老有所終，壯有所用，幼有所長，矜寡孤獨廢疾者，皆有所養，男有分，女有歸，貨惡其棄於地也，不必藏於己，力惡其不出於身也，不必爲己，是故謀閉而不興，盜竊亂賊而不作，故外戶而不閉，是謂大同〔註292〕

大道行於天下，各階層皆有其分，各有其用，人人安居樂業，一歸於王道之下，此即王者之治也。

（二）為　政

王者之政，《荀子・王制篇》云：

> 賢能不待次而舉，罷不能不待須而廢，元惡不待教而誅，中庸民不待政而化。分未定也，則有昭繆。雖王公士大夫之子孫也，不能屬於禮義，則歸之庶人。雖庶人之子孫也，積文學，正身行，能屬於禮義，則歸之卿相士大夫。故姦言、姦說、姦事、姦能、遁逃反側之民，職而教之，須而待之，勉之以慶賞，懲之以刑罰。安職則畜，不安職則棄。五疾，上收而養之，材而事之，官施而衣食之，兼覆

〔註290〕清・王先謙：《荀子集解》，頁217。
〔註291〕同上。
〔註292〕唐・孔穎達：《禮記正義》，頁413。

無遺。才行反時者死無赦。夫是之謂天德，王者之政也。〔註293〕
舉賢而罷不能，誅元惡而教庸民。雖王公士大夫之子孫，如言行不合禮義，則
黜歸於庶人；雖庶人之子孫，能積文學，正身修行，能合於禮義，則陟升爲卿
相士大夫，此爲反世祿之舉也。教化姦民，使之歸正，有殘疾者，收而養之，
視其材而任之，使衣食無缺。才能行爲足以阻撓時政者，則殺之以示懲戒，《禮
記・王制篇》云：「行僞而堅，言僞而辯，學非而博，順非而澤以疑眾，殺。」
〔註294〕如孔子誅少正卯之事，即是此意。〔註295〕此爲王者之政也。

爲政之道有始終，《荀子・致士篇》云：

> 臨事接民，而以義變應，寬裕而多容，恭敬以先之，政之始也。然
> 後中和察斷以輔之，政之隆也。然後進退誅賞之，政之終也。故一
> 年與之始，三年與之終。用其終爲始，則政令不行，而上下怨疾，
> 亂所以自作也。《書》曰：『義刑義殺；勿庸以即，女惟曰：未有順
> 事。』言先教也。〔註296〕

治事接民，以義應變，態度寬容而能容眾，又能廣施教化，以恭敬之禮導之，
是爲政之始；後以中正和平之明察裁斷而輔導之，爲政之中也；後進退誅賞
其賢否者，是爲政之終也。此乃先教後刑之道。

（三）聽 政

王者聽政之原則，《荀子・王制篇》云：「聽政之大分：以善至者待之以
禮，以不善至者待之以刑。兩者分別，則賢不肖不雜，是非不亂。賢不肖不
雜，則英傑至，是非不亂，則國家治。若是，名聲日聞，天下願，令行禁止，
王者之事畢矣。」〔註297〕若臣下以善言諫之，則以禮待之；以不善言進之者，

〔註293〕清・王先謙：《荀子集解》，頁129～130。
〔註294〕唐・孔穎達：《禮記正義》，頁260。
〔註295〕《荀子・宥坐篇》云：「孔子爲魯攝相，朝七日而誅少正卯。門人進問曰：『夫
　　　　少正卯魯之聞人也，夫子爲政而始誅之，得無失乎？』孔子曰：『居，吾語女
　　　　其故。人有惡者五，而盜竊不與焉：一曰：心達而險；二曰：行辟而堅；三
　　　　曰：言僞而辯；四曰：記醜而博；五曰：順非而澤。此五者有一於人，則不
　　　　得免於君子之誅，而少正卯兼有之。故居處足以聚徒成羣，言談足飾邪營眾，
　　　　強足以反是獨立，此小人之桀雄也，不可不誅也。是以湯誅尹諧，文王誅潘
　　　　止，周公誅管叔，太公誅華仕，管仲誅付里乙，子產誅鄧析史付，此七子者，
　　　　皆異世同心，不可不誅也。詩曰：『憂心悄悄，慍於羣小。』小人成羣，斯足
　　　　憂也。』」同註293，頁472。
〔註296〕同上，頁241。
〔註297〕同上，頁130。

則以刑待之。善與不善則分別，則賢與不肖者不相雜，事之是非不相亂。如此，則天下之英傑風聞而至，國家以是平治。是王者聽政之大分。

聽政之細分，《荀子‧王制篇》云：「凡聽：威嚴猛厲，而不好假道人，則下畏恐而不親，周閉而不竭。若是，則大事殆乎弛，小事殆乎遂。」〔註298〕君主聽政若過於嚴厲，而不予臣子進言之機會，則臣下因懼而下情不上達。《荀子‧王制篇》云：「和解調通，好假道人，而無所凝止之，則姦言並至，嘗試之說鋒起。若是，則聽大事煩，是又傷之也。」〔註299〕若君主態度寬容，無原則決其可不可，則姦說並起。《荀子‧王制篇》云：

> 故法而不議，則法之所不至者必廢。職而不通，則職之所不及者必隊。故法而議，職而通，無隱謀，無遺善，而百事無過，非君子莫能。故公平者，聽之衡也；中和者，聽之繩也。其有法者以法行，無法者以類舉，聽之盡也。偏黨而無經，聽之辟也。故有良法而亂者有之矣；有君子而亂者，自古及今，未嘗聞也。傳曰：「治生乎君子，亂生乎小人。」此之謂也。〔註300〕

雖有法度而不議論其統類，則法所不及者必廢。安於職事而不相互通達，則所知不廣，職事所不及者，必致毀墜。論法而議其統類，職事相互通達，則百事皆察，而無過錯。公平中和者為聽政之準繩。有法者依法而行，無法者依法推衍之律科，此為聽政之最善者。有良法而亂者有之，有君子而亂者無之，故雖有善法，必得君子以行之。

（四）愛民尊賢

為政者，尊賢為急，《論語‧子路篇》云：「仲弓為季氏宰，問政。子曰：『先有司，赦小過，舉賢才。』曰：『焉知賢才而舉之？』曰：『舉爾所知。爾所不知，人其舍諸？』」〔註301〕在上位者若舉賢人，則賢者自來。《荀子‧王制篇》云：

> 馬駭輿，則君子不安輿；庶人駭政，則君子不安位。馬駭輿，則莫若靜之；庶人駭政，則莫若惠之。選賢良，舉篤敬，興孝弟，收孤寡，補貧窮。如是，則庶人安政矣。庶人安政，然後君子安位。傳

〔註298〕清‧王先謙：《荀子集解》，頁130～131。
〔註299〕同上，頁131。
〔註300〕同上，頁131～132。
〔註301〕宋‧朱熹：《四書集注》，頁146。

曰：『君者、舟也，庶人者、水也；水則載舟，水則覆舟。』此之謂
也。故君人者，欲安，則莫若平政愛民矣；欲榮，則莫若隆禮敬士
矣；欲立功名，則莫若尚賢使能矣。——是人君之大節也。三節者
當，則其餘莫不當矣。三節者不當，則其餘雖曲當，猶將無益也。
〔註302〕

國者由民聚而成，君主者，國之主事者，故民若不安，則政不定，故安民者，莫若施於恩惠，民心定，而安於政也。故平政愛民、隆禮敬士、尚賢使能，是人君之大節也。

愛民之方，《荀子·富國篇》云：

使民夏不宛暍，冬不凍寒，急不傷力，緩不後時，事成功立，上下
俱富；而百姓皆愛其上，人歸之如流水，親之歡如父母，爲之出死
斷亡而愉者，無它故焉，忠信、調和、均辨之至也。故國君長民者，
欲趨時遂功，則和調累解，速乎急疾；忠信均辨，説乎慶賞矣；必
先脩正其在我者，然後徐責其在人者，威乎刑罰。三德者誠乎上，
則下應之如景嚮，雖欲無明達，得乎哉！〔註303〕

王者役使力，不受天時之傷害，不傷民力，及時完成事功，上下皆富足。在上者，爲政忠信、調和、均平之極，民即親若父母，爲之出生入死而無悔。君主之治民，欲及時建功，則和調寬緩以使民，則民速而愈急疾使之；以忠信均平以使民，則民悅而愈賞賜予之。故君主必先修正其身，然後緩責其在人之事，如此則威勢愈刑罰之加身。此三者誠信出於君主，則人民應之如響。《論語·子路篇》云：「其身正，不令而行；其不正，雖令不從。」〔註304〕又云：「苟正其身矣，於從政乎何有？不能正其身，如正人何？」〔註305〕即此之謂也。

王者以禮義之道愛民，《荀子·富國篇》云：

故先王明禮義以壹之，致忠信以愛之，尚賢使能以次之，爵服慶賞
以申重之，時其事，輕其任，以調齊之，潢然兼覆之，養長之，如
保赤子。若是，故姦邪不作，盜賊不起，而化善者勸勉矣。是何邪？
則其道易，其塞固，其政令一，其防表明。〔註306〕

〔註302〕清·王先謙：《荀子集解》，頁133。
〔註303〕同上，頁168～169。
〔註304〕宋·朱熹：《四書集注》，頁148。
〔註305〕同上，頁149。
〔註306〕同註302，頁170。

先王以禮義之道齊一百姓，以忠信之義愛之，尊賢任能，使得其位次，爵位賞賜以顯重之，使民有時，量其力而任之，以調和齊一之。王者之盛德廣被之、長養之，如保嬰兒。如此，則姦邪不作，盜賊不起，化而為善者得其勸勉。其故在於導之使行者簡易，禁止之者牢固，其政令統一，其禮法顯明，民易於遵守。

好士則強，《荀子・議兵篇》云：「好士者強，不好士者弱。」〔註307〕國之強於弱，首繫在於好士與否，故君主之為政，其法在尊賢好士。《戰國策・燕策一》載郭隗對燕昭王說云：「帝者與師處，王者與友處，霸者與臣處，亡國與役處。詘指而事之，北面而受學，則百己者至。先趨而後息，先問而後嘿，則什己者至。人趨己趨，則若己者至，馮几據杖，眄視指使，則廝役之人至。若恣睢奮擊，呴籍叱咄，則徒隸之人至矣。此古服道致士之法也。」〔註308〕君主之得人，端在於其所用之態度，以愛賢之舉招賢，則大賢之人至。《呂氏春秋・贊能篇》云：「賢者善人以人，中人以事，不肖者以財。得十良馬，不若得一伯樂；得十良劍，不若得一歐冶；得地千里，不若得一聖人。舜得皋陶而舜受之，湯得伊尹而有夏民，文王得呂望而服殷商。大得聖人，豈有里數哉？」〔註309〕此言得聖人之重要。《荀子・致士篇》云：

> 人主之患，不在乎不言用賢，而在乎不（據王念孫說增）誠必用賢。
> 夫言用賢者，口也；卻賢者，行也，口行相反，而欲賢者之至，不肖者之退也，不亦難乎！夫耀蟬者，務在明其火，振其樹而已；火不明，雖振其樹，無益也。今人主有能明其德者，則天下歸之，若蟬之歸明火也。〔註310〕

人主之患者，在於口言用賢而行欲去賢。今人主能有明其德行者，則天下賢士歸之，若蟬之趨火，其來不止。《荀子・子道篇》云：「昔萬乘之國，有爭臣四人，則封疆不削；千乘之國，有爭臣三人，則社稷不危；百乘之家，有爭臣二人，則宗廟不毀。」〔註311〕此為國有諍臣之效者。

得賢之要，《荀子・君道篇》云：

> 有亂君，無亂國；有治人，無治法。羿之法非亡也，而羿不世中；禹

〔註307〕清・王先謙：《荀子集解》，頁250。
〔註308〕漢・劉向：《戰國策》，頁1064。
〔註309〕民國・陳奇猷：《呂氏春秋校釋》，頁1591～1592。
〔註310〕同註307，頁240。
〔註311〕同上，頁480～481。

之法猶存，而夏不世王。故法不能獨立，類不能自行；得其人則存，失其人則亡。法者，治之端也；君子者，法之原也。故有君子，則法雖省，足以遍矣；無君子，則法雖具，失先後之施，不能應事之變，足以亂矣。不知法之義而正法之數者，雖博，臨事必亂。故明主急得其人，而闇主急得其埶。急得其人，則身佚而國治，功大而名美，上可以王，下可以霸；不急得其人，而急得其埶，則身勞而國亂，功廢而名辱，社稷必危。故君人者，勞於索之，而休於使之。〔註312〕

國之治否，在於君；法本無定，端在治之者之所用。前代之法雖存，然國不在，是以法不能獨存，推類不能自行，必待君子而後得。治國以法則國安，然有良法而亂者，而無有君子而亂者，故得法莫如得君子，此為人君求賢之要也。

君主取士有道，《荀子・君道篇》云：「愿愨拘錄，計數纖嗇而無敢遺喪，是官人使吏之材也。」〔註313〕任用人材之道有三：謹誠劬勞，計數細吝，而不敢遺棄喪失者，是官人使吏之材者；「脩飭端正，尊法敬分，而無傾側之心；守職循業，不敢損益，可傳世也，而不可使侵奪，是士大夫官師之材也」（同前）。〔註314〕修飭端正，崇法重分，而存心正直者，是士大夫官師之材；「知隆禮義之為尊君也，知好士之為美名也，知愛民之為安國也，知有常法之為一俗也，知尚賢使能之為長功也，知務本禁末之為多材也，知無與下爭小利之為便於事也，知明制度、權物稱用之為不泥也，是卿相輔佐之材也。未及君道也」（同前）。〔註315〕知隆禮義是為尊崇君上，知好士是為美其名聲，知愛民乃為安定國勢，知有常法是為齊一風俗，知尚賢使能是為長大功業，知務農抑商即可增多財富，知不同下民爭取小利，是為便於成事，知彰明制度，權量事物而求稱用，則不至拘泥者，是為卿相輔佐之材。此三者為人臣之材，尚未論及君道者，《荀子・君道篇》云：

能論官此三材者而無失其次，是謂人主之道也。若是，則身佚而國治，功大而名美，上可以王，下可以霸，是人主之要守也。人主不能論此三材者，不知道此道，安值將卑埶出勞，併耳目之樂，而親自貫日而治詳，一日（據王先謙說改）而曲辨之，慮與臣下爭小察

〔註312〕清・王先謙：《荀子集解》，頁209。
〔註313〕同上，頁224～225。
〔註314〕同上，頁225。
〔註315〕同上，頁225。

而慕偏能，自古及今，未有如此而不亂者也。是所謂視乎不可見，
聽乎不可聞，爲乎不可成，此之謂也。〔註316〕

君道者，能於此三材者，論其才而定其位次，量其能而授之以官職者，是爲
君之道。如此，三材定位，君主身安佚樂，而國家平治，功績大而名聲美，
上則爲王，下則爲霸。《荀子・致士篇》云：「川淵深而魚鼈歸之，山林茂而
禽獸歸之，刑政平而百姓歸之，禮義備而君子歸之。故禮及身而行脩，義及
國而政明，能以禮挾而貴名白，天下願，令行禁止，王者之事畢矣。」〔註317〕
刑政平治則百姓歸之，禮義備善則君子歸之。故禮能及其身則行爲修潔，義
能及其國則政治清明，能以禮義周洽教化其國，則名聲顯揚天下，天下之人
顯爲其民，令必行而禁必止，如此，王者之事畢矣。

（五）富　國

王者之財經政策，《荀子・王制篇》云：

王者之法（據王念孫說增）：等賦、政事、財萬物，所以養萬民也。
田野什一，關市幾而不征，山林澤梁，以時禁發而不稅。相地而衰
政。理道之遠近而致貢。通流財物粟米，無有滯留，使相歸移也，
四海之內若一家。故近者不隱其能，遠者不疾其勞，無幽閒隱僻之
國，莫不趨使而安樂之。夫是之爲人師。是王者之法也。〔註318〕

差等賦稅，治理民事，裁成萬物，是所以長養萬民者。田野之賦十取其一，
關禁市廛，但稽察不法而不征稅。山林澤梁等，以時開發而不賦稅。相地美
惡訂等級，以定賦稅之高低。分別地理之遠近而定貢物之等級。流通萬物，
使無窮乏，雖遠方之人莫不願供趨走，而安其政教，此爲王者之政。

富國爲教養人民，《荀子・大略篇》云：「不富無以養民情，不教無以理
民性。故家五畝宅，百畝田，務其業而勿奪其時，所以富之也。立大學，設
庠序，脩六禮，明七（據王念孫說改）教，所以道之也。《詩》曰：『飲之食
之，教之誨之。』王事具矣。」〔註319〕不富其民，無以養其情而導之正，不
施教化則無以治民之性。故君主使人有五畝之居，百畝之田耕作，促其農作
而勿奪其時，是所以富之之道。《禮記・王制篇》云：「司徒脩六禮以節民性，

〔註316〕王先謙：《荀子集解》，頁225。
〔註317〕同上，頁238。
〔註318〕同上，頁140～141。
〔註319〕同上，頁453。

明七教以興民德。」〔註320〕國有大學，鄉有庠序，修冠、昏、喪、祭、鄉、相見等六禮；明父子、兄弟、夫婦、君臣、長幼、朋友、賓客等七教，〔註321〕是所以教導之道。人民既富足之，則以禮義教之，是王者之事畢矣。《管子·牧民篇》云：「凡有地牧民者，務在四時，守在倉廩。國多財，則遠者來，地辟舉，則民留處；倉廩實，則知禮節；衣食足，則知榮辱；上服度，則六親固。」〔註322〕欲教化民者，必先實其腹，即此之謂。

先富其民，後以禮節用，以政裕之。《荀子·富國篇》云：

> 禮者，貴賤有等；長幼有差，貧富輕重皆有稱者也。故天子袾裷衣冕，諸侯玄裷衣冕，大夫裨冕，士皮弁服。德必稱位，位必稱祿，祿必稱用，由士以上則必以禮樂節之，眾庶百姓則必以法數制之。量地而立國，計利而畜民，度人力而授事，使民必勝事，事必出利，利足以生民，皆使衣食百用出入相揜，必時臧餘，謂之稱數。故自天子通於庶人，事無大小多少，由是推之。故曰：「朝無幸位，民無幸生。」此之謂也。輕田野之賦，平關市之征，省商賈之數，罕興力役，無奪農時，如是則國富矣。夫是之謂以政裕民。〔註323〕

分別長幼、貴賤有其差等，貧富多少有其適宜，為禮之作用。故天子、諸侯、大夫、士等其服色皆有所別。才德必符其職位，職位必符其俸祿，俸祿必符其用度，由士以上則以禮樂節制之，百姓則以法律限制之，《禮記·曲禮篇》云：「禮不下庶人，刑不上大夫。」〔註324〕即此之謂也。量地之大小而分立其國，計土地之利而養育民眾。使民必度其力，事必出於利之，其利必足以生養民眾，皆使民入足以敷出，而有餘藏。此為以禮節用者。於國政方面，減輕田賦，除關市之稅，減省商賈之數，罕於征用民力，勸農力耕，如此則國富矣。此為以政裕民者也。

（六）用　法

王者之論賞罰有道，《荀子·王制篇》云：

> 無德不貴，無能不官，無功不賞，無罪不罰。朝無幸位，民無幸生。

〔註320〕唐·孔穎達：《禮記正義》，頁256。
〔註321〕〈王制篇〉：「六禮：冠、昏、喪、祭、鄉、相見；七教：父子、兄弟、夫婦、君臣、長幼、朋友、賓客。」同上，頁269。
〔註322〕唐·尹知章：《管子注》卷一，頁1。
〔註323〕清·王先謙：《荀子集解》，頁158～159。
〔註324〕唐·孔穎達：《禮記正義》，頁55。

尚賢使能，而等位不遺；析愿禁悍，而刑罰不過。百姓曉然皆知夫
為善於家，而取賞於朝也；為不善於幽，而蒙刑於顯也。夫是之謂
定論。是王者之論也。〔註325〕

有德者必貴，有能則必官，不賞無功之人，不罰無罪之人。朝廷無尸位素餐
之人，民無不事生產之人。尚賢使能，各當其職；折制凶暴之人，而刑不過
苛。百姓確知行善得賞，行不善得罰，為王者之論法。

　　既富足之，則繼之以法規之，《荀子‧君子篇》云：

聖王在上，分義行乎下，則士大夫無流淫之行，百吏官人無怠慢之
事，眾庶百姓無姦怪之俗，無盜賊之罪，莫敢犯上之大禁，天下曉
然皆知夫盜竊之不可以為富也，皆知夫賊害之不可以為壽也，皆知
夫犯上之禁不可以為安也。由其道則人得其所好焉，不由其道則必
遇其所惡焉。是故刑罰綦省而威行如流，世曉然皆知夫為姦則雖隱
竄逃亡之由不足以免也，故莫不服罪而請。〔註326〕

聖王對吏民之職分有合理之裁定，故臣民均不敢有違法之事，皆知為盜賊者
不可久處於世。《商君書‧定分》云：「夫不待法令繩墨，而無不正者，千萬
之一也，故聖人以千萬治天下。故夫智者而後能知之，不可以為法，民不盡
知；賢者而後知之，不可以為法，民不盡賢。故聖人為民作法，必使之明白
易知，愚智遍能知之。為置法官，置主法之吏，以為天下師，令萬民無陷於
險危。故聖人立天下而無刑死者，非不刑殺也，行法令，明白易知，為置法
官吏為之師，以道之知。萬民皆知所避就，避禍就福，而皆以自治也。故明
主因治而終治之，故天下大治也。」〔註327〕是故刑罰極省而法威行如流水，
皆知作姦犯科者無所逃於世間，而自服其罪。此為刑期於無刑之謂。

　　刑賞必相當，《荀子‧君子篇》云：

故刑當罪則威，不當罪則侮；爵當賢則貴，不當賢則賤。古者刑不
過罪，爵不踰德。故殺其父而臣其子，殺其兄而臣其弟。刑罰不怒
罪，爵賞不踰德，分然各以其誠通。是以為善者勸，為不善者沮；
刑罰綦省，而威行如流，政令致明，而化易如神。〔註328〕

〔註325〕清‧王先謙：《荀子集解》，頁139～140。
〔註326〕同上，頁414～415。
〔註327〕民國‧貝遠辰：《新譯商君書》，頁213～214。
〔註328〕同註325，頁415～416。

刑罪、爵賢必相當，否則人必輕悔之。故刑罰不踰其罪，爵賞不踰其德，善惡分然各以其忠誠，而得以通達於上。是以爲善者得勸勉，爲不善者得禁止。刑罰雖省而威行如流水，政令極明而化施如流水。此爲王者之用法也。

三、王者之制

王者之治道，《荀子・王制篇》云：「道不過三代，法不二後王；道過三代謂之蕩，法二後王謂之不雅。衣服有制，宮室有度，人徒有數，喪祭械用皆有等宜。聲則非雅聲者舉廢，色則凡非舊文者舉息，械用則凡非舊器者舉毀，夫是之謂復古，是王者之制也。」〔註329〕王者論治道，不過夏商周三代，三代以上之法無所據之；言禮法則與後王相同，異於後王則不正。衣服、宮室各有其制，人徒有定數，喪祭器用皆有等級。聲必雅樂，色必舊文，械用皆爲先王舊制，若非者盡廢之，如此是謂復古，是王者之制度也。

凡國之械用及貢獻，皆視國情之不同而有異。《荀子・正論篇》云：

彼王者之制也，視形埶而制械用，稱遠邇而等貢獻，豈必齊哉！故魯人以糖，衛人用柯，齊人用一革，土地刑制不同者，械用、備飾不可不異也。故諸夏之國同服同儀，蠻、夷、戎、狄之國同服不同制。封內甸服，封外侯服，侯衛賓服，蠻夷要服，戎狄荒服。甸服者祭，侯服者祀，賓服者享，要服者貢，荒服者終王。日祭、月祀、時享、歲貢、終王，夫是之謂視形埶而制械用，稱遠近而等貢獻；是王者之制（據王念孫說改）也。〔註330〕

王者之制度，乃視地理形勢而制定其器用，據道里之遠近而定其貢物。王畿之諸侯國，以其教化與王同，故同服亦同制；四夷之國，因教化之不及，故同服不必同制。五服者，日祭、月祀、時享、歲貢、終王，各有其服事王者之職。此爲王者之制度。

（一）禮以建秩

禮自何所起，其作用爲何？《荀子・禮論篇》云：「禮起於何也？曰：人生而有欲，欲而不得，則不能無求。求而無度量分界，則不能不爭；爭則亂，亂則窮。先王惡其亂也，故制禮義以分之，以養人之欲，給人之求。使欲必

〔註329〕清・王先謙：《荀子集解》，頁 138～139。
〔註330〕同上，頁 304～306。

不窮於物，物必不屈於欲。兩者相持而長，是禮之所起也。」〔註331〕人生而有欲，爲人自然之性，勞而欲息，饑而欲飽，寒而欲衣，是人之所同欲者。欲而不得，則不能無求用。若求用而無度量分界，則不能不淪於爭奪，爭奪則亂，亂則窮困。此爲人之性惡之必然發展結果。先王見此亂也以爲不可，故制禮義制度以分別各人之分際，以養人之所欲，供給人之所求用，而使物資不虞有匱乏之患。此爲禮之所由起者。

禮之所出有三，《荀子・禮論篇》云：「禮有三本：天地者，生之本也；先祖者，類之本也；君師者，治之本也。無天地，惡生？無先祖，惡出？無君師，惡治？三者偏亡焉無安人。故禮，上事天，下事地，尊先祖，而隆君師。是禮之三本也。」〔註332〕天地者，長養萬物，是生命之根本也；先祖者，人之所由出者，爲人類之根本；君師者，理眾人也，是治道之根本也。此三者若一無，則人無安居之理。故禮者，上事天，下事地，尊敬先祖而崇高君師之用也。

禮者，以財物爲實用，以貴賤之等爲文飾。《荀子・禮論篇》云：

> 禮者，以財物爲用，以貴賤爲文，以多少爲異，以隆殺爲要。文理繁，情用省，是禮之隆也。文理省，情用繁，是禮之殺也。文理情用相爲內外表裏，並行而雜，是禮之中流也。故君子上致其隆，下盡其殺，而中處其中。步驟馳騁屬鶩不外是矣，是君子之壇宇宮廷也。人有是，士君子也；外是，民也；於是其中焉，方皇周挾，曲得其次序，是聖人也。故厚者禮之積也，大者禮之廣也，高者禮之隆也，明者禮之盡也。〔註333〕

禮以財物爲行禮之用，如各國聘問弔喪所用之玉帛車馬等；以貴賤爲文飾，如車服旗章等依地位之不同而有別；以多少異制，如天子、諸侯、士大夫等宗廟數之不同等，所以分別上下也；禮之或厚或薄，唯其所適當者爲貴。若享獻之禮，情爲主敬，此乃文過於情，是禮之隆盛也；若祭祀之用玄酒，本於質樸，是情過於文，是禮之減省者。若文理情用，相爲內外表裏，並行而相會，是禮之中道者。君子之於大禮，則用其隆盛者，於小禮，則用其減省者，中者處其中道，使各得其宜。君子之行爲舉止，皆不出於其中。人居於其中，是士君子

〔註331〕清・王先謙：《荀子集解》，頁321。
〔註332〕同上，頁324。
〔註333〕同上，頁330～331。

也，不於其中，是庶民者也，此乃「禮不下庶人」之意。若於禮之中徘徊周匝，曲盡其次序者，是為聖人。聖人者，有弘廣之德行，為禮之所歸向。

禮為「養欲」者也，《荀子‧禮論篇》云：「故禮者養也。芻豢稻粱，五味調香，所以養口也；椒蘭芬苾，所以養鼻也；雕琢刻鏤，黼黻文章，所以養目也；鐘鼓管磬，琴瑟竽笙，所以養耳也；疏房檖貏，越席床笫几筵，所以養體也。故禮者養也。」〔註334〕先王制禮以給人之求，使欲不窮於物，而物不屈於欲，故禮者養也。以五味以養口，芳香以養鼻；刻鏤文章以養目；琴鼓以養耳；床席以養體，使物能給所欲，故禮者養人之欲者也。《呂氏春秋‧孝行覽》云：「養有五道：修宮室，安床笫，節飲食，養體之道也。樹五色，施五采，列文章，養目之道也。正六律，龢五聲，雜八音，養耳之道也。熟五穀，烹六畜，龢煎調，養口之道也。龢顏色，說言語，敬進退，養志之道也。」〔註335〕此說正足以證荀子「禮者養也」之說。

禮者「別異定分」者也，《荀子‧禮論篇》云：「君子既得其養，又好其別。曷謂別？曰：貴賤有等，長幼有差，貧富輕重皆有稱者也。」〔註336〕君子所欲既已得養，又好其別。即貴賤有等，長幼有差，貧富多少皆各當其宜者也。《禮記‧曲禮篇》云：「夫禮者，所以定親疏，決嫌疑，別同異，明是非也。」〔註337〕又《中庸》云：「親親之殺，尊賢之等，禮所生也。」〔註338〕故禮者別異定分也。

人道莫不有辨。《荀子‧非相篇》云：

> 人之所以為人者何已也？曰：以其有辨也。飢而欲食，寒而欲煖，勞而欲息，好利而惡害，是人之所生而有也，是無待而然者也，是禹、桀之所同也。然則人之所以為人者，非特以二足而無毛也，以其有辨也。……夫禽獸有父子而無父子之親，有牝牡而無男女之別。
> 故人道莫不有辨。〔註339〕

人之所以為人，而與禽獸異者，為其有父子之親，男女之別者也。

禮為辨之極也。《荀子‧非相篇》云：

〔註334〕清‧王先謙：《荀子集解》，頁321～322。
〔註335〕民國‧陳奇猷：《呂氏春秋校釋》，頁732。
〔註336〕同註334，頁322。
〔註337〕唐‧孔穎達：《禮記正義》，頁14。
〔註338〕宋‧朱熹：《四書集注》，頁39。
〔註339〕同註334，頁68～69。

辨莫大於分，分莫大於禮，禮莫大於聖王；聖王有百，吾孰法焉？

曰：文久而滅（據王念孫說改），節族久而絕，守法數之有司，極而

褫。故曰：欲觀聖王之跡，則於其粲然者矣，後王是也。彼後王者，

天下之君也；舍後王而道上古，譬之是猶舍己之君而事人之君也。

故曰：欲觀千歲，則數今日；欲知億萬，則審一二；欲知上世，則

審周道；欲知周道，則審其人所貴君子。故曰：以近知遠，以一知

萬，以微知明，此之謂也。〔註340〕

辨莫大於分別貴賤上下，遠近親疏者，分莫大於禮之範圍，明禮莫大於效法先
王之道。欲觀先王之禮樂之道，其盡在於後王是也。由今日之理，可以推知往
古，由一二之數，可以推出億萬之數，故由周道，可以推知先王之治道，《論語‧
八佾篇》云：「子曰：『周監於二代，郁郁乎文哉！吾從周。』」〔註341〕欲知周
道，則由所貴之聖人學習。

　　人一之於禮義，則兩得之也。《荀子‧禮論篇》云：

孰知夫出死要節之所以養生也！孰知夫出費用之所以養財也！孰知

夫恭敬辭讓之所以養安也！孰知夫禮義文理之所以養情也！故人苟

生之為見，若者必死；苟利之為見，若者必害；苟怠惰偷懦之為安，

若者必危；苟情說之為樂，若者必滅。故人一之於禮義，則兩得之

矣；一之於情性，則兩喪之矣。〔註342〕

為臣者入生入死，立節以忠於君者，是為受祿養生者，無是者亂矣。故人若
以貪生為主，則必趨於敗亡；出財物以成其禮，是求所以奉養其財，使不相
侵奪之故也。若以利為主，則必受禍害；恭敬辭讓之所以養者，若無之，則
亂而不安也。若以怠惰偷懦為安，則必致危殆；禮義文理之所以養人之情，
若無之，則必縱其情性，犯分亂理，不知所歸。若以情悅為樂者，則必歸於
滅亡。人若專一於禮義，則禮義與情性兩得；若專一於情性，則禮義及情性
兩喪。《禮記‧曲禮上》云：

道德仁義，非禮不成，教訓正俗，非禮不備。分爭辨訟，非禮不決。

君臣上下父子兄弟，非禮不定。宦學事師，非禮不親。班朝治軍，

蒞官行法，非禮威嚴不行。禱祠祭祀，供給鬼神，非禮不誠不莊。

〔註340〕清‧王先謙：《荀子集解》，頁69～70。

〔註341〕宋‧朱熹：《四書集注》，頁76。

〔註342〕同註340，頁323～324。

是以君子恭敬撙節退讓以明禮。鸚鵡能言，不離飛鳥；猩猩能言，不離禽獸。今人而無禮，雖能言，不亦禽獸之心乎？夫唯禽獸無禮，故父子聚麀。是故聖人作，爲禮以教人。使人以有禮，知自別於禽獸。〔註343〕

禮之別異，人倫之道盡於斯矣，人之與禽獸之別，乃在於人爲知禮而禽獸則否，故聖人作禮以教人，使人別於禽獸。

禮爲「人道之極則」者也。禮之理誠深，可平息諸子之異說，《荀子‧禮論篇》云：「禮之理誠深矣，『堅白』、『同異』之察入焉而溺；其理誠大矣，擅作典制辟陋之說入焉而喪；其理誠高矣，暴慢恣睢輕俗以爲高之屬入焉而隊。故繩墨誠陳矣，則不可欺以曲直；衡誠縣矣，則不可欺以輕重；規矩誠設矣，則不可欺以方圓；君子審於禮，則不可欺以詐僞。」〔註344〕禮者，天地人三者盡括之，故其道甚深，名家「堅白」、「同異」之辯，法家擅作典制之爲，它囂、魏牟輩暴慢輕俗以爲高者，於禮之中皆無所施其技矣。君子若審明於禮者，則不可欺以詐僞。《荀子‧禮論篇》云：

故繩者，直之至；衡者，平之至；規矩者，方圓之至；禮者，人道之極也。然而不法禮，不足禮，謂之無方之民；法禮，足禮，謂之有方之士。禮之中焉能思索，謂之能慮；禮之中焉能勿易，謂之能固。能慮、能固，加好者焉，斯聖人矣。故天者，高之極也；地者，下之極也；無窮者，廣之極也；聖人者，人道之極也。〔註345〕

禮者爲人道之極則，法禮重禮之人，謂之有道之士。若以禮爲思想之準則，持禮於身而終生不易，而又好禮不倦者，是爲聖人。

禮之道，兼盡君臣、父子、夫妻等人倫之道，君子於禮之規範中，動無不當也。《荀子‧君道篇》云：

古者先王審禮以方皇周浹於天下，動無不當也。故君子恭而不難，敬而不鞏，貧窮而不約，富貴而不驕，并遇變態而不窮，審之禮也。故君子之於禮，敬而安之；其於事也，徑而不失；其於人也，寡怨寬裕而無阿；其所爲身也，謹修飾而不危；其應變故也，齊給便捷而不惑；其於天地萬物也，不務說其所以然，而致善用其

〔註343〕唐‧孔穎達：《禮記正義》，頁14～15。
〔註344〕清‧王先謙：《荀子集解》，頁329。
〔註345〕同上，頁329～330。

材；其於百官之事、技藝之人也，不與之爭能，而致善用其功；
其待上也，忠順而不懈；其使下也，均遍而不偏；其交遊也，緣
類而有義；其居鄉里也，容而不亂。是故窮則必有名，達則必有
功，仁厚兼覆天下而不閔，明達用天地理萬變而不疑，血氣和平，
志意廣大，行義塞於天地之間，仁知之極也。夫是之謂聖人審之
禮也。〔註346〕

君子審於禮，上得天時，下得地利，中得人和。治國則上下有序，修身則仁
義極盡。窮困之時，必有聲譽，通達之時，能建立功業，處理萬變皆能曲盡
其宜。

　　禮之凡有三事，《荀子·禮論篇》云：「凡禮：事生，飾歡也；送死，飾
哀也；祭祀，飾敬也；師旅，飾威也。是百王之所同，古今之所一也，未有
知其所由來者也。」〔註347〕禮者皆以文飾表達心中之情感者也；事生之禮，
用於文飾歡樂也；送死之禮，用以文飾心中哀痛也；祭祀之禮，用以文飾心
中之敬意也；師旅之禮，用以文飾軍容之威嚴也。《荀子·禮論篇》云：

　　故葬埋，敬藏其形也；祭祀，敬事其神也；其銘誄繫世，敬傳其名
也。事生，飾始也；送死，飾終也；終始具，而孝子之事畢，聖人
之道備矣。刻死而附生謂之墨，刻生而附死謂之惑，殺生而送死謂
之賊。大象其生以送其死，使死生終始莫不稱宜而好善，是禮義之
法式也，儒者是矣。〔註348〕

故葬埋一事，以恭敬之情埋藏先人之形也；祭祀一事，以恭敬之情事其先祖
也；銘誄譜諜，以恭敬之心傳先人之事蹟也。事生，是所以文飾人之始也；
送死，是所以文飾人之終也；終始之事具備，則孝子之事便已完備，聖人禮
義之道也隨之完備。墨子薄其葬厚其生之法，〔註349〕薄其生而厚其葬是迷惑
不清，殉葬之法為盜賊之行，《孟子·梁惠王上》：「仲尼曰：『始作俑者，其
無後乎！』為其象人而用之也。」。〔註350〕盡象其生之事以送死者，使死生終

〔註346〕清·王先謙：《荀子集解》，頁 212～213。
〔註347〕同上，頁 340。
〔註348〕同上，頁 342。
〔註349〕《墨子·節葬下》云：「故古聖王製為葬埋之法，曰：『棺三寸，足以朽體；
　　　　衣衾三領，足以覆惡。以及其葬也，下毋及泉，上毋通臭，壟若參耕之畝，
　　　　則止矣。死則既以葬矣，生者必無久哭，而疾而從事，人為其所能，以交相
　　　　利也。』此聖王之法也。」（清·孫詒讓：《墨子閒詁》）頁 164～165。
〔註350〕宋·朱熹：《四書集注》，頁 210。

始之事莫不得宜而盡善，是禮義之法式也，儒者之道即是如此。

禮之內容：一曰「祭禮」。宗廟之制有其等級，貴始之義也。《荀子・禮論篇》云：「故王者天太祖，諸侯不敢壞，大夫士有常宗，所以別貴始；貴始得之本也。」〔註351〕各代之太祖，傳爲上天所生以藩長其族羣者，其德齊天，故配享於天也，若周以始祖后稷配享於天。諸侯感念其始祖，故不敢遷其神主於太祖祧廟，如魯人不壞周公之廟。諸侯適子嗣位君，其第二子爲別子，若魯之孟孫氏、叔孫氏及季孫氏等三桓。族人尊別子爲始祖，繼別子之後者，爲百世不遷之大宗，餘者爲小宗。其所以分別天子以至於士大夫貴始之義也，貴始，乃德之本也。《荀子・禮論篇》云：

> 郊止乎天子，而社止於諸侯，道及士大夫，所以別尊者事尊，卑者事卑，宜大者巨，宜小者小也。故有天下者事七世，有一國者事五世，有五乘之地者事三世，有三乘之地者事二世，持手而食者不得立宗廟，所以別積厚，積厚者流澤廣，積薄者流澤狹也。〔註352〕

天子有郊祭之禮，諸侯則祭社，士夫士則祭其先祖，此三者所以分別其位不同，所事者亦不同。天子有七廟，諸侯五廟，有采地五乘之大夫立三廟，三乘之士立二廟，持其手而食之農工庶人不得立宗廟，而祭於寢。此所以表其德厚者流澤廣，其德薄者流澤卑。

祭禮之形式尙質，爲貴始也。《荀子・禮論篇》云：

> 大饗，尚玄尊，俎生魚，先大羹，貴食飲之本也。饗，尚玄尊而用酒醴，先黍稷而飯稻粱。祭，齊大羹而飽庶羞，貴本而親用也。貴本之謂文，親用之謂理，兩者合而成文，以歸大一，夫是之謂大隆。
>
> 故尊之尚玄酒也，俎之尚生魚也，俎之先大羹也，一也。〔註353〕

天子舉行三年一次合祭先祖之「祫祭」，樽盛玄酒，俎用生魚，豆盛無梅鹽作料之大羹，此爲尊重食飲之本源也。四時享廟之祭，上以玄酒，而獻以酒醴，先陳黍稷，而後供稻粱之飯。月祭時，尸舉大羹至齒淺嘗而已，於庶羞則致其飽，此爲貴傳統而實際享用也。貴本者謂之修飾，親用者謂之合宜，兩者合而成文理，以歸於太古之原則，此謂之禮之大隆盛也。祭祀所用之祭品，皆爲不忘本初之義。《荀子・禮論篇》云：

〔註351〕清・王先謙：《荀子集解》，頁324。
〔註352〕同上，頁324～325。
〔註353〕同上，頁325～326。

利爵之不醮也，成事之俎不嘗也，三臭之不食也，一也。大昏之未
發齊也，太廟之未入尸也，始卒之未小斂也，一也。大路之素未集
也，郊之麻絻也，喪服之先散麻也，一也。三年之喪，哭之不反也，
清廟之歌，一唱而三歎也，縣一鐘，尚拊膈，朱絃而通越也，一也。
〔註354〕

祭禮佐食之「利」，其爵小歆而不盡，卒哭之祭，尸受爵而不嚐俎，侑三飯勸
尸不自食，皆是爲禮之終結也。大婚之未致醮，太廟之祭，尸尙未入，始卒
之未小斂，皆是禮之初始。天子所乘大路車，覆以素帷，郊祭所服之麻冕，
喪服所用之先帶，三者皆表從質之義。三年喪之哭，氣力一盡，若往而不反
者；樂工歌〈清廟〉之篇，一人唱三人歎，此和者之寡也；懸一鍾，上加拊
膈，而不揚宏聲；練朱絃而疏通瑟越，使聲遲濁，皆爲尙質者也。

　　禮爲情文俱盡者，《荀子・禮論篇》云：「凡禮，始乎梲，成乎文，終乎悅
校。故至備，情文俱盡；其次，情文代勝；其下復情以歸大　也。」〔註355〕禮
者，始於疏略，成於文飾，而終於美好。禮之至備者，爲內在之情感及外在之
儀式二者，皆能全盡；次者爲情感勝於儀式，或儀式勝於情感；其下者爲無文
飾，然反於情感而歸於質樸，此指禮制未完備之族羣而言。《荀子・禮論篇》云：

天地以合，日月以明，四時以序，星辰以行，江河以流，萬物以昌，
好惡以節，喜怒以當，以爲下則順，以爲上則明，萬變不亂，貳之則
喪也。禮豈不至矣哉！立隆以爲極，而天下莫之能損益也。本末相順，
終始相應，至文以有別，至察以有說，天下從之者治，不從者亂，從
之者安，不從者危，從之者存，不從者亡，小人不能測也。〔註356〕

以禮持身治事，上下俱順，處理天道人事方面，必以禮爲極則，無禮則必亂。
故禮爲人道之極則。

　　二曰「喪禮」。喪禮何自起？《孟子・滕文公上》云：「蓋上世嘗有不葬
其親者。其親死，則舉而委之於壑。他日過之，狐狸食之，蠅蚋姑嘬之。其
顙有泚，睨而不視。夫泚也，非爲人泚，中心達於面目。蓋歸反虆梩而掩之。
掩之誠是也，則孝子仁人之掩其親，亦必有道矣。」〔註357〕是知起於不忍之

〔註354〕清・王先謙：《荀子集解》，頁 326～327。
〔註355〕同上，頁 328。
〔註356〕同上，頁 328～329。
〔註357〕宋・朱熹：《四書集注》，頁 282～283。

心，故孝子仁人不以薄葬爲貴也。是喪禮乃謹於治辦養生送死之事者，《荀子·禮論篇》云：「禮者，謹於治生死者也。生，人之始也；死，人之終也，終始俱善，人道畢矣。故君子敬始而愼終，終始如一，是君子之道，禮義之文也。」〔註358〕生，爲人之始也，死，爲人之終也，若於生於死，終始之事皆治辦盡善，人道則盡於此矣。故君子恭敬於養生之事，而謹愼於送死之事。《論語·學而篇》云「生，事之以禮；死，葬之以禮，祭之以禮。」。〔註359〕養生送死之事治之如一，爲君子之道，是禮義之至文者也。《荀子·禮論篇》云：

> 夫厚其生而薄其死，是敬其有知，而慢其無知也，是姦人之道而倍叛之心也。君子以倍叛之心接臧穀，猶且羞之，而況以事其所隆親乎！故死之爲道也，一而不可得再復也，臣之所以致重其君，子之所以致重其親，於是盡矣。故事生不忠厚，不敬文，謂之野；送死不忠厚，不敬文，謂之瘠。君子賤野而羞瘠，故天子棺槨七（據王引之說改）重，諸侯五重，大夫三重，士再重，然後皆有衣衾多少厚薄之數，皆有翣菨文章之等，以敬飾之，使生死終始若一，一足以爲人願，是先王之道，忠臣孝子之極也。〔註360〕

墨子所主張之厚生而薄葬者，爲敬有知之生人，而怠慢無知之死者，是姦人之道，而有背叛之心也。死之爲道，一如往而不可得返也，是臣子所以致其尊崇君主之意，孝子之所以致其敬重雙親之心也。故《中庸》云：「事死如事生，事亡如事存，孝之至也。」〔註361〕又《論語·學而篇》云：「曾子曰：『愼終追遠，民德歸厚矣。』」〔註362〕故自天子以至士，其喪制皆有厚薄多少之分，所以敬飾之也，此爲先王之道，忠臣孝子之極則也。

喪禮各有其制，《荀子·禮論篇》云：

> 天子之喪動四海，屬諸侯。諸侯之喪動通國，屬大夫。大夫之喪動一國，屬脩士。脩士之喪動一鄉，屬朋友。庶人之喪合族黨，動州里。刑餘罪人之喪，不得合族黨，獨屬妻子，棺槨三寸，衣衾三領，不得飾棺，不得畫行，以昏殣，凡緣而往埋之，反無哭泣之節，無衰麻之服，無親疏月數之等，各反其平，各復其始，已葬埋，若無

〔註358〕清·王先謙：《荀子集解》，頁331。
〔註359〕宋·朱熹：《四書集注》，頁68。
〔註360〕同註358，頁331～333。
〔註361〕同註359，頁38。
〔註362〕同上，頁64。

　　喪者而止，夫是之謂至辱。〔註363〕

天子之喪，驚動於天下，會合諸侯使主葬；諸侯之喪，驚動於同盟之國，會合大夫使主葬；大夫之喪驚動同朝之人，會合上士使主葬；上士之喪驚同鄉之親族，會合朋友使主葬；《左傳》隱公元年：「天子七月而葬，同軌畢至，諸侯五月，同盟至，大夫三月，同位至，士踰月，外姻至。」〔註364〕庶人之喪會合親族使主葬。若犯罪遭刑而死者，不得會合宗族鄉黨，祇得仟託妻子兒女，薄備葬具，黃昏出葬，簡其身服而埋之，反家而無哭泣之禮節，無守喪之事，各恢復如平常一般，此爲至大之羞辱者也。

（二）樂以和人

　　樂之起源奈何？《呂氏春秋・大樂》云：「形體有處，莫不有聲。聲出於和，和出於適。和適先王定樂，由此而生。」〔註365〕是樂出於人性之自然所需，《荀子・樂論篇》云：

　　　夫樂者，樂也，人情之所必不免也。故人不能無樂，樂則必發於聲音，形於動靜；而人之道，聲音動靜，性術之變盡是矣。故人不能不樂，樂則不能無形，形而不爲道，則不能無亂。先王惡其亂也，故制〈雅〉、〈頌〉之聲以道之，使其聲足以樂而不流，使其文足以辨而不諰，使其曲直繁省廉肉節奏，足以感動人之善心，使夫邪污之氣無由得接焉。是先王立樂之方也，而墨子非之奈何！〔註366〕

樂者，爲表達心中之樂，是人情之所不能免也。故人不能無樂以表其情意，心中至樂，則必發於聲音，形於動作之中，《詩・大序》云：「情動於中而形於言，言之不足故嗟歎之，嗟歎之不足故永歌之，永歌之不足，不知手之舞之足之蹈之也，情發於聲，聲成文謂之音。」〔註367〕人之抒發情感之道，不外舞蹈及音樂二者。若音樂及舞蹈二者無所節制，則淪於亂。先王故爲之制〈雅〉、〈頌〉之樂章以導之，使音樂足以樂人之心而不致流淫；使樂曲足以使人領悟而不致產生妄念；使其樂曲之節奏，足以感動人之善心，使人之邪污之氣，無由得起也。此爲先王立樂之宗旨。

〔註363〕清・王先謙：《荀子集解》，頁333。
〔註364〕唐・孔穎達：《春秋左傳注疏》，頁38。
〔註365〕民國・陳奇猷：《呂氏春秋校釋》，頁255。
〔註366〕同註363，頁349。
〔註367〕漢・鄭玄：《毛詩鄭箋》，頁1。

先王立樂之故，在於其可率行大道，治理萬變。《荀子・樂論篇》云：

> 故樂在宗廟之中，君臣上下同聽之，則莫不和敬；閨門之內，父子
> 兄弟同聽之，則莫不和親；鄉里族長之中，長少同聽之，則莫不和
> 順。故樂者審一以定和者也，比物以飾節者也，合奏以成文者也；
> 足以率一道，足以治萬變。是先王立樂之術也，而墨子非之奈何！
> 〔註368〕

樂用於宗廟之中，君臣上下於祭祀之中聽之，可致和敬之心；用於閨門之內，家人同聽之，可致和親之情；用於鄉里宗族之中，老幼長少聽之，可致和順之意。故樂者審定一基調，後眾聲配合基調而和之，再會合眾樂器之演奏，飾其節奏，是合節奏以成文飾者。此足於率行大道，足以治理萬變，此爲先王建立樂教之目的。

樂教之理，《荀子・樂論篇》云：

> 故聽其〈雅〉、〈頌〉之聲，而志意得廣焉；執其干戚，習其俯仰屈
> 伸，而容貌得莊焉；行其綴兆，要其節奏，而行列得正焉，進退得
> 齊焉。故樂者、出所以征誅也，入所以揖讓也；征誅揖讓，其義一
> 也。出所以征誅，則莫不聽從；入所以揖讓，則莫不從服。故樂者、
> 天下之大齊也，中和之紀也，人情之所必不免也。是先王立樂之術
> 也，而墨子非之奈何！〔註369〕

〈雅〉樂可施於正道，〈頌〉樂可於宗廟之中以告成功，故聽其樂可使志意寬廣；武舞之時，執盾斧而習其俯仰屈伸，而容貌得以莊重；行其行列，會合節奏，而行列可以整齊，進退可以齊一。故樂者，外可用於征伐以飾威，故無不聽從；內可用於揖讓以飾節，故無不順從。樂爲齊天下之術，致人羣中和之要，爲人情之所必不能免者。

樂教可輔治道，《荀子・樂論篇》云：

> 夫聲樂之入人也深，其化人也速，故先王謹爲之文。樂中平則民和
> 而不流，樂肅莊則民齊而不亂。民和齊則兵勁城固，敵國不敢嬰也。
> 如是，則百姓莫不安其處，樂其鄉，以至足其上矣。然後名聲於是
> 白，光輝於是大，四海之民莫不願得以爲師，是王者之始也。樂姚
> 冶以險，則民流僈鄙賤矣；流僈則亂，鄙賤則爭；亂爭則兵弱城犯，

〔註368〕清・王先謙：《荀子集解》，頁 349～350。
〔註369〕同上，頁 350。

　　　敵國危之如是，則百姓不安其處，不樂其鄉，不足其上矣。故禮樂
　　　廢而邪音起者，危削侮辱之本也。故先王貴禮樂而賤邪音。其在序
　　　官也，曰：「脩憲命，審詩商，禁淫聲，以時順脩，使夷俗邪音不敢
　　　亂雅，太師之事也。」〔註370〕

樂之感人至深，其教化人也速，故先王制度樂章甚爲嚴謹。若提倡雅正之樂，
則其民和敬而齊一，民和敬齊一則兵勁而城固，敵國則不敢來犯。如是，則
民安其居，樂其俗，以至尊崇其君上，其名聲遠被，使天下歸之，是爲王者
治大卜之始。若以淫樂教民，則民流淫而鄙賤，如此則爭亂，爭亂則國弱，
國弱則敵國來侵。民於是不安其居，樂其俗，不尊其上矣。《呂氏春秋・適音》
云：「故治世之音安以樂，其政平也；亂世之音怨以怒，其政乖也；亡國之音
悲以哀，其政險也。凡音樂通乎政，而移風平俗者也，俗定而音樂化之矣。
故有道之世，觀其音而知其俗矣，觀其政而知其主矣。故先王必託於音樂以
論其教。」〔註371〕先工貴禮樂而鄙棄邪音，爲此之故。故使太師掌音樂，訂
法令，審詩章，禁止淫聲，不使夷狄之樂以亂雅樂。

　　樂者感人之深且速，《荀子・樂論篇》云：

　　　樂者，聖王之所樂也，而可以善民心，其感人深，其移風易俗。故
　　　先王導之以禮樂，而民和睦。夫民有好惡之情，而無喜怒之應則亂；
　　　先王惡其亂也，故修其行，正其樂，而天下順焉。故齊衰之服，哭
　　　泣之聲，使人之心悲。帶甲嬰胄，歌於行伍，使人之心傷；姚冶之
　　　容，鄭衛之音，使人之心淫；紳、端、章甫，舞韶歌武，使人之心
　　　莊。故君子耳不聽淫聲，目不視邪色，口不出惡言，此三者，君子
　　　慎之。〔註372〕

樂者可善民心，感人至深，其移風易俗之功速，故先王以禮樂導民之正，使
民和睦。人之性有好惡之情，其喜怒之情若無渲導則至於亂，先王其亂，故
使其行爲修正，正其音樂，使天下和順。故於喪禮之時，哭泣之聲，渲瀉情
感，使人之心悲；帶甲披胄，歌於軍旅之中，不返之意，使人心傷；冶豔之
容，鄭衛靡靡之音，使人之心淫蕩而不正；服私朝之服，戴禮冠，舞韶而歌
武樂，使人之心莊。《呂氏春秋・音初》云：「鄭衛之聲，桑間之音，此亂國

〔註370〕清・王先謙：《荀子集解》，頁350～351。
〔註371〕民國・陳奇猷：《呂氏春秋校釋》，頁273。
〔註372〕同註370，頁351～352。

之所好，衰德之所說。流辟誂越慆濫之音出，則滔蕩之氣、邪慢之心感矣；感則百姦眾辟從此產矣。故君子反道以修德，正德以出樂，和樂以成順。樂和而民鄉方矣。」〔註373〕故君子因此之故，耳不聽淫聲，目不視邪色，口不出惡言，以修其身而養其性，化其民而成其俗也。

人之志受有音聲之影響，《荀子·樂論篇》云：

> 凡姦聲感人而逆氣應之，逆氣成象而亂生焉；正聲感人而順氣應之，順氣成象而治生焉。唱和有應，善惡相象，故君子慎其所去就也。君子以鐘鼓道志，以琴瑟樂心；動以干戚，飾以羽旄，從以磬管。故其清明象天，其廣大象地，其俯仰周旋有似於四時。故樂行而志清，禮脩而行成，耳目聰明，血氣和平，移風易俗，天下皆寧，美善相樂。故曰：樂者、樂也。君子樂得其道，小人樂得其欲；以道制欲，則樂而不亂；以欲忘道，則惑而不樂。故樂者，所以道樂也，金石絲竹，所以道德也；樂行而民鄉方矣。故樂也者，治人之盛者也，而墨子非之。〔註374〕

姦聲感人而人之逆氣應之，逆氣一起而亂心即生；正聲感人而人之順氣應之，順氣一起而安治產生。唱和有所相應，唱善則善心應，唱惡則惡心應，故君子慎其所擇。《呂氏春秋·音初》云：「凡音者，產乎人心者也。感於心則蕩乎音，音成於外而化乎內，是故聞其聲而知其風，察其風而知其志，觀其志而知其德。盛衰、賢不肖、君子小人皆形於樂，不可隱匿，故曰樂之為觀也深矣。」〔註375〕君子所取樂舞，皆法象天地四時，故樂教行，則人之志意清明，禮教修，其德行成。故樂者樂也，君子樂得其治道，小人樂其欲也。以道制欲，則樂而不至於亂；若縱欲而忘其道，則迷惑而不樂也。故樂為治道之盛者也。《左傳》昭公二十一年云：「天王將鑄無射。泠州鳩曰：『王其以心疾死乎？夫樂，天子之職也，夫音，樂之輿也，而鐘，音之器也，天子省風以作樂，器以鐘之，輿以行之，小者不窕，大者不槬，則和於物，物和則嘉成，故和聲入於耳，而藏於心，心億則樂，窕則不咸，槬則不容，心是以感，感實生疾。今鐘槬矣，王心弗堪，其能久乎？』」〔註376〕樂音小者不纖細，大

〔註373〕民國·陳奇猷：《呂氏春秋校釋》，頁335～336。
〔註374〕清·王先謙：《荀子集解》，頁352～353。
〔註375〕同註373，頁335。
〔註376〕唐·孔穎達：《春秋左傳注疏》，頁867。

者不粗獷，則二者和諧，以成美音。今鐘聲粗獷，王心弗堪，故不能久，此乃樂音逆人之心之例。《呂氏春秋・侈樂》云：「世之人主，多以珠玉戈劍爲寶，愈多而民愈怨，國人愈危，身愈危累，則失寶之情矣。亂世之樂與此同。爲木革之聲則若雷，爲金石之聲則若霆，爲絲竹歌舞之聲則若譟。以此駭心氣、動耳目、搖蕩生則可矣，以此爲樂則不樂。故樂愈侈，而民愈鬱，國愈亂，主愈卑，則亦失樂之情矣。」〔註377〕樂以和諧爲貴，若至「駭心氣、動耳目、搖蕩生」，則殊爲過矣，此爲失樂之情。

　　禮樂之爲用相異，然實以相濟。《荀子・樂論篇》云：「且樂也者，和之不可變者也；禮也者，理之不可易者也。樂合同，禮別異，禮樂之統，管乎人心矣。窮本極變，樂之情也；著誠去僞，禮之經也。」〔註378〕樂者以和人情，故其和之不可變也；禮者，制理而作者，故其理不可易也。樂爲合同人心，禮爲別異上下，禮樂之統，管合人心也。《禮記・樂記篇》云：「樂者爲同，禮者爲異，同則相親，異則相敬，樂勝則流，禮勝則離，合情飾貌者，禮樂之事也。禮義立則貴賤等矣，樂文同則上下和矣，好惡著則賢不肖別矣，刑禁暴，爵舉賢，則政均矣，仁愛以之，義以正之，如此則民治行矣。」〔註379〕樂之功爲合和，合和使人相互親愛，然過分強調樂，則使人沈湎；禮之功能爲別異，別異使人相互尊敬，然禮被過分強調，則使人離析。合和人之情感而修正其行爲者，爲禮樂相互合作之事。禮義一立則貴賤上下分別，賢不肖分矣。故禮樂之合，政事以治。

（三）序　官

　　王者序列官吏之法，今以《荀子・王制篇》中所載與《周禮》中之職官屬相應，茲表列如下：

官　名	職　　　　掌	《周禮》之職官屬
宰　爵	知賓客、祭祀、饗食、犧牲之牢數。〔註380〕	天　官
司　徒	知百宗、城郭、立器之數。〔註381〕	地　官

〔註377〕民國・陳奇猷：《呂氏春秋校釋》，頁 265。
〔註378〕清・王先謙：《荀子集解》，頁 353。
〔註379〕唐・孔穎達：《禮記正義》，頁 667。
〔註380〕同註378，頁 145。
〔註381〕同上。

司 馬	知師旅、甲兵、乘白之數。〔註382〕	夏 官
大 師	脩憲命，審詩商，禁淫聲，以時順脩，使夷俗邪音不敢亂雅。〔註383〕	春 官
司 空	脩隄梁，通溝澮，行水潦，安水臧，以時決塞，歲雖凶敗水旱，使民有所耘艾。〔註384〕	秋 官
治 田	相高下，視肥墝，序五種，省農功，謹蓄藏，以時順脩，使農夫樸力而寡能。〔註385〕	地 官
虞 師	脩火憲，養山林、藪澤、草木、魚鱉、百索，以時禁發，使國家足用，而財物不屈。〔註386〕	地 官
鄉 師	順州里，定廛宅，養六畜，閒樹藝，勸教化，趨孝弟，以時順脩，使百姓順命，安樂處鄉。〔註387〕	地 官
工 師	論百工，審時事，辨功苦，尚完利，便備用，使雕琢文采不敢專造於家。〔註388〕	冬 官
傴巫跛擊	相陰陽，占祲兆，鑽龜陳卦，主攘擇五卜，知其吉凶妖祥。〔註389〕	春 官
治 市	脩採清，易道路，謹盜賊，平室律，以時順脩，使賓旅安而貨財通。〔註390〕	秋 官
司 寇	抃急禁悍，防淫除邪，戮之以五刑，使暴悍以變，姦邪不作。〔註391〕	秋 官
冢 宰	本政教，正法則，兼聽而時稽之，度其功勞，論其慶賞，以時愼脩，使百吏免盡，而眾庶不偷。〔註392〕	天 官
辟 公	論禮樂，正身行，廣教化，美風俗，兼覆而調一之。〔註393〕	
天 王	全道德，致隆高，綦文理，一天下，振毫末，使天下莫不順比從服。〔註394〕	

〔註382〕清・王先謙：《荀子集解》，頁145。
〔註383〕同上，頁146。
〔註384〕同上，頁146～147。
〔註385〕同上，頁147。
〔註386〕同上。
〔註387〕同上。
〔註388〕同上。
〔註389〕同上，頁148。
〔註390〕同上，頁148。
〔註391〕同上。
〔註392〕同上，頁148～149。
〔註393〕同上，頁149。
〔註394〕同上。

此為荀子所言王者之序官，其官有所職，涵蓋國家之行政範圍。《荀子‧王制篇》云：「故政事亂，則冢宰之罪也；國家失俗，則辟公之過也；天下不一，諸侯俗反，則天王非其人也。」〔註395〕政事之治亂，由冢宰負其責；國家之風俗失正，則為諸侯之事；若天下紛亂，諸侯背叛離心者，為天王之失職者。

四、王者之兵

禮者，足以安內，足以攘外，乃用兵之道也。《荀子‧議兵篇》云：「禮者、治辨之極也，強固之本也，威行之道也，功名之總也，王公由之所以得天下也，不由所以隕社稷也。故堅甲利兵不足以為勝，高城深池不足以為固，嚴令繁刑不足以為威。由其道則行，不由其道則廢。」〔註396〕禮者，治國之準則，強國守固之本，而威行天下之道，功名莫大於是也。若不以禮為治道之極，則堅甲利兵，不足以為勝敵之具；高城深池，不足以為固守之備；嚴令繁刑，不足以為威強之道。故由禮治國則行，不由禮治國則廢。

（一）兵之所起

兵者何由起邪？《呂氏春秋‧蕩兵》云：「兵之所自來者上矣，與始有民俱。凡兵也者，威也，威也者，力也。民之有威力，性也。性者所受於天也，非人之所能為也，武者不能革，而工者不能移。……未有蚩尤之時，民固剝林木以戰矣，勝者為長。長則猶不足治之，故立君。君又不足以治之，故立天子。天子之立也出於君，君之立也出於長，長之立也出於爭。爭鬥之所自來者久矣，不可禁，不可止，故古之賢王有義兵而無有偃兵。」〔註397〕民之生，其性而有威力也，兵者威也、力也，民之聚而成國，必有君主主政，而君主之立，乃兵者之所起也。荀子進而論其義，以為兵之所起者，乃起於仁義之行也。《荀子‧議兵篇》云：

> 陳囂問孫卿子曰：「先生議兵，常以仁義為本。仁者愛人，義者循理，然則又何以兵為？凡所為有兵者，為爭奪也。」孫卿子曰：「非女所知也！彼仁者愛人，愛人故惡人之害之也；義者循理，循理故惡人之亂之也。彼兵者所以禁暴除害也，非爭奪也。故仁人之兵，所存

〔註395〕清‧王先謙：《荀子集解》，頁149。
〔註396〕同上，頁259～260。
〔註397〕民國‧陳奇猷：《呂氏春秋校釋》，頁383。

者神，所過者化，若時雨之降，莫不説喜。是以堯伐驩兜，舜伐有苗，禹伐共工，湯伐有夏，文王伐崇，武王伐紂，此四帝兩王，皆以仁義之兵行於天下也。故近者親其善，遠方慕其德，兵不血刃，遠邇來服，德盛於此，施及四極。」〔註398〕

兵者乃仁義之行也，仁者愛人，故惡人之害人也；義者循理而行，故惡人之違理而亂之也。故兵者所以禁止暴惡之人，除去違理者也，其原非爲爭奪他人之所有也。仁人之兵，所止之處，民莫不畏如神，所過之處，民莫不接受教化。若大旱之望甘霖，莫不喜悅而待之。是以堯、舜、禹、湯、文王、武王等聖王之征，皆是以仁義之道兵行於天下者，非爲奪他人之國也。《孟子‧梁惠王下》云：「《書》曰：『湯一征，自葛始。』天下信之。『東面而征，西夷怨；南面而征，北狄怨。曰：奚爲後我？』民望之，若大旱之望雲霓也。歸市者不止，耕者不變。誅其君而弔其民，若時雨降，民大悅。《書》曰：『徯我后，后來其蘇。』」〔註399〕故其兵所加之者，近者親其善，遠者慕其德，兵不血刃，遠近皆服其征伐，此爲其德盛於本國，而施及天下者也。

（二）用兵之要

爭取民心，爲用兵之首要者。《荀子‧議兵篇》云：「凡用兵攻戰之本，在乎壹民。弓矢不調，則羿不能以中微；六馬不和，則造父不能以致遠；士民不親附，則湯武不能以必勝也。故善附民者，是乃善用兵者也。故兵要在乎善附民而已。」〔註400〕用兵者，若不得民之親附，則不得民之助，不得民之助，善用兵者亦不爲勝也。《吳子‧圖國篇》云：「昔之圖國家者，必先教百姓而親萬民。有四不和：不和于國，不可以出軍；不和于軍，不可以出陳；不和于陳，不可以進戰；不和于戰，不可以決勝。是以有道之主，將用其民，先和而造大事。不敢信其私謀，必告于祖廟，啓于元龜，參之天時，吉乃後舉。民知君之愛其命，惜其死，若此之至，而與之臨難，則士以盡死爲榮，退生爲辱矣。」〔註401〕君愛其民，民爲君死，是善用兵者必得民心之證。

然兵法皆以勢利者爲貴，變詐者爲行，不在取民之親附者。《荀子‧議兵

〔註398〕清‧王先謙：《荀子集解》，頁258。
〔註399〕宋‧朱熹：《四書集注》，頁232。
〔註400〕同註398，頁245～246。
〔註401〕周‧吳起：《吳子兵法》，頁6。

篇》云：

> 臨武君曰：「不然。兵之所貴者埶利也，所行者變詐也。善用兵者，
> 感忽悠闇，莫知其所從出。孫吳用之無敵於天下，豈必待附民哉！」
> 孫卿子曰：「不然。臣之所道，仁者之兵，王者之志也。君之所貴，
> 權謀埶利也；所行，攻奪變詐也；諸侯之事也。仁人之兵，不可詐
> 也；彼可詐者，怠慢者也，路亶者也，君臣上下之間，渙然有離德
> 者也。故以桀詐桀，猶巧拙有幸焉。以桀詐堯，譬之：若以卵投石，
> 以指撓沸；若赴水火，入焉焦沒耳。」〔註402〕

用兵若重「權謀埶利」、「攻奪變詐」者，爲諸侯之兵，非王者之兵；且行詐
術者，必敵國之怠慢於守備，兵力疲憊者，君臣上下離心離德者也。故若以
詐術攻不義之國，猶有取勝之機，若遇王者之兵，則滅亡無日矣。

王者之兵，以民力爲己力者，《荀子·議兵篇》云：

> 故仁人上下，百將一心，三軍同力；臣之於君也，下之於上也，若
> 子之事父，弟之事兄，若手臂之扞頭目而覆胸腹也，詐而襲之，與
> 先驚而後擊之，一也。且仁人之用十里之國，則將有百里之聽；用
> 百里之國，則將有千里之聽；用千里之國，則將有四海之聽，必將
> 聰明警戒和搏（據王先謙說改）而一。〔註403〕

仁者之兵，上下一心，情同父子，如以詐兵而襲之，必屬枉然。《韓非子·定
法篇》：「人主以一國目視，故視莫明焉；以一國耳聽，故聽莫聰焉。」〔註404〕
且仁人之用兵，以天下之耳目，爲其耳目，故無所不聽，無所不見。《荀子·
議兵篇》云：

> 故仁人之兵，聚則成卒，散則成列，延則若莫邪之長刃，嬰之者斷；
> 兌則若莫邪之利鋒，當之者潰，圜居而方止，則若盤石然，觸之者
> 角摧，案角鹿埵隴種東籠而退耳。且夫暴國之君，將誰與至哉？彼
> 其所與至者，必其民也，而其民之親我歡若父母，其好我芬若椒蘭，
> 彼反顧其上，則若灼黥，若讎仇；人之情，雖桀跖，豈又肯爲其所
> 惡，賊其所好者哉！是猶使人之子孫自賊其父母也，彼必將來告之，
> 夫又何可詐也！故仁人用國日明，諸侯先順者安，後順者危，慮敵

〔註402〕清·王先謙：《荀子集解》，頁 246～247。
〔註403〕同上，頁 247。
〔註404〕民國·陳奇猷：《韓非子新校注》，頁 962。

之者削，反之者亡。〔註405〕

仁者之兵，能料敵而進，聚散無形，隨所欲爲，其堅不可攻，其銳不可擋，若敵當之，若摧枯拉朽，無不披靡。《孟子‧梁惠王上》云：「王如施仁政於民，省刑罰，薄稅斂，深耕易耨。壯者以暇日修其孝悌忠信，入以事其父兄，出以事其長上，可使制梃以撻秦楚之堅甲利兵矣。彼奪其民時，使不得耕耨以養其父母，父母凍餓，兄弟妻子離散。彼陷溺其民，王往而征之，夫誰與王敵？故曰：『仁者無敵』。」〔註406〕所與敵者，必無民與之，因其民歡我若父母，而惡其君上，而通告於我，又何可以詐兵襲之。故仁者之用兵明察，諸侯先服者安，後順者危，謀與我爲敵者地削，反我者不日而亡。

（三）守國之方

守國者有道，《荀子‧富國篇》云：「凡攻人者，非以爲名，則案以爲利也；不然則忿之也。」〔註407〕凡兵之用者，非爲名利，則爲忿之也，故仁人必有方以止之也。「仁人之用國，將脩志意，正身行，伉隆高，致忠信，期文理。布衣紃屨之士誠是，則雖在窮閻漏屋，而王公不能與之爭名；以國載之，則天下莫之能隱匿也。若是則爲名者不攻也」（同前）。〔註408〕仁人之治國，修正身行，崇高禮義，致忠信之道，極其條理，則名聞天下，雖王公不能與之爭名。若以君主行此五事，爲名者必不敢攻。「將闢田野，實倉廩，便備用，上下一心，三軍同力，與之遠舉極戰則不可；境內之聚也保固；視可，午其軍，取其將，若撥麷。彼得之，不足以藥傷補敗。彼愛其爪牙，畏其仇敵，若是則爲利者不攻也」（同前）。〔註409〕開闢田野，充實糧食，修整軍備，使上下一心，三軍同力，則遠國不敢來。國境之守完固，無懈可擊。若出與敵戰，騫旗斬將，不費吹灰之力。敵縱有所得，不償其所失，故爲利者不攻也。「將脩大小強弱之義，以持愼之，禮節將甚文，珪璧將甚碩，貨賂將甚厚，所以說之者，必將雅文辯慧之君子也。彼苟有人意焉，夫誰能忿之？若是，則忿之者不攻也」（同前）。〔註410〕仁君治國將以修治以小事大，以弱事強之道，謹愼持之，聘問餽送之禮碩且豐，所使者必爲文雅、聰慧、善辯之君子，

〔註405〕清‧王先謙：《荀子集解》，頁 247～249。
〔註406〕宋‧朱熹：《四書集注》，頁 211。
〔註407〕同註 405，頁 174。
〔註408〕同上，頁 174～175。
〔註409〕同上，頁 175～176。
〔註410〕同上，頁 176。

彼若稍有人性，又誰能忿之？故忿之者不攻也。「爲名者否，爲利者否，爲忿者否，則國安於盤石，壽於旗翼。人皆亂，我獨治；人皆危，我獨安；人皆喪失之，我按起而治之。故仁人之用國，非特將持其有而已也，又將兼人」（同前）。〔註411〕如此，則爲名、爲利、爲忿者皆不爲攻，則仁者之國穩若盤石，壽比星宿。人亂而我治，人危而我安，人皆將喪其國，而我起而治之。故仁人之治國，不僅能安，且能兼併他國。

（四）彊弱存亡之效

關於國家強弱存亡之效驗，《荀子・議兵篇》云：

> 孝成王、臨武君曰：「善！請問王者之兵，設何道、何行而可？」
> 孫卿子曰：「凡在大王，將率末事也。臣請遂道王者諸侯彊弱存亡之效、安危之埶。君賢者其國治，君不能者其國亂；隆禮貴義者其國治，簡禮賤義者其國亂；治者強，亂者弱——是強弱之本也」
> 〔註412〕

君主賢能者，必隆禮貴義，其國必強；君不能者，必慢禮賤義，其國必亂，此爲國家強弱之根本也。「上足印則下可用也，上不印則下不可用也；下可用則強，下不可用則弱——是強弱之常也」（《荀子・議兵篇》）〔註413〕爲上者足以信賴者，則在下之民則樂於爲用，在上者可用則國強，在下者若不可爲用則國弱，是國家強弱之常道也。「隆禮效功，上也；重祿貴節，次也；上功賤節，下也——是強弱之凡也」（《荀子・議兵篇》）。〔註414〕若崇高禮義、尚事功，爲上等者；若重爵祿、貴節義，是次等也；若上功利而賤節義，爲下等者，此爲國家強弱之大凡也。《荀子・議兵篇》云：

> 好士者強，不好士者弱；愛民者強，不愛民者弱；政令信者強，政令不信者弱；民齊者強，民不齊者弱；賞重者強，賞輕者弱；刑威者強，刑侮者弱；械用兵革攻完便利者強，械用兵革窳楛不便利者弱。重用兵者強，輕用兵者弱；權出一者強，權出二者弱——是強弱之常也。〔註415〕

〔註411〕清・王先謙：《荀子集解》，頁176。
〔註412〕同上，頁249。
〔註413〕同上，頁249～250。
〔註414〕同上，頁250。
〔註415〕同上。

愛好賢士、人民，政令信實，民能齊一，賞重而刑威，軍械兵革完具便利，慎於軍事，政出於一人者，國必強；反之則弱。此爲王者諸侯彊弱存亡之效、安危之勢。若盡心於此者兵強，若專注於用兵，而不顧國政者之良竊者，兵必弱。

（五）王者之軍制

王者用兵作戰之方，《荀子・議兵篇》云：

> 將死鼓，御死轡，百吏死職，士大夫死行列。聞鼓聲而進，聞金聲而退，順命爲上，有功次之；令不進而進，猶令不退而退也，其罪惟均。不殺老弱，不獵禾稼，服者不禽，格者不舍，奔命者不獲。凡誅，非誅其百姓也，誅其亂百姓者也；百姓有扞其賊，則是亦賊也。以故順刃者生，蘇刃者死，奔命者貢。微子開封於宋，曹觸龍斷於軍，殷之服民，所以養生之者也，無異周人。故近者歌謳而樂之，遠者竭蹶而趨之，無幽閒辟陋之國，莫不趨使而安樂之，四海之內若一家，通達之屬莫不從服，夫是之謂人師。〔註416〕

王者之兵，將卒上下，皆盡忠職守，至死不離。聞鼓而進，鳴金而退，以服從爲上，有功在於其次。令之進而不進，與令之退而不退，同屬抗命之爲，其罪同。王者之兵爲仁義之舉，不殺老弱，不取禾稼，不殺降，敗者不追，抵抗者不釋。凡誅伐者，誅其亂百姓者，非誅百姓也。若百姓有扞其賊者，則視同於賊。如周之服殷，養其民，無異於周人也。如此之兵，故近者悅而遠者服，凡幽隱鄙陋之國，莫不來奔，是爲天下之長也。「王者有誅而無戰，城守不攻，兵格不擊，上下相喜則慶之，不屠城，不潛軍，不留眾，師不越時。故亂者樂其政，不安其上，欲其至也」（《荀子・議兵篇》）。〔註417〕王者之用兵，以仁義服人，故有討伐而無爭戰。《孫子兵法・謀攻篇》云：「是故百戰百勝，非善之善者也；不戰而屈人之兵，善之善者也。」〔註418〕敵之守城者不攻，兵之抵抗者，爲我德義之未加，故不擊之。如敵國上下相愛，則我心喜之，故不征伐。王者之兵，正大光明，討民伐罪，唯恐天下之不知，故兵出不以詐道，既克之，不留兵以守之，且與我軍約時而歸，以昭信也。故亂國之民，樂王者之政，不安其君上之治，皆欲來服也。

〔註416〕清・王先謙：《荀子集解》，頁 256～257。
〔註417〕同上，頁 257。
〔註418〕魏・曹操注：《十一家注孫子》，頁 34。

（六）以德服人

　　兼併天下有術，有以德、以力、以富等兼人者。《荀子‧議兵篇》云：「彼貴我名聲，美我德行，欲爲我民，故辟門除涂，以迎吾入。因其民，襲其處，而百姓皆安。立法施令，莫不順比。是故得地而權彌重，兼人而兵俞強——是以德兼人者也。」〔註419〕其民之附我，欲爲我子民者，爲慕我之德也。故得其地而能權重，得其民而兵強，此爲以德兼併人也。「非貴我名聲也，非美我德行也，彼畏我威，劫我埶，故民雖有離心，不敢有畔慮，若是則戎甲俞眾，奉養必費。是故得地而權彌輕，兼人而兵俞弱——是以力兼人者也」（同前）。〔註420〕其民之附我，非貴我之名聲，非美我之德行，乃畏我之威，劫於我之勢者，故民雖有離析之心，然不敢有叛意。如此，則兵甲愈多，軍費必多，是得其地而權輕，兼併其民而兵愈弱，此爲以力兼併人者也。「非貴我名聲也，非美我德行也，用貧求富，用飢求飽，虛腹張口，來歸我食。若是，則必發夫掌窌之粟以食之，委之財貨以富之，立良有司以接之，已期三年，然後民可信也。是故得地而權彌輕，兼人而國俞貧——是以富兼人者也」（同前）。〔註421〕其民附我者，非爲我之名聲、德行，祗求我富以濟其貧，求我糧以飽其腹。如此，則必發倉廩以食之，撥府庫以富之，立官長以管之，期以三年，則民可信也。是得其地而輕愈輕，兼併其民而國愈貧，此爲以富兼併人者。「故曰：以德兼人者王，以力兼人者弱，以富兼人者貧，古今一也」（同前）。〔註422〕以德兼併人者王天下，以力兼併人者國弱，以富兼併人者國貧，此乃古今同道也。此爲荀子「以今觀古」、「以一持萬」之理。

　　兼他人之國易，唯持定他人之國者難。《荀子‧議兵篇》云：

> 兼并易能也，唯堅凝之難焉。齊能并宋，而不能凝也，故魏奪之。燕能并齊，而不能凝也，故田單奪之。韓之上地，方數百里，完全富足而趨趙，趙不能凝也，故秦奪之。故能并之而不能凝，則必奪；不能并之又不能凝其有，則必亡。能凝之，則必能并之矣。得之則凝，兼并無強。古者湯以薄，武王以滈，皆百里之地也，天下爲一，諸侯爲臣，無它故焉，能凝之也。故凝士以禮，凝民以政；禮脩而

〔註419〕清‧王先謙：《荀子集解》，頁266。
〔註420〕同上。
〔註421〕同上，頁266～267。
〔註422〕同上，頁267。

士服，政平而民安；士服民安，夫是之謂大凝。以守則固，以征則
強，令行禁止，王者之事畢矣。〔註423〕

六國之相兼併者，遞爲他國所奪，故兼人易，持定人難。若能併之而不能持
定，則必爲他國所奪；不能併人而又不能持定者，國必亡。能持定者，則必
能兼併之。得其國而能持定，則無強而不能兼併者。古之王者兼人之方，乃
能以禮定之，修禮而服之，政平而民安，士人服而民安定，是謂之「大凝
定」。以此守則國固，以此征伐則國強，令出必行，禁者必止，王者之事業盡於此
矣。

外王之道是爲內聖修養之延伸，而內聖之修養乃爲外王之道之基礎。荀
子以爲，外王之業之始，在於正名，名正則諸子異端邪說可息，如此，君主
不爲邪說所蔽，則有術之士治國之方可得而進。君主若能重法愛民，以信立
國，則能爲霸，若禮樂之教者，以俟聖人。

王天下者必爲聖人，又以聖臣輔之，於霸者富強之基，加以隆禮尊賢。
先以禮樂教化其民，後以刑罰齊一上下。以義立國，仁義威強於諸侯，能以
仁義禮樂之道兼凝天下，王者之業乃成。

〔註423〕清·王先謙：《荀子集解》，頁 267～268。

第六章 結 論

　　荀子於先秦諸了學說，傳遞至漢代經學之過程中，有其不可磨滅之功績，而其學說之影響，於秦、漢二代，可謂既深又遠。荀了之學術思想，乃集儒、法二者於一身者。其上繼孔了之業，下開秦、漢政治及學術思想之風，實爲先秦諸子學說之總結者。

　　孔子之所以周遊列國，乃在於其欲以禮樂之道，加之於政治之上，以恢復西周之盛世。《論語・陽貨篇》云：「子之武城，聞弦歌之聲。夫子莞爾而笑，曰：『割雞焉用牛刀？』」〔註1〕武城爲小邑，其治者以齊一百姓爲主，若禮樂之教化者，必待大國爲之，故孔子於讚賞之餘，亦以爲小用之也。孔子未成之志業，可分爲二大方向：一爲仁，二爲禮。而此二者爲孟子、荀子所承接者，於仁之部份，孟子先之，故孟子常以「行仁政」爲其訴求之首，《論語・子路篇》云：「子曰：『如有王者，必世而後仁。』」〔註2〕有王者始可言仁，是孔子不輕易以仁與人之故，又云「子曰：『善人爲邦百年，亦可以勝殘去殺矣。誠哉是言也！』」〔註3〕此善人治國百年，可「勝殘去殺」，亦是行仁政之意；至於禮之部份，由荀子繼之，故荀子以禮爲治國之終極原則。

　　荀子之禮治思想理路，可由孔子答子路之言得知。《論語・子路篇》云：「子適衛，冉有僕。子曰：『庶矣哉！』冉有曰：『既庶矣。又何加焉？』曰：『富之。』曰：『既富矣，又何加焉？』曰：『教之』。」〔註4〕庶民而後富之

〔註1〕 宋・朱熹：《四書集注》，頁179。
〔註2〕 同上，頁149。
〔註3〕 同上。
〔註4〕 同上，頁148。

者，爲霸者之業，既而以禮樂之道教化者，則進入王者之域矣。故本文即就此脈絡，以內聖及外王之兩大命題，從而解決以下之問題：

第一，關於荀子之學屬外王之問題。由本文第四章所立之三個單元，可見出荀子主張塗之人可以爲堯舜，是荀子內聖修養之起始理點。學者若爲有志者，可於經書之中學聖人之道，由士至君子，由君子至聖人，其中之進階，由所引之大量原文中，可洞若觀火。荀子之學是否只屬外王一路之問題，可迎刃而解。

第二，關於性惡論之問題。荀子爲以人必待學而後知善，是人性本惡，若其本善，則不待學而自能者，如《孟子・盡心上》云：「人之所不學而能者，其良能也。所不慮而知者，其良知也。孩提之童，無不知愛其親者，及其長也，無不知敬其兄也。」〔註5〕人有所謂之良能良知，皆是不待學而有者。若據此說，則愛親敬長等禮義之道，是我自有之，此正爲荀子所深不以爲然者。民之性，必待刑罰而後正，待禮樂而後安，是先王制定此二者，乃所以齊民者也，若人性本善，則不待刑罰然後正，不待禮樂然後安，則聖人亦無所出矣。荀子之性惡說，其在於證明人之欲爲善者，必待外學，而禮樂之道者，正爲聖人之所制而導民之善者。故性惡必待師法然後正，化性必待起僞，因人之性好逸惡勞，故起僞之工夫，是人人必得爲聖人之重要起點。

第三，關於正名思想之問題。荀子與韓非思想之共通點，其中較爲明顯者，是其二人皆以爲君主必爲有心治國之人，若有不然者，實爲受學者邪說之影響。學者爲求爵祿，以其學說左右君主之想法，使君主蔽於其說，而不信任有心治國之學者。故荀子以爲，治國之先，必去游說者，此輩游說之人，爲禮樂之道不能化者；而去游說者之標準，即爲先王所制定之名分。是以外王之始必先正名，以先王之定名正諸子之邪說，是以非十二子，爲外王統一思想之對象。

第四，關於王霸之問題。一般認爲荀子之「王霸之辨」，爲主王而去霸者。若自〈王霸篇〉觀之，可知荀子以爲粹純用儒道者可王，雜用者可霸，二者一無者可亡。故或王或霸或亡，端在於儒道之行否。而霸者爲「信立」，王者爲「義立」，王者之政乃在於霸者之基礎上，施用先王之禮樂教化，故荀子積極尋找當時之霸者，勸其用儒者，行儒道，則王者可立而待也。

第五，關於荀子禮治學說實行之國家問題。荀子之學說既欲爲世用，然周王朝已名存實亡，周王朝由東西周公分爲二地而治，而周王就食於二地之

〔註5〕宋・朱熹：《四書集注》，頁396。

間，故先王之道不在於周室；先王之道既不在於周室，則安在哉？是必在於
荀子之禮學當中。故荀子汲汲奔波於各有霸者形勢之諸侯國，如秦、齊、楚
等三國即是。既然周道已在荀子禮學之處，故荀子主張法後王，實屬必然；
又法後王者，並非荀子之主要論點，因若有諸侯用荀子之學說，即是法先王
者。今觀〈議兵篇〉及〈彊國篇〉之所論可知，秦國之彊域、兵力為當時諸
侯國最強者，然常誾誾然恐天下之諸侯犯己者，在於其威強有餘而不行仁義。
秦國之政有古者聖王治國之風，其所缺者，蓋用儒者行儒道而已。由秦國之
統一天下，竟短時而亡，即見出「純儒」、「雜儒」二者皆無者亡之言。觀其
後值漢元帝幼時「見宣帝所用多文法吏，以刑名繩下，大臣楊惲、（盍）〔蓋〕
寬饒等坐刺譏辭語為罪而誅，嘗侍燕從容言：『陛下持刑太深，宜用儒生。』
宣帝作色曰：『漢家自有制度，本以霸王道雜之，奈何純（住）〔任〕德教，
用周政乎！且俗儒不達時宜，好是古非今，使人眩於名實，不知所守，何足
委任！』」（《漢書・元帝紀》）〔註6〕由此可知，至漢之時，已雜用王霸之道而
治，即雜儒、法二家之道而治。此為荀子之學說實現於後代之證。

　　最後，有關於本文探討荀子內聖外王思想之後，所衍生之兩大問題：一
為荀子思想與《三傳》及《三禮》之關係，即是其經學及禮學之關係，更深
一層而論，《三傳》為其禮治思想之根源。《春秋》以道名分，而《三傳》中
所記載者，即在於合不合乎周禮之謂；而《三禮》為其禮治架構之本體，如
《周禮》中之六官制度，《禮記》及《儀禮》中有關於「吉」、「凶」、「賓」、「軍」、
「嘉」等五禮之記載，即為荀子王者之制之藍圖。再者，為荀子思想與齊稷
下學者之關係。荀子於齊稷下曾三為祭酒，而稷下學宮更是當時國際間學術
交流之大舞臺，是故荀子之學說與諸子間之互動，實為研究之一大課題。

　　再者，時值今世，有所謂「新外王」之問題產生。先秦儒家談「內聖外
王」者，如《尚書・虞夏書・大禹謨》云：「正德，利用，厚生。」〔註7〕其
中「正德」為內聖工夫，而「利用，厚生」即外王事業。又如《孟子・公孫
丑上》云：「以不忍人之心，行不忍人之政」，〔註8〕而《周易・繫辭上》：「開
物成務」，〔註9〕即是內聖通外王之道。然儒家之典籍凡談「內聖外王」者，

〔註6〕　民國・楊家駱：《新校本漢書》，頁 277。
〔註7〕　唐・孔穎達：《尚書正義》，頁 53。
〔註8〕　宋・朱熹：《四書集注》，頁 250。
〔註9〕　清・李道平：《周易集解纂疏》，頁 777。

皆未強調知識技能之學問，此爲儒家思想運用於現代政治之新問題。今日談
「新外王」者，須與現有之西方知識相互比較，考慮是否中國無民主政治發
展之根源？是否中國傳統政治於民主發展方面，有所侷限及所面對之困難無
法解決？以及儒家應如何把握本身固有之「民爲邦本」之政治思想，以接應
西方之民主政治、科學發展，祈能以高瞻遠矚之眼光，開創出屬於中民華族
之光榮世紀，是吾人研究「內聖外王」思想之新命題。

　　關於以上所提之二大命題，乃爲荀子思想之大宗，而本文所論者，實爲
荀子學說之表面。故筆者藉本文之寫作，先對荀子思想作一概念性之整理，
以期使深層命題浮現，冀望他日，筆者之學識足以認識經傳諸子之精華時，
再加以作另一層面之探討。至於最後之問題，更爲今後以開濶之眼光來推展
荀子「內聖外王」思想於一新局面，所應有之認識及作爲。

重要參考書目

壹、徵引書目

1. 《尚書正義》，（漢）孔安國傳／（唐）孔穎達正義，（阮刻十三經注疏本），臺北：藝文印書館，1997 年 8 月初版 13 刷。

2. 《周易集解纂疏》，（唐）李鼎祚集解／（清）李道平纂疏，臺北：廣文書局，1989 年 6 月再版。

3. 《毛詩鄭箋》，（漢）毛亨傳、鄭玄箋，臺北：臺灣中華書局，1997 年 7 月臺 4 版。

4. 《詩經集註》，（宋）朱熹集註，臺北：群玉堂出版事業股份有限公司，1991 年 10 月初版。

5. 《管子簡釋》，（周）管仲著／（民國）鍾肇鵬等校釋，（齊文化叢書 1），山東：齊魯出版社，1997 年 6 月第 1 次印刷。

6. 《管子》，（周）管仲著／（唐）尹知章注，（四庫備要本）臺北：臺灣中華書局，1984 年 3 月，臺 4 版。

7. 《春秋左傳注疏》，（晉）杜預注／（唐）孔穎達疏，（阮刻十三經注疏本），臺北：藝文印書館，1997 年 8 月初版 13 刷。

8. 《春秋左傳注》，（晉）杜預注／（民國）楊伯峻撰，臺北：漢京文化事業出版有限公司，1987 年 1 月景印 1 刷。

9. 《國語》，（漢）韋昭注，臺北：里仁書局，1981 年 12 月 25 日。

10. 《周禮注疏》，（漢）鄭玄注／（唐）賈公彥疏，（阮刻十三經注疏本），臺北：藝文印書館，1997 年 8 月初版 13 刷。

11. 《禮記正義》，（漢）鄭玄注／（唐）孔穎達正義，（阮刻十三經注疏本），臺北：藝文印書館，1997 年 8 月初版 13 刷。

12. 《墨子閒詁》，（周）墨翟撰／（清）孫詒讓著，臺北：華正書局，1995 年 9 月版。

13. 《老子道德經注》，（魏）王弼著，臺北：世界書局，1996 年 1 月初版 9 刷。

14. 《商君書》（周）公孫鞅著，四庫備要本，臺北：臺灣中華書局，1983 年 12 月臺 4 版。

15. 《新譯商君書》（周）公孫鞅著／貝遠辰注譯，臺北：三民書局，1996 年 10 月。

16. 《稷下七子捃逸・尹文子》，（周）尹文著／（民國）周立昇等校釋，（齊文化叢書 7），山東：齊魯出版社，1997 年 6 月第 1 次印刷。

17. 《名家六書・公孫龍子》，（周）公孫龍著／（民國）楊家駱主編，臺北：世界書局，1981 年 4 月 3 版。

18. 《列子集釋》，（周）列禦寇著／（民國）楊伯峻撰，臺北：華正書局，1987 年 9 月初版。

19. 《莊子集釋》，（周）莊周著／，（清）郭慶藩撰，臺北：天工書局，1989 年 9 月。

20. 《荀子集解》，（周）荀況著／（唐）楊倞注／（清）王先謙集解，臺北：世界書局，2000 年 12 月 2 版 1 刷。

21. 《荀子集釋》，（周）荀況著／（民國）李滌生著，臺北：學生書局，1994 年 10 月第 7 次印刷。

22. 《荀子集釋》，（周）荀況著／（日）服部宇之吉撰，臺北：新文豐出版股份有限公司，影印漢文大系本，1994 年 10 月 1 版 2 刷。

23. 《荀子約注》，（民國）梁啓雄撰，臺北：世界書局 1982 年 12 月 5 版。

24. 《荀子新注》，（周）荀況著／（民國）北京大學哲學系注釋，臺北：里仁書局，1983 年 11 月 15 日。

25. 《韓非子新校注》，（民國）陳奇猷撰，上海：上海古籍出版社，2000 年 10 月第 1 次印刷。

26. 《十一家注孫子》，（魏）曹操注／（民國）郭化若譯著，臺北：里仁書局，1982 年 10 月 20 日出版。

27. 《新譯吳子讀本》，（周）吳起／（民國）王雲路譯著，臺北：三民書局，1996 年 2 月初版。

28. 《呂氏春秋校釋》，（秦）呂不韋編／（民國）陳奇猷校釋，臺北：華正書局，1988 年 8 月初版。

29. 《韓詩外傳箋疏》，（民國）屈守元箋疏，四川，巴蜀書社，1996 年 3 月第 1 次印刷。

30. 《戰國策》，（漢）劉向集錄，臺北：里仁書局，1990 年 9 月 1 日。

31. 《淮南子集釋》，（漢）劉安撰／（民國）何寧集釋，北京：中華書局，1998 年 10 月 1 版北京第 1 次印刷。

32. 《春秋公羊傳注疏》，（漢）何休注／（唐）徐彥疏，阮刻十三經注疏本，

臺北：藝文印書館，1997 年 8 月初版 13 刷。

33. 《春秋穀梁傳疏》，（晉）范寧集解／（唐）楊士勛疏，阮刻十三經注疏本，
臺北：藝文印書館，1997 年 8 月初版 13 刷。

34. 《大戴禮記解詁》，（清）王聘珍撰，臺北：文史哲出版社，1986 年 4 月
初版。

35. 《史記會注考證》，（漢）司馬遷撰／（日）瀧川資言考證，臺北：天工書
局，1989 年 9 月。

36. 《說苑校證》，（漢）劉向撰／（民國）向宗魯校證，臺北：臺灣中華書局，
1982 年 10 月臺 5 版。

37. 《新校本漢書》，（漢）班固撰／（民國）楊家駱編，臺北：鼎文書局，1991
年 9 月 7 版。

38. 《鹽鐵論校注》，（漢）桓寬撰／（民國）王利器校注，北京：中華書局，
1996 年 6 月北京 2 刷。

39. 《潛夫論箋校正》，（漢）王符著／（清）汪繼培箋／（民國）彭鐸校正，
北京：中華書局，1997 年 10 月北京第 2 次印刷。

40. 《中論》，（漢）徐幹，臺北：世界書局，1975 年 11 月 4 版。

41. 《風俗通義校注》，（漢）應劭撰／（民國）王利器校注，臺北：明文書局
股份有限公司，1988 年 3 月 30 日再版。

42. 《法言》，（漢）揚雄撰／（晉）李軌注，臺北：臺灣中華書局，1983 年
12 月臺 4 版。

43. 《說文解字注》，（漢）許慎著／（清）段玉裁注，臺北：黎明文化事業股
份有限公司，1992 年 10 月 9 版。

44. 《家語等五十七種》，（魏）王肅注／（民國）楊家駱主編，臺北：世界書
局，1984 年 2 月 4 版。

45. 《韓昌黎文集校注》，（唐）韓愈著／（民國）馬其昶校注，上海：上海古
籍出版社，1998 年 3 月第 2 次印刷。

46. 《資治通鑑》，（宋）司馬光編著／（元）胡三省音注，北京：中華書局，
1996 年 7 月湖北第 6 次印刷。

47. 《四書集注》，（宋）朱熹撰，臺北：世界書局，1995 年 12 月，初 31 刷。

48. 《宋元學案》，（明）黃宗羲撰，臺北：世界書局，1991 年 9 月 5 版。

49. 《述學》，（清）汪中著，遼寧：遼寧教育出版社，2000 年 1 月 1 版 1 刷。

50. 《四庫全書總目》，（清）紀昀等撰，臺北：藝文印書館，1989 年 1 月 6
版。

51. 《全上古三代秦漢三國六朝文》（清）嚴可均校輯北京：中華書局，1999
年 6 月，北京第 7 次印刷。

52. 《癸巳類稿》，（清）俞正燮著，遼寧：遼寧教育出版社，2001 年 2 月第 1 次印刷。

53. 《讀諸子札記》，（清）陶鴻慶撰，臺北：藝文印書館，1971 年 11 月初版。

54. 《心體與性體（一）》，（民國）牟宗三著，臺北：正中書局，1996 年 2 月第 10 次印行。

55. 《荀子新探》，（民國）廖名春著，臺北：文津出版社，1994 年 2 月初版。

56. 《王國維遺書》，（民國）王國維著，上海：上海書店出版社，1996 年 8 月第 2 次印刷。

57. 《古史辨》，（民國）顧頡剛等著，臺北：藍燈文化事業股份有限公司，1993 年 8 月 2 版。

58. 《竹帛〈五行〉篇校注及研究》，（民國）龐樸著，臺北：萬卷樓圖書有限公司，2000 年 6 月初版。

59. 《荀子學說》，（民國）陳大齊著，臺北：華岡出版有限公司，1974 年 3 月再版。

60. 《荀子論集》，（民國）龍宇純著，臺北：臺灣學生書局，1987 年 4 月初版。

61. 《兩漢經學今古文平議》，（民國）錢穆著，臺北：東大圖書股份有限公司，1989 年 11 月臺 3 版。

貳、參考書目

一、古籍類

1. 《春秋左傳注》，（民國）楊伯峻撰，臺北縣，漢京文化事業有限公司，1987 年 1 月，景印 1 刷。

2. 《禮記集解》，（清）孫希旦著，臺北：文史哲出版社，1990 年 8 月文 1 版。

3. 《墨子今註今譯》，（周）墨翟撰／（民國）李漁叔註譯，臺北：臺灣商務印書館，1992 年 5 月初版 7 刷。

4. 《名家六書·墨經校銓》，（民國）楊家駱主編，臺北：世界書局，1981 年 4 月 3 版。

5. 《墨辯發微》，（民國）譚戒甫撰，北京：中華書局，1996 年 1 月一版北京第 4 次印刷。

6. 《荀子匯校匯注》，（周）荀況著／（民國）董治安、鄭杰文匯撰，（齊文化叢書 2），山東：齊魯出版社，1997 年 6 月第 1 次印刷。

7. 《荀子詁譯》，（周）荀況著／（民國）楊柳橋著，新竹，仰哲出版社，1987

年 9 月。

8. 《荀子》，（周）荀況著／（民國）蔣南華、羅書勤等譯注，臺北：臺灣古籍出版社有限公司，1996 年 10 月初版 1 刷。

9. 《新譯荀子讀本》，（周）荀況著／（民國）王忠林注譯，臺北：三民書局股份有限公司，2001 年 4 月初版 11 刷。

10. 《儀禮通論》，（清）姚際恒著／陳祖武點校，北京：中國社會科學出版社，1998 年 10 月第 1 版北京第 1 刷。

11. 《黃帝四經今註今譯——馬王堆漢墓出土帛書》，（民國）陳鼓應註譯，臺北：臺灣商務印書館，1996 年 7 月初版 2 刷。

12. 《春秋繁露今註今譯》，（漢）董仲舒著／（民國）賴炎元註譯，臺北：臺灣商務印書館，1996 年 12 月初版 4 刷。

13. 《春秋會要》，（清）姚彥渠撰，北京：中華書局，1998 年 11 月一版北京第三次印刷。

14. 《古書疑義舉例等七種》，（清）俞樾等撰／（民國）楊家駱主編，臺北：世界書局，1992 年 5 月三版。

15. 《諸子平議》，（清）俞樾撰／（民國）楊家駱主編，臺北：世界書局，1991 年 9 月 5 版。

16. 《讀諸子札記》，（清）陶鴻慶撰，臺北：藝文印書館，1971 年 11 月初版。

二、近人專著類

1. 《孔孟荀哲學》，蔡仁厚著，臺北：臺灣學生書局，1994 年 9 月 4 版。

2. 《荀子學說析論》，鮑國順著，臺北：華正書局有限公司，1993 年 10 月修訂 3 版。

3. 《名家與荀子》，牟宗三著，臺北：臺灣學生書局，1990 年 3 月初版 4 刷。

4. 《曠世大儒——荀況》，郭志坤著，石家庄：河北人民出版社，2001 年 1 月 1 版 1 刷。

5. 《荀子與戰國思想研究》，王慶光著，臺中：大同資訊圖書出版社，1988 年 1 月。

6. 《荀子與戰國黃老思想的辯證關係》，王慶光著，臺北：文史哲出版社，1997 年 8 月初版。

7. 《荀子政治理論與實踐》，馬國瑤著，臺北：文史哲出版社，1996 年 10 月初版。

8. 《荀子與古代哲學》，韋政通著，臺北：臺灣商務印書館，1992 年 9 月 2 版 1 刷。

9. 《荀子之核心思想》，李哲賢著，臺北：文津出版社，1994 年 8 月初版。

10. 《荀子與中國文化》，惠吉星著，貴州：貴州人民出版社，1996 年 1 月一版 1 刷。

11. 《荀子校詁叢稿》，李中生著，廣東：廣東高等教育出版社，2001 年 1 月 1 版 1 刷。

12. 《荀學源流》，馬積高著，上海：上海古籍出版社，2000 年 1 月 1 版 1 刷。

13. 《拿捏分寸的思考——荀子與古代思想新論》，蔡錦昌著，臺北：唐山出版社，1996 年初版。

14. 《荀子眞僞考》，張西堂著，臺北：明文書局股份有限公司，1994 年 3 月初版。

15. 《孔孟荀禮學之研究》，陳飛龍著，臺北：文史哲出版社，1982 年 3 月初版。

16. 《孔孟荀道德實踐理論之研究》，何淑靜著，臺北：文津出版社，1988 年 1 月出版。

17. 《外王之學——〈荀子〉與中國文化》，張曙光著，河南：河南大學出版社，1997 年 6 月 1 版 2 刷。

18. 《荀子與儒家的社會理想》，陳光林主編／韓德民著，濟南：齊魯書社，2001 年 8 月 1 版 1 刷。

19. 《荀子》，傅偉勳、韋政通主編／趙士林著，臺北：東大圖書股份有限公司，1999 年 6 月初版。

20. 《荀子思想研究》，周群振著，臺北：文津出版社，1987 年 4 月出版。

21. 《荀子思想研究》，徐漢昌著，臺北：臺灣學生書局，1990 年 6 月出版。

22. 《諸子著作年代考》，鄭良樹著，北京：北京圖書館出版社，2001 年 9 月 1 版 1 刷。

23. 《黃老學論綱》，丁原明著，濟南，山東大學出版社，2000 年 10 月 1 版 2 刷。

24. 《稷下爭鳴與黃老新學》，胡家聰著，北京：中國社會科學出版社，1998 年 9 月 1 版 1 刷。

25. 《稷下學研究》，白奚著，北京：生活、讀書、新知三聯書店，1998 年 9 月 1 版。

26. 《先秦齊學考》，林麗娥著，臺北：臺灣商務印書館，1992 年 2 月初版 1 刷。

27. 《先秦諸子繫年》，錢穆著，臺北：東大圖書股份有限公司，1990 年 9 月，臺北東大再版。

28. 《〈史記〉黃老思想研究》，鄭圓鈴著，臺北：學海出版社，1998 年元月

初版。

29. 《戰國時期的黃老思想》，陳麗桂著，臺北：聯經出版事業公司，1991 年 4 月初版。

30. 《闕管學莊》，王叔岷撰，臺北：藝文印書館，1978 年 3 月出版。

31. 《老子思想的史官特色》，王博著，臺北：文津出版社，1993 年 11 月初版。

32. 《先秦之仁義禮說》，方穎嫻著，臺北：文津出版社，1996 年 5 月初版。

33. 《儒家心性之學論要》，蔡仁厚著，臺北：文津出版社，1990 年 7 月初版。

34. 《儒家的心學傳統》，楊祖漢著，臺北：文津出版社，1992 年 6 月初版。

35. 《早期儒家學習範疇研究》，杜成憲著，臺北：文津出版社，1994 年 7 月初版。

36. 《先秦諸子學說在秦地之發展》，余宗發著，臺北：文津出版社，1998 年 9 月初版 1 刷。

37. 《儒家禮樂之道德思想》，林安弘著，臺北：文津出版社，1988 年 11 月出版。

38. 《鄒衍遺說考》，王夢鷗著，臺北：臺灣商務印書館，1966 年 3 月臺初版。

39. 《莊老通辨》，錢穆著，臺北：束大圖書股份有限公司，1991 年 12 月初版。

40. 《老子的哲學》，王邦雄著，臺北：束大圖書股份有限公司，1993 年 10 月 8 版。

41. 《老莊新論》，陳鼓應著，臺北：五南圖書出版有限公司，1995 年 4 月初版 2 刷。

42. 《中國心性論》，蒙培元著，臺北：臺灣學生書局，1990 年 4 月初版。

43. 《莊子天下篇講疏》，顧實著，臺北：臺灣商務印書館，1980 年 12 月臺二版。

44. 《管理寶典〈管子〉與中國文化》，袁闓著／李振宏主編，開封，河南大學出版社，1998 年 8 月 1 版 1 刷。

45. 《郭站楚簡先秦儒家佚書校釋》，涂宗流、劉祖信著，臺北：萬卷樓圖書股份有限公司，2001 年 2 月初版。

46. 《儒家的淑世哲學——治道與治術》，曾春海著，臺北：文津出版社，1992 年 9 月初版。

47. 《禮樂淵藪〈禮記〉與中文化》，黃宛峰著／李振主編，開封，河南大學出版社，1997 年 10 月 1 版 1 刷。

48. 《經國治民之典〈周禮〉與中文化》，郝鐵川著／李振主編，開封，河南

大學出版社，1997 年 6 月 1 版 2 刷。

49. 《管仲評傳》，戰化軍著，濟南：齊魯書社，2001 年 5 月 1 版。

50. 《商鞅評傳》，鄭良樹著，南京：南京大學出版社，1998 年 12 月 1 版 1 刷。

51. 《周代禮俗研究》，常金倉著，臺北：文津出版社，1993 年 2 月初版。

52. 《周禮研究》，侯家駒著，臺北：聯經出版事業公司，1987 年 6 月出版。

53. 《編戶齊民》，杜正勝著，臺北：聯經出版事業公司，1990 年 3 月初版。

54. 《新出楚簡試論》廖名春著／丁原植主編，臺北：臺灣古籍出版社，2001 年 5 月初版 1 刷。

55. 《郭店楚簡——儒家佚籍四種釋析》丁原植著，臺北：臺灣古籍出版社，2000 年 12 月初版 1 刷。

三、通書類

1. 《經學歷史》，（清）皮錫瑞撰，臺北：藝文印書館，1996 年 8 月初版 3 刷。

2. 《中國經學史》，（日）本田成之著，上海：上海書店出版社，2001 年 7 月 1 版 1 刷。

3. 《中國經學發展史論（上）》，（民國）李威熊著，臺北：文史哲出版社，1988 年 12 月初版。

4. 《中國經學史》，（民國）馬宗霍著，臺北：臺灣商務印書館，1992 年 11 月臺一版第 7 刷。

5. 《中國學術思想史》，（民國）鄺士元著，臺北：里仁書局，1995 年 2 月 28 日增訂 3 版。

6. 《中國古代哲學史》，（民國）胡適著，臺北：遠流出版事業股份有限公司，1994 年 1 月 1 日初版 7 刷。

7. 《先秦名學史》，（民國）胡適著，合肥，安徽教育出版社，1999 年 10 月初版 1 刷。

8. 《中國政治思想史》，（民國）蕭公權著，臺北：聯經出版事業公司，1998 年 10 月初版 11 刷。

9. 《中國哲學史——先秦卷》，（民國）歐崇敬著，臺北：洪葉文化事業有限公司，2001 年 10 月初版 1 刷。

10. 《先秦政治思想史》，（民國）梁啟超著，北京：東方出版社，1996 年 3 月 1 版 1 刷。

11. 《中國法律思想史》，（民國）楊鴻烈著，北京：北京商務印書館，1998 年 4 月初版 1 刷。

12. 《中國經濟通史——先秦經濟卷》，（民國）周自強主編，北京：經濟日報出版社，2000 年 9 月 1 版 1 刷。

13. 《中國政治制度通史——先秦》，（民國）王宇信、楊升南著／白鋼主編，北京：人民出版社，1996 年 12 月 1 版 1 刷。

14. 《先秦經濟思想史》，（民國）巫寶三主編，北京：中國社會科學出版社，1996 年 8 月初版 1 刷。

15. 《中國政治思想史》，（民國）孫廣德、朱浤源編著，臺北：國立空中大學，1997 年 1 月初版。

16. 《中國人性論史・先秦篇》，（民國）徐復觀著，臺北：臺灣商務印書館，1994 年 4 月初版 11 刷。

17. 《孟學思想史論・卷一》，（民國）黃俊傑著，臺北：東大圖書公司，1991 年 10 月初版。

18. 《先秦兩漢的制度與文化》，（民國）葛志毅、張惟明著，哈爾濱，黑龍江教育出版社，1998 年 8 月 1 版 1 刷。

19. 《法家哲學體系指歸》，（民國）黃公偉著，臺北：臺灣商務印書館，1983 年 8 月初版。

20. 《先秦道法思想講稿》，（民國）王叔岷撰，臺北：中研院中國文哲研究所，1992 年 5 月初版。

21. 《道家文化研究》第 16 輯，（民國）陳鼓應主編，北京：生活、讀書、新知三聯書店，1999 年 4 月北京第 1 版第 1 次印刷。

22. 《道家文化研究》第 17 輯，（民國）陳鼓應主編，北京：生活、讀書、新知三聯書店，1999 年 8 月北京第 1 版第 1 次印刷。

23. 《道家文化研究》第 18 輯，（民國）陳鼓應主編，北京：生活、讀書、新知三聯書店，2000 年 8 月 1 版 1 刷。

24. 《中國哲學》，《中國哲學》編委會，長沙，岳麓書社，1998 年 9 月 1 版 1 刷。

25. 《先秦諸子論叢》，（民國）唐端正著，臺北：東大圖書股份有限公司，1995 年 11 月 4 版。

26. 《先秦諸子論叢（續編）》，（民國）唐端正著，臺北：東大圖書股份有限公司，1992 年 1 月增訂初版。

27. 《先秦諸子導讀》，（民國）徐文珊著，臺北：幼獅文化事業公司，1992 年 4 月 4 版第 2 次印刷。

28. 《老莊思想論集》，（民國）王煜著，臺北：聯經出版事業公司，1993 年 10 月初版 4 刷。

29. 《郭店楚簡研究》中國哲學第二十輯，國際儒聯學術委員會編，瀋陽，遼寧教育出版社，1999 年 1 月 2 版 2 刷。

30. 《先秦儒學論集》，（民國）蘇新鋈著，臺北：文津出版社，1992年12月出版。

31. 《諸子通考》，（民國）蔣伯潛編著，臺北：正中書局，1991年9月臺初版第8次印行。

32. 《諸子珚證》，（民國）王叔岷著，臺北：世界書局，1964年4月初版。

33. 《十批判書》，（民國）郭沫若著，北京：東方出版社，1996年3月1版1刷。

34. 《古籍叢考》，（民國）金德健著，北京：中華書局，1986年12月重印版。

35. 《戰國史料編年輯證》，（民國）楊寬編著，臺北：臺灣商務印書館，2002年2月初版1刷。

36. 《戰國史》，（民國）楊寬著，臺北：臺灣商務印書館，1998年3月初版4刷。

37. 《西周史》，（民國）楊寬著，臺北：臺灣商務印書館，1999年4月初版1刷。

38. 《春秋史》，（民國）德融、朱順龍著，上海：上海人民出版社，2001年6月1版1刷。

39. 《楚國史編年輯注》，（民國）鄭昌琳編著，武漢，湖北人民出版社，1999年9月1版1刷。

40. 《趙國史稿》，（民國）沈長雲等著，北京：中華書局，2000年11月1版北京第1刷。

41. 《秦史》，（民國）王蘧常著，上海：上海古籍出版社，2000年12月1版1刷。

42. 《晉國史》，（民國）李孟存、李尚師著，太原，山西古籍出版社，1999年9月1版1刷。

43. 《簡帛思想文獻論集》，（民國）王博著／丁原植主編，臺北：臺灣古籍出版社，2001年5月初版1刷。

44. 《郭店楚簡國際學術研討會論文集》，武漢大學中國文化研究院編，武漢，湖北人民出版社，2000年5月初版1刷。

45. 《三禮研究論集》，（民國）李曰剛等著，臺北：黎明文化事業股份有限公司，1982年10月再版。

46. 《三禮通論》，（民國）錢玄著，南京：南京師範大學出版社，1996年10月1版1刷。

47. 《中國古禮研究》，（民國）鄒昌林著，臺北：文津出版社，1992年9月初出版。

48. 《雙劍診群經新證・雙劍診諸子新證》，（民國）于省吾著，上海：上海書店出版社，1994 年 4 月 1 版 1 刷。

49. 《經子解題》，（民國）呂思勉著，香港，三聯書店有限公司，2001 年 4 月 1 版 1 刷。

50. 《中國哲學思想探原》，（民國）蒙文通著，臺北：臺灣古籍出版社有限公司，1997 年 10 月初版 1 刷。

51. 《中國經學史論文選集》，（民國）林慶彰編，臺北：文史哲出版社，1992 年 10 月初版。

52. 《春秋戰國法律思想與傳統文化》，陳鵬生、楊鶴皋著，桃園，2001 年 10 月初版 1 刷。

53. 《中國儒學》，（民國）劉宗賢、謝祥皓著，成都，四川人民出版社，1998 年 8 月 2 版 1 刷。

54. 《儒家中和哲學通論》，（民國）董根洪著，濟南，齊魯書社，2001 年 4 月重印版。

55. 《周秦漢魏諸子知見書目》，（民國）嚴靈峰編著，北京：中華書局，1993 年 4 月 1 版 1 刷。

56. 《漢書古今人表疏證》，（民國）王利器、王貞歗著／喬仁誠索引，臺北：貫雅文化事業有限公司，1990 年 9 月初版。

57. 《儒家法思想通論》，（民國）俞榮根著，南寧，廣西人民出版社，1998 年 2 月 2 版 2 刷。

58. 《齊文化叢書 9——姜齊卷、田齊卷、秦漢卷》，（民國）高思棟、丁龍潤、宣兆琦主編，山東：齊魯出版社，1997 年 6 月第 1 次印刷。

59. 《齊文化叢書 16——齊國學術思想史、齊文學藝術史》，（民國）劉蔚華、王洲明等著，山東：齊魯出版社，1997 年 6 月第 1 次印刷。

參、碩博士論文

1. 《孟荀道德哲學之比較研究》，魏元珪撰，輔仁大學哲學研究所博士論文，1980 年。

2. 《先秦儒家哲學的道德意識研究》，余炳采撰，輔仁大學哲學研究所博士論文，1986 年。

3. 《荀子人性論之學理基礎研究》，劉文郎撰，輔仁大學哲學研究所博士論文，1993 年。

4. 《戰國至漢初黃老學說的政治思想》，郭應哲撰，國立台灣大學政治學研究所博士論文，1996 年。

5. 《荀子禮學研究》，涂艷秋撰，輔仁大學中國文學研究所碩士論文 1980

年。

6. 《荀子政治思想之研究》，張鉉根撰，文化大學三民主義研究所碩士論文，1991 年 12 月。

7. 《荀子的禮治思想》，鄭貴和撰，臺灣大學政治研究所碩士論文，1988 年 5 月。

8. 《荀子禮樂的美學思想研究》，劉秋固撰，輔仁大學哲學研究所碩士論文，1990 年 6 月。

9. 《荀子的禮治思想與韓非子的法治思想之比較研究》，李戴學撰，輔仁大學哲學研究所碩士論文，1993 年 6 月。

10. 《荀子倫理學說平議》，黃美貞撰，輔仁大學哲學研究所碩士論文，1969 年。

11. 《荀子人性論思想研究》，吳振隆撰，輔仁大學哲學研究所碩士論文，1973 年。

12. 《荀子的教育思想研究》，張美瑜撰，輔仁大學哲學研究所碩士論文，1980 年。

13. 《先秦儒道禮論研究》，朱敬武撰，輔仁大學哲學研究所碩士論文 1982 年。

14. 《荀子之禮研究》，宋昌龍撰，輔仁大學中國文學研究所碩士論文 1985 年。

15. 《孔孟荀禮思想研究》，蕭淑芳撰，輔仁大學中國文學研究所碩士論文，1993 年。

16. 《荀子成德之學研究》，王毓琦撰，國立中央大學哲學研究所碩士論文，1994 年。

17. 《黃老帛書政治思想之研究》，艾文君撰，國立政治大學政治研究所碩士論文，1997 年。

18. 《孔子與老子政治思想之比較研究 —— 以無爲而治論爲主軸》，吳濟安撰，國立政治大學政治研究所碩士論文 1997 年。

19. 《戰國末秦漢之際黃老學說之探討》，高祥撰，國立台灣師範學院國文研究所碩士論文，1988 年。

20. 《荀子禮義之統思想研究》，李澤賢撰，文化大學中文研究所碩士論文，1980 年。

肆、期刊論文

1. 〈儒家「內聖外王」的源流及內涵新探〉，程潮撰，《嘉義大學學報》社科版，1997 年 2 月。

2. 〈先秦內聖觀由「神文」向「人文」之轉型〉，王慶光撰，《原道》第 5 輯。

3. 〈荀子禮學思想簡論〉，張奇偉撰，《中國哲學史》，2002 年第 2 期。

4. 〈齊稷下博士官考〉，張靜雯撰，中興大學中文研究生論文集，第 5 期，2000 年 9 月。

5. 〈左傳述周廟次說〉，王關仕撰，《紀念程旨雲先生百年誕辰學術研討會論文集》，臺北：臺灣書店印行，1994 年 5 月 21 日。

6. 〈宗廟制度的意義〉，曾素貞撰，《中華學苑》第 47 期，1996 年 3 月。

7. 〈宗法略論〉，孔德成撰，《孔孟月刊》第 19 卷第 11 期，1981 年 7 月。

8. 〈三代宗法社會的起源與發展〉，李震撰，《中國歷史學會史學集刊》第 8 期，1976 年 5 月。

9. 〈宗廟制度論略（上）〉，龔鵬程撰，《孔孟學報》，第 43 期，1982 年 4 月。

10. 〈宗廟制度論略（下）〉，龔鵬程撰，《孔孟學報》，第 44 期，1982 年 9 月。

11. 〈先秦道家之禮觀〉，陳鼓應撰，《漢學研究》，第 18，卷第 1，期，2000 年 6 月。

12. 〈論晚周「因性法治」說的興起及荀子「化性為善」說的回應〉王慶光撰，《興大中文學報》，第 13 期，2000 年 12 月。

13. 〈作樂思想的理論與實踐〉，李時銘撰，「第二屆中國經學學術研討會」，2001 年 2 月 8 日。

14. 〈論荀子的現代語言觀〉，姚正武撰，《社會科學家》，1999 年增刊。

15. 〈荀子禮治主義對漢朝政治的開啟意義〉，杜培撰，《科學・經濟・社會》，1999 年第 1 期。

16. 〈荀子禮法一體論及其現代意義〉，杜培撰，《科學・經濟・社會》，1999 年第 2 期。

17. 〈荀子對孔學的繼承和發展〉，張良才撰，《管子學刊》，1999 年第 1 期。

18. 〈荀子理想人格觀淺析〉，張良才撰，《管子學刊》，1999 年第 2 期。

19. 〈荀子禮法一體論及對中國傳統政治的影響〉，杜培撰，《甘肅理論學刊》，1999 年 4 月。

20. 〈論荀子的禮樂觀〉，韓德民撰，《安徽師範大學學報》，1999 年 27 卷。

21. 〈荀子的政治哲學〉，宋志明撰，《中國人民大學學報》，1999 年第 3 期。

22. 〈論荀子「性偽合而治」的人性管理模式〉，陳德述撰，《中華文化論壇》，1999 年 2 月。

23. 〈論荀子的國家觀〉，王廷洽撰，《中國史研究》，1999 年第 2 期。

24. 〈說孟子荀子的歷史觀〉，楊釗撰，《史學史研究》，1999 年第 1 期。

25. 〈荀子的禮學思想與社會歷史觀〉，李亮子撰，《史學史研究》，1999 年第 2 期。

26. 〈試析荀子對於老莊思想的批評〉，胡楚生撰，《興大中文學報》第 5 期。

27. 〈論荀子善從何來與價值根源的問題〉，鮑國順撰，《孔孟學報》，第 62 期。

28. 〈荀子聖王思想之歷史意義〉，吳元鴻撰，《東師語文學刊》，第 8 期。

29. 〈荀子「禮義之統」思想之理論依據（上）（下）〉，李哲賢撰，《鵝湖月刊》，第 20 卷第 7、8 期。

30. 〈荀子「禮」論與其政治思想的關聯（上）（下）〉，楊素珍撰，《孔孟月刊》，第 34 卷第 2、3 期。

31. 〈試論莊、荀二子天人觀念之異同〉，許麗芳撰，《孔孟月刊》，第 34 卷第 5 期。

32. 〈荀子姓氏考辨〉，王子正撰，《國立體育學院論叢》，1995 年第 5 卷 1 期。

33. 〈禮學大師的荀子〉，張其昀撰，《文藝復興月刊》，1979 年 3 月 100 期。

34. 〈荀子思想中的「統類」與「禮法」〉，曾春海撰，《哲學論集》，1981 年 6 月第 13 期。

35. 〈荀子隆禮之功用〉，陳飛龍撰，《孔孟學報》，1980 年 9 月第 40 期。

36. 〈荀子的禮樂思想〉，羅漢文撰，《政治評論》，1982 年 6 月第 40 卷第 5 期。

37. 〈荀子禮治思想之功用〉，賴慶鴻撰，《東吳政治社會學報》，1984 年 4 月第 8 期。

38. 〈荀子的禮法思想〉，周天令撰，《中華文化月刊》，1986 年 7 月第 19 卷第 7 期。

39. 〈論荀子的經濟思想〉，石世奇撰，《北京大學學報》，1982 年第 1 期。

40. 〈基於孟荀人性論之實際可行的道德觀〉，項退結撰，《哲學與文化》，1990 年，第 17 卷第 5 期。

41. 〈荀子的社會思想與當前民主政治（上）（下）〉，袁信愛撰，《哲學與文化》，1990 年第 17 卷第 11、12 期。

42. 〈荀子的欲望論〉，施銘燦撰，《哲學與文化》1990 年第 17 卷第 1 期〈荀子的欲望論〉，施銘燦撰，《哲學與文化》1990 年第 17 卷第 1 期。

43. 〈荀子的人格思想析探〉，張常銀撰，《管子學刊（淄博）》，1992 年。

44. 〈荀子社會化理論發微〉，陳定閎撰，《重慶師院學報哲社版》1992 年第 2 期。

45. 〈孟荀人性論及其比較〉，黃開國撰，《天府新論》第五期 1992 年。

46. 〈荀子農業文化思想初探〉，夏祖恩撰，《福建師範大學哲社會科學版》，1993 年第 3 期。

47. 〈荀子學辨〉，葛志毅撰，《社會科學輯刊》1993 年第 6 期。

48. 〈以儒家人性論為基礎的人生哲學〉，項退結撰，《哲學與化》，1993 年第 20 卷第 7 期。

49. 〈先秦哲學方法論〉，李賢中撰，《哲學與文化》1993 年第 20 卷第 6 期。

50. 〈荀子的修身正本論〉，黎建球撰，《哲學與文化》1994 年第 21 卷第 9 期。

51. 〈荀子正名篇性論發微〉，廖名春撰，《中國哲學史》1994 年第 2 期。

52. 〈孟子人性論之價值〉，李賢中撰，《哲學與文化》1994 年第 21 卷第 9 期。

53. 〈論荀子的力命哲學〉，昔榮東撰，《江淮論壇》1994 年第 4 期。

54. 〈論荀了禮論的道德屬性〉，劉眞倫撰，《孔孟月刊》，1994 年第 34 期。